우리 내면의 53가지 감각적 끌림을 일깨우는 생태심리학

자연에 말걸기

지은이 | 마이클 코헨
옮긴이 | 이원규 · 박진희
초판 1쇄 인쇄 | 2007년 7월 15일
초판 1쇄 발행 | 2007년 7월 20일
초판 3쇄 발행 | 2021년 5월 20일
펴낸이 | 이원규
펴낸곳 | **히어나우시스템**
등록 | 제 546-300000001-2413호 등록일자 | 2000, 3, 13
주소 | 경남 함양군 서하면 황산길 53-70
전화 | (02)747-2261~2
홈페이지 | www.herenow.co.kr 전자메일 | cpo@herenow.co.kr
ISBN 978-89-951153-5-0 13370

우리 내면의
53가지 감각적 끌림을 일깨우는

생태
심리학

자연에 말걸기

마이클 코헨 저 | 이원규 · 박진희 옮김

Reconnecting with Nature

HERENOW
히어나우시스템

역주1 • 이 책의 원제는 자연과의 재접속(Reconnecting with Nature)이며 이 책에서는 연습과 관련해 일부가 '자연에 말걸기'로 번역되었음을 밝혀둡니다

역주2 • 본서 내용 중 스토리(story)의 의미는, 인류진화단계 중 신피질이 발달하면서 의식적으로 만드는 논리나 이론으로, 자연감각과 연결되어 있는 스토리가 있고, 자연과 단절된 인위적 · 허구적 스토리가 있습니다. 책의 초반에 쓰인 '스토리'는 대부분 후자이니 잘 구분해 읽어주시기 바랍니다.

역주3 • "오렌지색'으로 쓰여진 '녹색'이라는 글자"는 '오/녹'으로, "녹색으로 쓰여진 '녹색'이라는 글자"는 '녹/녹'으로 표시하였습니다. '오/녹'은 인위적인 조작에 의한 어색함을, '녹/녹'은 이름과 내용이 상부하는 자연스러움을 나타냅니다.

상호 끌림을 통해 지성적으로 균형을 유지하는 자연

마이클 코헨

자연계에는 우리 내면의 자연을 포함하여, 지성적으로 하나가 되고 균형을 유지하고자 하는 상호 끌림이 늘 일어나고 있습니다. 이 책 속의 연습들은 여러분들로 하여금 자연과 자신 속의 이러한 끌림에 의식적으로 접촉할 수 있도록 해줄 것입니다.

이 글을 처음부터 읽어갈 수도 있고, 자연과의 실제경험을 위해 먼저 여러 가지 연습을 읽을 수도 있습니다. 각 장을 읽기 전에 그 뒤에 있는 연습 부분을 먼저 해보셔도 됩니다.

자연에 말걸기 연습은 읽어보면 단순하며, 자동차의 메뉴얼을 읽는 것과도 같습니다. 자동차가 우리를 원하는 곳으로 데려가도록 하기 위해서는 차를 실제로 운전해야 합니다. 이 책의 연습들을 통해 자연의 통찰력을 얻고자한다면 우리는 실제 연습에 참여해야 합니다. 마음에 끌리는 자연에 직접 가서 이 연습들을 행하여 보십시오. 공원이나 뒤뜰 또는 화분의 식물들과 함께 해도 좋습니다. 이 연습들은 자연의 방식과 연결되어 있으며, 언어에 치우친 우리의 마음을 감각적 마음으로 재접속 할 수 있도록 해줄 것입니다. 이 연습들을 통해 우리는 자연과 더불어 생각할 수 있으며 전 존재와 더 나은 관계를 맺을 수 있을 것입니다.

최상의 결과를 위해 최소한 2일에 한번씩은 연습을 하십시오. 새로운 통찰과 느낌이 깨어나 삶을 풍요롭게 할 것입니다.

작은 '나'에서 유기체적 지성(知性)으로

2005년 마이클 코헨의 '자연에 말걸기' 프로그램에 참여하였습니다. 그리고 멋진 경험을 하였습니다. 나무와 숲, 하늘과 식물들과 하나 되기…

그동안 미내사는 수많은 의식개발 프로그램들을 소개해왔고 저 자신도 많은 체험을 하였습니다. 좋은 경험들이었지요. 그러나 대부분 실내에서 이루어졌던 까닭에 어떤 미진함을 안고 있었습니다. 그래서 자연과 함께 하는 프로그램이 없을까를 늘 생각해왔습니다. 그런데 마침 한 분의 소개로 마이클 코헨의 책을 접하게 되었고 그의 프로그램에 참여하게 되었습니다. 20여 가지의 연습으로 이루어진 이 프로그램은 자연과 내가 둘이 아니라는 지구의 생명공동체 의식을 심어주기에 충분하였습니다. 더욱이 이러한 체험에 그동안 우리가 행해온 의식 체험들을 포함하면 자연을 통한 의식확장 및 근원탐구가 가능하겠다는 생각에도 이르게 되었습니다. 이 연습들을 해보는 것만으로도 우리는 늘 열려있었다는 것을 경험하게 될 것입니다. 2일에 한가지씩만 연습해보십시오. 그리고 한 가지 연습을 한 후에는 하루 동안 그것을 숙성하는 시간을 가져보세요. 만일 여러분이 의식적 수련의 경험이 있는 분이라면 더 멋진 체험을 하게 되리라 생각합니다.

이 연습들은 외적 자연과 우리의 내적자연에 다리를 놓는 작업입니다. 우리가 밖에서 보는 외적 자연과 함께 내면의 자연을 체험하게 되면 그 내면은, 빛으로 이루어진 의식의 바다라는 것을 보게 될 것입니다. '내가 본다' 라는 '밖을 향한 의식' 을 레이저 빔에 비유해 보면, 그것의 방향을 바꾸어 내면으로 돌아설 때 레이저는 거기에서 더 거대한 빛의 바다를 마주하게 되는 것입니다. 하여 결국에는 보는 빛이 보여 지는 빛의 바다에 파묻혀 사라지는 현상이 생깁니다. 그때 우리는 분별없는 내면의 자연을 살게 될 것입니다. 이것이 바로 우리 조상들이 말하던 회광반조(廻光返照)의 아름다움이 아닐까 생각합니다. 이 책 속의 연습들을 통해 외적 자연에 대한 전일적 경외감을 회복시키고 또한 아름다운 내적 체험으로 이어질 수 있기를 희망합니다.

이원규(역자, 미내사 클럽 대표)

* 이 글의 가치는 함께 수록된 연습들을 직접해봄으로써만 느낄 수 있습니다. 글은 그저 단순한 글일 뿐이니까요. 그래서 현재 이 연습들을 확대하고 심화시켜 함께 실행해보고 있습니다.

감사의 말

이 책의 내용들은 다음과 같은 잡지에 기고되어 출간되었거나 앞으로 출간될 내용들을 따온 것이다 : 계간 상담심리학, 오레곤 상담협회지, 인문주의 심리학자-미국 심리학협회, 과학교사-국립과학교사협회, 유산-국립해석협회지, 환경교육지, 휴머니티와 평화 국제저널, 모험 교육-국립야외교육협회지, 미국 교육부의 ERIC CRESS, ERIC SMEAC, ERIC CASS, 환경교육회의 북미협회 1987~91년 회보와 환경문제 해결에 관한 논문지, 경험교육협회 국제회의 1991~1992 회보, 학교과학 평론-과학교육협회지, 환경 각성-자연주의자 국제사회지, 트럼펫 부는 사람들-환경철학지, 사회책임교육자 저널, 커뮤니케이터-뉴욕 주 야외교육협회지, 곧은 뿌리-야외교육연합지, 국제심리 시사회보, 협동학습 매거진-협동학습연구 국제협회, 종들 사이에서-샌프란시스코 슈바이처센터.

필사본 초판을 만드는데 열정적으로 기여해준 래리 커트랜드 데이비스, 마크 브로디, 린다 코웁스, 스티브 스미스, 잰 골드필드, 조앤 모리슨, 거트 브랙먼, 로레나 타마요에게 특별히 감사드린다.

나는 또한 자연접속 프로젝트 지원그룹 참여자들의 헌신적인 노력과 공헌에 감사드린다. 또 다음의 분들에게 경험을 나누어 준 것과 이 장들의 내용과 연습들에 대해 깊이 숙고해준 점, 깊이 감사드린다 : 클리포드 크

냅, 도로시 오스틴, 제인앤 제프리, 마이크 진토우트, 조애나 조운스, 어니 데니, 하이디 워밍하우스, 주디 맥, 윌리엄 갠쇼우, 시 프랭클린, 마이라 핑크, 캐롤 빅스, 배리 프레이저, 비키 시스톰, 릭 레이먼드, 매기 스필너 부록먼, 린다 코웁스, 스티브 스미스, 조앤 모리슨, 거트 브랙먼, 래리 커트랜드 데이비스, 마크 브로디, 해리엇 코펠크, 케이시 도리스, 데이빗 레잉, 조이시 소벨, 에릭 시엘, 샌 웨스턴, 짐 스위트, 앨리스 히버드, 존 로니, 리즈 프랜시스, 왠블리 스파, 존 포웰, 아르저 케이서, 캐롤 스완, 크리스티 앤드류스, 클라우디아 로빈슨, 윌리엄 바일, 토미 로긴스, 닐 블룸필드, 테레사 윌슨, 로드니 마라시, 니키 테잇 스트래튼, 데이비스 그레엄, 루스 슈나이더, 엘리저벳 라일랜드, 봅 홉슨, 피터 듀리어, 도로시 아젠트, 케이시 브리도, 에먼 보드피쉬, 돈 리트너, 리사 막스 매언, 아서 포스터, 포리스트 맥카시, 도리스 제프리스, 론 슬래벅, 대니얼 레빈스, 존 호이트, 마이클 머해리, 닐스 크리스천슨, 리처드 슈나이더, 테리, 앤더슨, 마크 왈슈, 톰 슬롬케, 페기 사바닉, 잰 벨트먼, 켄 토언, 엘렌 하스, 진 앤스틴.

끝으로, 편집과 관리를 맡아 전문기술을 발휘해준 세레나 록우드, 잰 골드필드, 가이아 데이비스에게 감사를 표하고 싶다.

마이클 코헨

차례

3부 자연에 말걸기; 응용 생태 심리학의 요소

4부 자연에 말걸기의 실제

진실의 순간

자연에 말걸기를 배우기 시작하면 세계는 아름답게 움직이고 있는데 우리의 삶에서 그렇게 느끼지 못하는 이유를 발견하게 된다. 자연은 균형과 조화속에서, 우리에게 부여한 53가지 자연감각을 통해 스스로를 아름답게 유지한다. 그러나 우리는 사회에서 다섯개의 감각으로만 자신을 엄격히 한정하도록 배운다는데 문제가 있다. 개인이나 사회, 환경에 나타나는 재앙들은 그 결과를 여실히 보여주고 있다. 연구에 의하면 우리는 타고난 모든 자연감수성을 회복시킬 수 있으며, 더 나아지게 만들 수 있는 능력이 있다.

나는 최근 지적인 한 집단에게 사람을 돌보는 자연의 능력이 마술적으로 펼쳐지는 광경을 보았다. 그러나 사람들은 그 광경의 가치에 무감각했고 그것을 무시하였다. 그 사건은 헌신적인 공동체 리더들을 위한 교육기간 중에 일어났는데, 스트레스가 쌓이고 급하게 진행되던 교육이었다. 또 그들 간의 차이로 인해 말다툼이 계속되고 있었다. 이 소란 도중에 어린 야생의 새 한 마리가, 열린 문을 통해 회의장 안으로 날아들어온 것이다. 그 새가 나갈 길을 찾지 못하자 예정시간을 넘었음에도 불구하고 말한마디 없이 회의 전체가 멈추었다. 새는 그 순간 모든 사람들에게 깊은 감각적 끌림과 생명에 대한 느낌을 일으킨 것이다. 사람들 모두는 새가 출구를 찾아 날아가기를 바라는 희망으로 가득찼다. 놀라서 절망에 빠진 그 어린 새로 인해 70명의 사람들은 10여분 동안 하나가 되었던 것이다. 새가 다치지 않고 나갈 수 있도록 돕기 위해 합심하며 조화롭고 지원하는 마음이 되었다.

나는 이 새가 그들 각 개인에게, 또 집단 전체에게 미친 커다란 영향에 대해 언급하고 싶다. 그 사건에는 강력하고, 활력을 주며, 상호지원하고 통합시키는 힘이 있었다. 그러나 그동안의 경험으로 보아, 내가 그런 말을 하면 그들은 비웃을 것이다. 그들은 그 사건이 중요하거나 유용한 것이 아니라고 말할 것이다. 야생의 새가 그들의 삶에 간섭해 들어오는 일은 흔한 일이 아니기 때문이다.

무의식적으로, 이 사람들의 자연 감수성은 곤경에 빠진 자연(위험에 처한 새)이 그들 모두를 하나로 묶고, 그들이 느끼던 스트레스로부터 자유롭게 하며, 그들 사이의 공동체 감각을 촉진시키게 하였던 것이다. 그 순간 새는 한마디 말도 하지 않았지만 교육자이자 상담가였다. 새는 사람들의 타고난 본성에 들어가 그것이 깨어나도록 불을 지핀 것이다.

새는 사람들의 돌보고자 하는 감각, 사랑, 공감, 우정, 공동체 감각, 힘, 겸손, 장소 감각, 추론 감각 등을 건드렸다. 새 한 마리가 우리의 삶에 기쁨과 통일성, 통합성을 가져다 준 것이다. 그것의 이점은 명백했다.

나는 우리 사회에 무수한 혼란이 생기고 지속되는 이유가 이러한 자연과의 접촉이 부족하기 때문이란 것을 알게 되었다. 새는 회의에 영향을 미쳤다. 자연의 일부로서 그는 회의에 참석한 모든 사람의 일부이기도 했기 때문이다. 인류는 자연과의 관계에 있어, 몸에 붙어있는 다리와도 같다. 우리는 하나인 것이다. 감각적으로 묶여있는 온전무결한 하나이다. 예를 들어 우리가 지구를 호흡할 때, 지구도 우리를 호흡한다. 지구의 생명(나무들)은 우리가 내쉬는 숨에 의존하며, 우리는 그들이 만드는 공기에 의존한다. 숨을 쉬고자 하는 욕구는 특별한 자연감각인 공기에 대한 사랑이다. 우리가 그런 사랑을 발명해내지는 않았다. 그것은 자연의, 자연에 의한, 자연으로부터 온 것이다. 우리는 자연으로부터 다른 많은 감수성들도 함께 부여받았다.

그 새는 우리를 자연과 다시 연결시켜 주었다. 우리의 자연감각과 느낌들을 일깨워 의식화시켜 주었으며, 올바르게 발현시켜주었다. 누구라도 그와 비슷한 결과를 내는 경험을 할 수 있다. 그동안 우리는 왜 그렇게 하지 못했을까? 그것은 오래전에 자연의 방식을 드러내 즐기고, 가치있게 여기는 것이 불법적인 일과 유사하다고 배웠기 때문이다.

산업사회는 자연이 우리에게 주는 혜택에 감사하고, 그런 경험을 추구하며 존경하도록 가르치지 않았기에 우리의 삶은 상식적이지 않고 많은 문제들로 들끓게 된 것이다. 우리는 자연계에서 발견되는 사랑과 지성, 균형을 부정하고, 도리어 자연을 정복하며 그로부터 분리되도록 배웠던 것이다.

자연에 말걸기 활동 — 직접적인 학습

우리 내면의 자연을 포함한 전체 자연계에는 그 전체를 지성적으로 연결하고 균형과 조화로 유지하는 끌림이 있다. 이 책속의 연습들은 자연과 우리 안의 이러한 끌림들과 의식적으로 연결할 수 있도록 해준다.

자연에 말걸기 워크샵에 참여하면 그것이 상당히 즐겁다는 것, 자연과 연결된 방식으로부터 얻는 점이 있다는 것을 자연의 지성을 통해 알게 된다. 그것은 매력적이다.

독자들은 이 책을 처음부터 끝까지 읽어가도 되고, 또는 자연과의 직접 경험을 위해 각 연습들을 사용해도 된다. 각 장의 내용을 읽기 전에 장의 끝에 있는 연습들을 먼저 실행해봄으로써 직접경험을 얻을 수 있다.

연습들을 읽어보면 아주 단순하다. 읽는 행위는 그저 자동차 운전 메뉴얼을 읽는 것과 같은 것이다. 그러나 차를 타고 어딘가를 가고자 한다면, 실제로 차를 운전해 가야하듯이, 연습을 통해 자연과 다시 연결되고자 한다면 실제 연습에 참여해야 한다. 공원이나 뒤뜰, 또는 화분의 식물들처럼, 끌리는 자연이나 장소에서 이 연습들을 실행하자.

이 연습들을 통해 자연의 길을 따름으로서 우리는 언어추론적 마음을 감각적 마음과 연결시키게 된다. 이런 접촉이 우리로 하여금 자연과 함께 사고하도록 해준다. 자연에 말걸기 활동에 참여하게 되면, 이 책의 각 장들이 직접 경험을 위한 흥미로운 보조도구가 되어줄 것이다. 그리고 그 경험을 사람들과 나누면 새로운 관계를 맺는데도 도움을 줄 것이다.

최상의 결과를 위해 최소한 격일로 연습을 행하라. 이렇게 하면 하룻밤을 지내는 동안 감각적인 내면의 자연이 우리 안에서 성장하고, 꿈에 의해 양분을 공급받을 시간을 얻게 된다. 그리고 새로운 통찰과 느낌으로 아침에 깨어날 수 있을 것이다.

각 장들은 몇몇 사항들을 반복해 이야기한다. 그렇지 않으면 하룻밤 잠자는 사이에 종종 잊혀질 것이기 때문이다.

중요한 점 : 책을 통해 알게 되겠지만, 연습들은 우리가 좋아하는 자연, 연습을 하는 그 순간 주의를 끄는 자연물들과 함께 하도록 특별히 고안되었다. 만일 끌렸던 사물이 어떤 이유 때문에 끌리지 않게 되었다면(예를 들어 그것이 두려움이나 나쁜 기억, 부정적 스토리, 날씨 변화 같은 불편함을 일으킨다면) 즉시 그 순간 끌리는 다른 자연물을 찾아보라.

만일 하나의 연습이 자신에게 효과가 없다면 나중에 그것을 하고 싶다고 느낄 때 다시 시도해본다. 때때로 이미 자연과의 강한 연대감을 즐기고 있을 때는 이 연습이 우리에게 일종의 방해처럼 느껴질 수 있다. 그러면 그 연습이 다시 끌릴 때까지 미룬다. 때로는 다른 사람에게 자연에 말걸기를 가르쳐주는 것에 끌릴 수도 있다. 이때는 자신이 직접 하는 것보다 다른 이가 이 연습을 할 수 있도록 가르치는 데서 더 많은 것을 얻게 된다는 것을 의미한다. 그것은 자연의 보상을 바라는 사람들에게 주는 당신의 선물이 될 것이다.

우리는 언어적 커뮤니케이션을 통해 사람들을 가르치는 것에 익숙해있다. 그래서 사람들과 함께 하는 연습들을 통해 우리가 얻는 생각과 느낌을 서로 나누면 우리 정신의 중요한 부분은 이 연습들의 경험적 가치를 느끼게 될 것이다. 이것은 우리 경험의 신뢰성과 이점을 높여 준다.

연습에서 얻는 경험과 생각, 느낌을 언어적으로 표현하고 나누면, 연습이 주는 자연과의 연결 경험만큼이나 가치있다는 것을 알게될 것이다. 참고로 각 장의 번호와 연습의 번호는 같다. 즉, 연습 6은 6장의 끝에 첨부되어 있다. 다른 이들의 경험담을 보고싶다면
http://www.pacificrim.net/~nature/appendix.html을 참고하라.
그리고 http://www.ecopsych.com을 참고하면 더 많은 정보를 얻을 수 있다.

1부

왜 자연처럼 생각하는가?

1장

가장 훌륭한 교사인 자연을 경험하기

우리가 타고난 53가지 자연감각 하나하나는 독특한 느낌의 경험이다.

우리는 자연에서 태어났다. 부모의 자연스런 사랑의 표현으로부터 온 것이다. 그러나 어느 누구도 우리가 태어날 지 여부에 대해 허락을 구한 적이 없다. 우리는 부모를 선택하지도 않았고 문화나 신념, 언어, 국적, 사회 시스템을 선택하지도 않았다. 그러나 그 속에 살고 있고, 그 체계에 의해 형성된다. 그것이 우리의 사고방식과 세상을 보는 관점, 세상과 관계 맺는 방식을 결정한다는 것은 의심의 여지가 없다. 당신은 그 결과에 만족하는가? 우리가 배운 사고방식의 결과가 괜찮은가? 많은 사람들은 우리가 더 잘 해나갈 수 있다고 믿는다.

대부분의 사람들은 자기 삶의 방식에 만족하지 않는다. 삶이 건강하지 않으며, 생명을 지원하지 않는다고 보는 것이다. 삶에서 그 부작용을 줄이고 행복을 증진할 방법을 찾는 사람들에게 나는 '자연에 말걸기' 과정을 제안한다.

산업사회의 권위는 일찍부터 우리 삶을 물리적으로나 정신적으로 자연과 분리시키고 자연의 균형 잡힌 삶으로부터 고립시켰다. 자연과 동떨어진 현재와 같은 사고방식과 형태가 삶의 유일한 방식은 아니다. 현재의 방식은 우연히 우리에게 일어난 것뿐이다. 다행히 우리에게는 이 책의 연습들을 통해 다른 삶을 위한 선택의 자유가 주어지게 되었다. 자연중심적 삶의 방식에 이끌린다면 자연에서 발견되는 지성과 아름다움, 평화에 한 발 더 가까워지기 위하여 그것을 선택할 수 있는 것이다. 그리고 그것은 분별 있는 일이다. 방학이 되거나 휴가 때 자연을 찾아 나서는 것은 그런 이유 때문일 것이다. 휴가는 문제로 엉클어진 일상사로부터 벗어나고자하는 우리의 시도이다. 훼손되지 않은 자연에 서면 문제들은 사라져 버린다. 자연은 우리와 달리 서로의 생명을 북돋는 끌림의 관계를 통해 번성하고 성장한다. 어떻게 하면 우리도 그러한 자연의 순리에 따라 살고 함께 할 수 있을까? 그 방법은 단순하다. 왜냐하면 자연은 이미 우리의 일부이기 때문이다. 우리는 단순히 내면에서 자연을 발견하고 다른 사람들 안에서 찾아내기만 하면 되는 것이다.

연습1 | 삶의 장

이 책은 자연에서의 끌림이라는 경험을 쌓게 해준다. 당신은 그 경험의 유익을 얻게 될 것이다. 우선 우리 자신의 장(章)을 기록함으로써 이 과정을 시작하도록 하자. 그동안 자연과 함께 했던 가장 매혹적인 경험을 최대한 기억해내서 그것을 한 두 문장으로 기록해보라. 그 경험은 당신이 혼자였을 때일 수도 있고, 다른 사람과 함께 했을 때일 수도 있다. 공원이나 뒤뜰에서 일어났거나, 들판에서 일어난 일일 수도 있다. 또 그 경험은 당신과 애완동물 사이에서 일어났거나, 기타 동물이나 식물, 주변 환경과의 사이에 일어난 일일 수도 있다. 만일 자연과 함께한 좋은 경험이 한번도 없었다면, 왜 나는 자연과의 좋은 경험을 원하는지 기록해 보자.

자연과의 매혹적인 경험에 관해 다 썼다면 다음의 질문에 대답하라.

1. 어떤 감각이 그 경험을 매혹적이고 즐거우며 보람 있게 하였는가?
2. 자연에서 경험하는 그 소중한 감각을 교실에서 배웠는가? 아니면 책에서 배웠는가? 사실, 즐거움과 보상을 준 것은 우리의 타고난 감각적 끌림이 아

니었는가?

우리는 생물학적으로 자연적 끌림을 느끼도록 되어 있다. 자연에서 가장 끌리는 경험은 온도, 색깔, 촉감과 같이 분명하고도 다양한 감각들로 구성된다. 수렵사회와 군집사회에서 우리는 사람과 환경에 저절로 끌리는 자연스런 감각을 따르는 것이 균형 있는 생존의 열쇠라는 것을 알았다. 우리 각자는 이런 능력을 타고난 것이다. 이에 대해 자연에 감사해야겠다는 생각을 해본 적이 있는가?

공원이나 뜰, 해변, 화분식물 등 끌리는 자연에 다가가 자연 감수성을 내면에서 찾아내라. 자연의 어떤 측면이 그것을 음미, 감상하는 우리의 감각적 부분을 환기시키는가에 주의하라. 자연적 끌림은 우리와 자연 공간 사이를 생물학적으로 자연스럽게 연결시켜준다. 우리는 그 끌림을 자연스럽게 느낀다. 그것은 우리 내면에 살아서 존재하는 사랑이다. 감각적인 끌림이 그 공간으로 우리를 이끌고 환영하며, 순간을 즐길 수 있도록 감정적으로 격려한다. 그것은 감각-느낌의 차원에서 우리를 '지금 여기'에 존재하도록 해준다. 그러한 자연과, 자신의 감각적 자아에 감사할 수 있는가?

자, 이제는 언어감각을 사용하여 그 끌림의 경험을 말로 확인해 보자. "나는 자연적 끌림이라는 타고난 감수성이 살아있으며 건강하다는 것을 안다. 이렇게 끌리는 자연을 찾아가면 유쾌한 감각과 느낌을 즐길 수 있기 때문이다."라고 말하고 그런 문장을 써보라. 그리고 느낀 것을 표현하라 : 색깔, 형태, 모양, 짜임새, 압력, 온도, 재미 등. 다른 사람들에 대해서도 이와 똑같은 감각을 느낄 수 있음에 주목하라. 그 느낌들은 언어 없이도 존재하며 자연 전체가 공유하고 있는 연결성의 한 형태이다.

2장

사고의 혁명

자연과의 접속을 위한 사고방식은 53가지 감각정보를 사용한다.

우리가 생명의 자연스런 기쁨과 지혜를 잃어버린 이유는 그것을 무시하도록 세뇌되어 왔기 때문이다. 자연에서 한번이라도 좋은 경험이 있는 사람이라면 지금 대부분의 시간을 그런 좋은 느낌 없이 지내는 것이 얼마나 큰 손실인지 알 것이다. 자연에서 지성을 갖추고 조화롭게 살아갈 때 우리는 완벽한 자연에 가까워진다. 끝없이 문제를 만드는 인간 사회와 달리 자연은 오점이 없는 탁월한 삶의 모델이다. 1장에서 자신이 묘사했던 경험에 대해 생각해보라. 그 경험의 가치를 즐기기 위해 우리가 따로 뭔가를 배울 필요가 없다는 것을 알아챘는가? 그런 경험을 가능하게 하는 잠재력은 우리의 영혼과 몸속에 이미 내재되어 있다. 자연과 접촉하면 그 잠재력은 자동적으로 깨어나는 것이다. 자연에서의 경험을 통해 자연처럼 사고하는 법을 배워 그 가치를 유지하도록 하자. 우리는 온전한 이 앎을 본성적으로 타고났다. 자연과 접속함으로써 그것을 사용할 수 있고 기억해낼 수 있다.

우리 삶에 좋은 기회가 될 수도 있는 이야기를 하나 하겠다.

사람들이 해변에 가서 즐기고, 정원과 숲, 공동체의 우정을 즐기는 무명의 섬이 있었다. 이곳 대부분의 사람들은 삶에 만족하고 있었다. 그들은 안전하고 충만하다고 느꼈다.

주민들은 그 섬에 어떤 공식적인 이름을 붙이고 싶어 하지 않았기 때문에 그 섬을 알고 있는 다른 사람들 역시 섬을 어떤 이름과도 동일시하지 않았다. 그래서 그 섬은 발견되지 않았고 자연의 덕과 아름다움에 이끌릴 뿐 그것을 지킬 줄 모르는 사람들에 의해 침범당하지 않을 수 있었다. 그런 일이 있었다. 저 다른 곳에서 말이다.

섬 사람들은 평균치보다 훨씬 낮은 스트레스와 죄, 마약사용, 질병, 오염, 이혼율 등을 보였다. 문제는 늘 있었지만, 주민들은 서로를 돕고 문제를 해결하며 그 땅을 보호했다. 그곳의 자연환경은 조화 속에 유지되었는데 이는 사람과 자연의 온전함을 유지하는 섬의 능력 때문이었다. 그래서인지 섬의 재산가치는 점점 더 올라갔다. 섬은 세 곳의 주요 인구밀집 지역으로부터 100마일이나 떨어진 곳에 있었다.

방문객들을 위한 서비스가 이 섬의 주 수입원이었다. 이 독특한 자연 중심적 사고를 하는 섬 사람들은 그들을 만나 배우고 즐기기를 원하는 수백만의 사람과 접촉하면서도 주의 깊게 자신들을 잘 보전했다. 그래서 자신들의 행복한 조화로움을 유지했다. 섬을 방문하고자 하는 사람들의 대기자 명단은 계속 늘었고 방문했던 사람들은 그들에게서 자연의 지혜를 얻게 되었다. 그들의 직업이 무엇이고 나이가 얼마냐는 아무런 문제가 되지 않았다. 대부분의 섬 주민들은 자연의 지혜를 얻는 과정을 그들에게 가르칠 능력이 있었다. 나는 그 과정을 다른 사람들과 같이 즐기고 나누는 농부와 교사, 목동, 부모, 정치가, 사업가, 학생 그리고 건강과 사회사업 종사자들을 안다.

그 섬은 이제 섬 자체의 공항과 다리, 주차장, 배를 갖게 되었고 이 시설을 사용하는 사람들을 적절히 조절하였다. 그 소득으로 대부분의 공공서비스 비용을 지불하였다. 주민들은 공동체라는 느낌을 강하게 갖게 되었고 건강보험이나 세금수준은 평균보다 낮았다.

내 마음속에 있는 이 특별한 섬의 일부는 상상이다. 그러나 나는 이를 위해 생태적으로 건전하며 교육적이고 심리적인 사고과정을 창안하고 가르치고 있다. 이를 통한다면 많은 사람들과 자연환경이 그 온전함을 이룩하고 보전될 수 있을 것이다. 비록 산업사회의 사고방식이 무시하고 바꾸려 하지만 인간적인 그러한 섬은 전 세계에 실재한다. 우리는 그들의 자연중심적 사고방식을 배울 수 있다. 또 어떻게, 왜 그 과정이 작동하며, 그 자연중심 사고과정을 우리 삶과 공동체에 도입할 수 있는지도 배울 수 있다. 그러한 사고방식을 배우고 적용한다면 우리는 자신만의 '섬 생활'을 창안하고 즐길 수 있는, 개성 있고 전문적인 기술을 얻게 되는 것이다. 또 그런 삶의 질을 다른 이들에게도 소개하게 되는 것이다.

자연에 말걸기는 우리의 타고난 자연적 사고방식과 관계성의 감각적인 방식을 의식으로 불러내는 연습이다. 매순간 자연을 통해 이 연습은 모든 차원에서 공감대를 형성해낸다. 그것은 미생물에서 자연의 날씨 시스템에까지 마찬가지이다. 자연은 다양성과 평화로움, 온전함을 유지하기 위해 그 사고과정을 사용한다. 삶을 지속시키는 자연의 온전함, 아름다움, 지성은 이 과정의 작용을 잘 보여준다. 이러한 자연의 온전함을 획득하기 위해 자연적인 끌림을 따르는 것은 우리에게 하나의 도전이다. 우리는 자연의 협력을 얻고, 그 지혜가 주는 기분좋은 느낌을, 우리의 사고과정에 가져오는 것에 온 마음으로 재접속하도록 배울 수 있다.

자연중심적인 인간의 문화를 포함하여 모든 종(種)들은 자연의 지성과 공명하는 접촉을 통해 사고한다. 그들의 정신성은 자연의 방식을 닮아있다. 그들도 자연의 일부이기 때문이다. 그들은 자연적 삶의 방식이라는 연속체 안에서 살아간다. 그런데 산업사회는 다르게 생각하라고 가르쳤다. 즉, 사회의 존립을 위하여 주변과 내면의 자연을 정복하고 그로부터 분리되도록 사고하라는 것이다. 사회의 권위는 우리에게 과도한 실내생활을 하도록 어린시절의 우리를 설득하고 프로그램하여 분리 사고를 조장했다. 우리에겐 거의 선택의 여지가 없었다. 이성적으로 사고하도록 배웠고, 스토리(있는 그대로가 아니라 생각이 만들어낸 이야기; 역주) 속에 살며, 자연과 보이지 않는 전쟁을 하도록 조장하는 과정을 배운 것이다. 자연을 정복하고 내면의 지성을 부수도록 우리는 희생되어 왔다.

자연에는 재생능력이 있다. 우리가 그 한계를 넘어 파괴하면 자연의 온전함은 사라지고 만다. 오늘날 우리는 자연의 온전함이 희생되어 나타나는 재앙과 함께 살아간다. 자연의 인도가 없다면 우리 마음은 왜곡된다. 앞에서 말한 새의 이야기에서와 같이 우리가 자연의 온전함에 다시 접속되어도 그것을 거의 인식하지 못하며, 받아들이거나 경의를 표하지 않는다. 오늘날 세계의 상태가 그것을 말해준다. 즉, 자연과 분리되어 극으로 치닫는 개인적, 사회적, 환경적 문제들을 해결할 지성을 갖추지 못하게 되는 것이다. 자연과의 접촉이 부족하면 우리의 사고는 정신적으로 결핍된다. 그러나 자연과 충분히 접촉하면 우리는 사고를 순환시키며, 개인과 지구의 온전함을 회복시킬 것이다. 그 비밀을 마스터하자. 그리하여 자연중심의 사고가 우리를 더욱 빠르게 회복시키도록 하자.

연습2 | 자연과 파트너 하기, 발견경험

좋아하는 자연물에 다가가라. 무엇보다도 그것에 끌려야 한다. 공원, 뒤뜰, 수족관 또는 화분에 담긴 식물 등. 그에 다가갔을 때 어떻게 느껴지는지 주의해보라. 그때 느끼는 좋은 감정에 대해 감사할 수 있는가?

이제 그 자연의 공간을 존경심을 가지고 자신과 동등한 친구로 여겨보라. 그것을 무시하지 말고 그에게 다가가 함께해도 좋은지 그곳의 동의를 구해보라. 함께 있어도 좋은지 이 공간에게 허락을 구하라. 이렇게 하면 그 장소에 대한 감수성을 높여준다. 그로부터 배울 수 있도록 도와줄지 물어보라. 그곳을 해치거나 파괴하려 한다면 당신은 거기서 배울 수 없다. 약 30초간 기다려 보라. 가시나 벌, 낭떠러지 같이 당신의 접근에 저항하는 어떤 신호가 없는지 찾아보라. 그래도 여전히 끌리거나 더 매력적으로 느껴진다면 그곳의 동의를 얻은 것이다. 반면 그 공간이 더 이상 끌리지 않는다면 끌리는 다른 곳을 선택해 이 과정을 반복하라. 안전하고 마음에 끌리는 느낌이 10초정도 유지되는 장소를 찾을 때까지 이 과정을 계속하라. 찾으면 그곳에 감사한다.

그렇게 한 장소의 동의를 얻게 되었다면, 처음 그 장소에 왔을 때와, 동의를 얻은 후의 느낌이 어떻게 달라졌는지 비교해보라. 어떤 변화가 일어났는가?

그 공간과 함께해도 좋다는 자연의 동의를 얻었다면 그것 자체가 가치 있는 경험임을 알라. 또 자연과 좀 더 연결되기를 원할 때면 언제나 이렇게 할 수 있음을 기억하라.

아래는 지난 수련 때 참가자들이 기록한 체험기이다. 자신의 소감을 리스트에 기록하라. 그리고 그것을 다른 이들과 나누라.

"날씨가 더웠다. 어린 나무가 있는 작은 숲에 가서 내가 그곳에 있어도 좋은지 물었다. 그렇게 허락을 구하자마자 부드럽고 신선한 바람이 불어왔다. 바람은 나를 시원하게 해주고 나무들은 이파리로 내게 물결쳐 주었다. 그 느낌이 좋았고 마치 작은 숲이 내게 동의의 미소를 보내는 것 같았다."

"나는 앞쪽 바위에 앉아있던 갈가마귀의 울음소리에 끌렸다. 그 앞에 멈춰선 나는 그의 존재를 느껴보아도 좋은지 동의를 구했다. 그러자 갈가마귀는 내게 점점 다가오기 시작했고, 나는 더 즐겁고 흥분되었다. 그때 그 일을 잊을 수가 없다."

이 연습을 통해 배운 중요한 것들을 써보라. 이 연습을 통해 어떤 좋은 느낌이 생겼는지 기록해보라. 이 연습이 자신의 자아감각에 어떤 영향을 미쳤는지 보기 위해서 다음과 같은 말로 시작하는 문장을 완성하라.

"자연에서의 경험을 통해 내가 ________ 로부터 좋은 느낌을 얻는다는 것을 알게 되었다."

자연적 끌림에 연결될 때면 언제나 이 문장을 사용하라. 그것은 긍정적이고 자연스러운 자기 이미지를 강화시킨다.

3장

삶은 현재에만 존재한다

우리의 다중 감각적인 본성 중에는 자연계와 공유하는 의식도 포함되어 있다.

문명화가 우리를 산업사회의 파괴적인 길로 이끌거나 낭떠러지 앞에 세우는 것 만은 아니다. 더 나은 길로 갈 수 있다. 그를 위하여 우리의 사고는 상상과 현실 모두에서 우리를 근원으로 돌아가게 하는 일에 끌려야 한다. 그렇게 함으로써 우리의 지난 실수를 깨닫고 자연적 끌림을 향해 즐겁고 책임감 있는 선택을 할 수 있는 것이다. 그 선택은 즐겁고 책임감 있는 순간으로 우리를 이끈다. 이 연습 과정은 우리의 아이들과 다른 사람들의 모범이 될 새로운 길을 연다. 그 길은 또한 이 일을 계속 할 수 있도록 우리를 변화시킨다.

우리의 사고를 근원으로 회귀시키는 것은 기본으로 돌아감을 의미한다. 우리에게 가장 필요한 '기본'은 스스로를 신뢰하고, 스스로의 자연적 끌림을 신뢰하며, 주위 환경을 신뢰하는 것이다. 삶에서 가장 믿을만한 진리는 우리가 의지할 수 있는 '끌림의 관계'를 이루어낼 안전한 장소이다. 삶에서 신뢰할 수 있는 가장 큰 진리가 무엇이냐고 물으면 사람들은 다른 대답을 하곤 한다. 그렇게 진보를 위한 맹목적인 돌진은 바른 대답을 못하게 한다. 바른 답은 신이나 사랑도 아니요, 정직도 아니다. 비록 나의 대답이 성급하게 들리고, '바른' 답이라 말하면 거기에 동의하지 않을지도 모르지만, 내가 말하는 바른 대답은 이런 것이다. 즉, 삶에서 가장 신뢰할 만한 진리는 우리의 직접적인 경험이라는 것이다. 그것은 지금 이 글을 읽고 있는 경험이며, 앉아있는 의자를 느끼는 것, 신고 있는 신발을 느끼는 것을 의미한다. 즉각적이고 직접적인 경험이 우리가 신뢰할 수 있고 현실에 도달할 수 있는 가장 가까운 길이다. 예를 들면, 목마를 때 그것은 현실이다. 목마름이라는 감각은 물에 대한 끌림이다. 그것은 믿을 수 있으며, 환상이 아니다. 만일 우리가 감각하는 직접적인 경험을 신뢰할 수 없다면 무엇을 신뢰할 수 있겠는가? 매순간 그것이 왜곡이나 환상이 아니라 실제 존재하는 것인지 알아보기 위해 우리가 감각한 것을 여러 가지 방법으로 체크해 볼 수 있다.

매순간 자연과의 직접 접촉으로부터 얻는 감각을 북돋거나 활성화시키지 못한다면 우리는 자연의 근원으로 되돌아가지 못한다. 그때 우리가 아는 것은 과거 경험에서 유래하는 자연에 대한 스토리(허구적 이야기)일 뿐이다. 이 스토리들은 종종 정확하지도 않다. 자연은 변하는데 스토리는 변화의 일부분만을 반영하기 때문이다. 스토리는 매순간 우리가 직접 감각하는 것만큼 믿음직하지 못하다.

우리의 개인적 현실은 매순간 자연 감수성이 의식의 스크린에 기록하는 것들로 이루어진다. 지금 이 순간만이 우리의 감각들을 통해 생각할 수 있는 시간이고, 연관시킬 수 있는 때이다. 예를 들어 당신의 내적자연이 이 순간 목마르다는 신호를 보낼 때 당신은 그 감각의 메시지를 신뢰하는가? 목마름이라는 감각을 신뢰하는가? 인체 시스템이 물에 끌리는 이 신호를? 이제 우리는 물을 마시기로 마음먹고, 또 마음먹은 후 행동하여 물을 마신다. 이렇게 내적자연감각과 외부 환경의 물이 맺고 있는 관계에는 이성이 관계하고 있다.

지금 이 순간만이 자연이 실제로 존재하는 유일한 시간이다. 그리고 우리가 의식적으로 관계를 변화시킬 수 있는 시간이다. 즉 우리가 갈증이라는 끌림을 느끼고, 무엇을 어떻게 마셔야할지 선택하는 것은 이 순간에만 가능한 것이다.

정신의 스크린에서 연출되는 기억과 투사, 이미지들에 반응할 때 우리는 낡은 그림인 스토리와 거기에 붙어있는 오래된 감각적 반응과 느낌들로 이 순간을 가득 채운다. 그래서 실재와 이 순간의 가능성이 아니라 과거의 경험들과 관계 맺는 것이다. 삶은 현재에만 존재한다. 그 밖의 모든 것은 이미지이며, 이름표이고, 스토리이다.

자연에 말걸기 연습은 즉각적으로 이 순간을 감각할 수 있는 자연적 가능성을 일깨워준다. 당신도 이 '순간의' 연습을 시도해보면 그것이 무엇을 가르치는지 알 수 있다.

지금 자신을 꼬집고 있어보라. 순간 경험하는 그 느낌이 진짜이고 진실하다는 것을 인식해보라. 그 느낌은 우리의 본성이 이 순간을 의식적으로 표현하는 방식이다. 그 말에 신뢰가 가는가? 그 촉감과 통증은 수십억 년 동안 생물학적, 심리학적으로 진화해온 실재와의 자연적 접촉이다.

이제 꼬집기를 멈추라. 방금 행동한 것에 대해 생각해보라. 그리고 그 경험 자체가 그것에 대한 기억보다 훨씬 더 실재적임을 주목하라. 그런 경험들이 기록되어 역사가 되었는데, 이제는 도리어 역사가 우리가 누구인지를 결정하고 있다. 역사는 하나의 스토리일 뿐이다. 이 순간 우리는, 우리가 느끼고, 생각하고, 행하는 것이다. 그것은 과거에 대한 기억이 아니고, 미래에 대한 환상이 아니며, 삶의 즉각적 현재 속에 있는 우리이다.

자연과의 접촉에서 과도하게 벗어나 있는 우리 삶은 규율과 빡빡한 일정으로 인해 자연감각으로부터 나오는 현명함을 잃어버렸다. 그러한 상실 때문에 우리는 자연적 지혜와 존경, 균형을 잃게 되었다.

지금 이 순간에는 자신을 심하게 꼬집을 수 없음에 주목해보라. 고통감각과 이성감각은 다음과 같이 우리에게 말한다. "심하게 꼬집으란 말을 무시해. 우리는 네가 계속 그렇게 하는 것을 허락하지 않겠다. 그 스토리 때문에 자신을 해치지 말아. 우리는 좀 더 책임감 있고 보상이 있는 자연감각에 끌린다. 이제 그것을 해라." 매순간 우리에게는 이런 형태의 기본적인 지성이 살아있다. 지구를 인도하고 있는 것은 이러한 천부의 지성이다. 앞에서 언급했듯이 회의 중 새의 역할과 영향을 무시한 것처럼 우리는 자연으로부터 동의를 구하는 것을 무시하도록 배웠다.

대신, 매순간 습관적으로 자연을 배제하는 스토리를 통해 사고한다. 그것은 해결책이 아니라 문제를 일으킨다. 자연의 지혜를 포함하고 동의를 구하는 사고방식은 우리를 현명한 길로 이끈다. 그 길은 스스로를 조절하는 자연적 과정이 포함된다. 자연 세계는 수많은 쓰레기와 전쟁, 남용이 없는 이유가 그것이다. 자연은 그런 것이 일어나는 데 동의하지 않는다. 인간은 그러한 자연스런 길을 피해 문제들을 만들어낸다.

35년 동안 나는 매순간 자연에 말걸기(자연과 재접속하는 법; 역주)를 배웠다. 계절마다 야외에서 생활하면서 말이다. 제1장에서와 같이 자연에서의 경험은 내 안에 자연과 공명하는 방 하나를 만들어내었다. 생물학과 교육학, 심리학 연구에서 얻은 지식은 나로 하여금 이성적인 용어로 자연을 이해할 수 있게 해주었으며, 자연의 지혜와 아름다움, 친밀한 관계에서 오는 생각을 이해할 수 있게 해주었다. 내가 이 장에서 여러분과 나누고 싶은 것은 일반적인 가정과 직장, 학교에 널리 퍼져있는 스트레스와 불신, 혼돈의 뒤틀린 오염된 산물이 아니다. 나는 인간의 집합적인 광기를 피해 왔다. 어떻게 하면 그런 상황을 피해 온전한 정신을 증진시킬 수 있는지를 자연에게 배웠다. 이런 일에 끌리는 사람이라면 누구라도 그렇게 할 수 있다. 우리는 단순히 자연과 접촉했던 자연적 끌림의 순간을 통해 우리 내면과 외부의 스토리들을 그것과 대체하도록 하면 된다.

지난밤 바닷가 숲에서 잠을 잘 때 나는 이 책과 더불어 자연에 말걸기의 여러 측면에 대해 생각했다. 잠들었을 때, 오리들이 노래하며 날개 짓하고 공중을 가로지르는 소리를 들었다. 또 수달이 서로를 부르고 놀며, 물을 튕기는 소리도 들었다. 숲에서 바람이 노래하는 소리도 들었으며, 밝은 별들이 하늘에서 불타고, 영양과 새끼사슴이 내 옆을 걸어 지나가는 것도 느꼈다. 잠자는 동안 잠의 수많은 층에서 이 모든 교향곡에 대해 깨어있었다.

오늘 아침 나는 태양과 함께 깨어났다. 마음에 한 단어가 떠올랐다. 소금… 흥미롭지 않은가? 근데 왜 소금일까? 왜냐하면 거기 얽힌 흥미로운 이야기 하나가 있기 때문이다. 다른 말을 배우기 전에 소금이라는 말을 제일 먼저 배운 갓난아기에 대한 이야기이다. 그 아기는 다른 말은 하지 않고 오로지 소금이라는 말만 자주 했다고 한다. 슬프게도 아기는 세상을 떠났는데, 부검결과 사인은 소금 결핍으로 밝혀졌다.

소금결핍증 아기의 이야기가 실화인지 아닌지는 상관없다. 나에게는 깨어날 때 떠오른 소금이라는 메시지가 분명히 있기 때문이다. 어젯밤 야외에서 자면서 자연과 재접속되자, 이 소금결핍증 아기의 이야기를 여러분에게 해야겠다는 생각이 떠올랐던 것이다. 자연에 말걸기를 설명하면 아마도 여러분은 의아해 할 것이다. 어린 아기가 소금이라는 말을 한다는 이야기를 듣고 의아해 하듯이… 자연에는 살아있는 우리 행성 지구의 완전함을 유지하게 하는 놀라운 지성이 있다. 그러나 자연과 분리된 우리의 사고는 그 지성을 거의 사용하지 않는다. 자연과 분리된 사고에게 자연의 지성은 '소금' 이라 말하는 어린 아기만큼이나 생소한 것이다. "자연은 놀라운 지성이자 독보적 천재이다. 자연은 삶의 매순간 최소한 53가지 자연감각으로 우리에게 말을 걸어오고 있다."

여러분에게는 내가 이렇게 말하는 것이 분명 평범하게 들리지 않을 것 같다.

때때로 우리에게 미치는 자연적 감각의 영향에 대해 사람들은 혼란스러워 하거나 세상이 제정신이 아니라고 생각하게 된다. 예를 들어 사람들은 행복에 이끌리지만 행복을 찾지는 못한다. 관계를 좋아하지만 좋은 관계를 만들지는 못한다. 나는 사람들에게 지금 이 순간 자연을 의식하게 하는 감각적인 자연활동을 가르치고 있다. 참가자들은 주의 깊게 자연의 놀라운 지혜, 아름다움, 완전함에 다시 접속한다. 모든 수준에서 책임있고 즐거운 생각과 관계들은 이렇게 매력 있는 과정의 결과이다. 그것은 건전하고 그토록 단순한 것이다.

이 책은 자연에 말걸기를 통해 삶의 모든 분야와 모든 영역에서 여러분들에게 '소금이라고 말하도록' 가르친다. 자연과 재접속 되면, 여러분은 자연의 지성을 찾고, 존경하고, 거기에 반응하는 방법과 이유를 알게 될 것이다. 이것은 우리 모두에게 생물학적으로 부여된 지혜이며, 그것을 의식하면 매순간 우리의 삶은 풍요롭게 된다. 사회는 자연에서 멀어져 있고, 지도자들은 그런 자연에 말걸기 기술을 가르쳐주지 못한다. 그렇지만 여러분은 내가 그랬던 것처럼 자연으로부터 직접 그 기술을 쉽게 배울 수 있을 것이다. 그것은 뒷마당에서, 공원에서, 또는 전원에서도 가능하다. 우리 대다수는 이 기술이 없기 때문에 내면의 자연과 외적인 환경의 자연이 매순간 제공하는 중요한 개인적, 전체적 지식을 무시하고 있다.

자연에 말걸기 기술은 배울 가치가 있다. 이 기술을 통해 소금결핍증 아이가 고통 받은 것과 같은 부조화의 증상을 피할 수 있다. 소금결핍에 대한 사람들의 지식 부족으로 그 아이는 고통 받은 것이다. 부정적 사회와 환경의 지표들은 우리가 자연결핍증 때문에 고통 받고 있음을 경고하고 있다. 우리는 내면과 외부환경의 자연이 주는 매력적이고 현명한 감각적 메시지를 듣도록 배울 수 있다. 자연의 메시지를 생각하는 법과 그 메시지의 창조적 안내에 반응하도록 배울 수 있다. 그러면 자연이 '사랑' 이라고 말하고 있음을 알게 될 것이다. 자연은 우리에게 자연의 사랑이 크게 결핍되어 있다고 말하며, 그 사랑을 어디에서 어떻게 찾을 수 있는지 이야기해 준다. 자연에 대한 사랑이 우리 행복의 열쇠임을 가르쳐 준다. 하지만 자연은 사랑을 말로써가 아니라, 자연 속에서 감각적 끌림을 경험하게 함으로써 가르친다는 것을 알아야 한다. 자연은 말을 사용하지 않는다. 각각의 자연적 끌림은 사랑의 한 모습이다. 자연세계는 말로 하는 언어나 스토리를 사용하지 않고 인간적 이해도 아닌 형태의 사랑을 한다. 여러분에게 이 말을 신뢰하는 마음이 생겨난다면 그 신뢰하는 부분은 바로 여러분 내면의 자연일 것이다.

연습3 | 지금 이곳에 있기

외부자연과 인간의 내면적 자연에 지성적인 사랑이 있다고 하면 많은 사람들은 놀란다. 5장에서 우리는 그것을 53가지 자연감각을 통해 배울 것이다. 53가지 감각들 하나하나는 모두 자연적인 지성이다. 그런데 지금까지 우리가 배워온 자연과 분리된 방식은 그 감각들을 짓밟았다.

수영하는 법을 알고자 한다면 가능한 빨리 물에 들어가야 한다. 자연의 지성을 진정으로 즐기고자 한다면 자기내면의 자연감각을 경험하고 싶어해야 한다. 그것을 자각하는 것만으로는 충분하지 않다. 그것들을 느껴보라. 이 책을 더 읽어나가기 전에 지금 당장 인근의 끌리는 자연의 장소로 나가라. 자연적인 곳일 수록 더 좋다. 필요하다면 화분에 담긴 식물이나 수족관 또는 잔디밭이나 땅이라도 좋다. 연습2에서 했던 것처럼 그 장소의 허락을 구하고 그 공간 안으로 들어가 보라. 당신이 하고자 하는 것을 그 공간이 도와주도록 동의를 구하라.

자연에는 언어를 사용하지 않는 어떤 형태의 사랑이 있다. 내면에서 그 말이 신뢰되는가? 그렇다면 그것이 당신 내면의 자연이다. 내면의 자연과 비언어적인 자연을 찾아내고 즐기고자 한다면, 또 침묵 속에 있는 이 자연의 끌림을 즐기고자 한다면 10여분만 할애하자. 각각의 끌림은 작은 사랑(mini-love)들이다. 그 자연의 공간에게 물어보라. "이름과 꼬리표가 없으면 너는 누구니?" 잠시 의식 속으로 어떤 반응이 오는지 기다려보라. 그런 다음 자신에게 이렇게 물어보라. "내 이름이 없다면 나는 누구인가?" 다시 어떤 반응이 일어날 때까지 기다려 보라. 떠오르는 것이 있으면 기록하라. 이 연습이 마음에 끌린다면 10분 이상 이 과정을 반복해도 좋다. 아래는 다른 이들의 반응이다. 여러분은 그들로부터 뭔가를 배울 수 있을 것이다.

"이 연습은 재미있었다. 자연은 내가 그에 대해 느꼈던 끌림이 되었고, 나도 그들이 되었다."

"꼬리표가 없으니 모든 것이 살아있고 생동감이 있었다."

"사물은 그들의 정수(精髓)가 되었다. 바위, 나무들, 감각들, 영(spirit)"

이때 경험한 것과 그 가치를 기록해 보라.

이 연습을 하기 전과 비교해 볼 때 자기 자신이나 그 장소가 이전과 다르게 느껴지는가? 달라졌다면, 그 장소는 한마디 말도 하지 않았음에 주목하라. 당신은 경험을 말로 풀어낼지 모르지만 자연의 공간은 한마디도 하지 않았다.

이 연습에서 자신에게 중요했던 몇 가지를 기록해보라.

이 연습을 함으로써 어떤 좋은 느낌이 일어났다면 기록한다.

그런 것을 경험하는 우리의 능력이 없어진다면 어떤 느낌이 들까?

이들 느낌이 실제적인 것으로 신뢰되는가?

이 활동이 자기 가치 감각(스스로 가치있다고 느끼는 감각)에 어떤 효과를 주는가?

4장

자연처럼 생각하기

우리의 53가지 감각들은 알고 사랑하며 느끼기 위한 분명한 방법이다.

우리의 39번째 자연감각은 무엇일까?(언어감각을 말함, 느낌을 표현하고 여러 가지 매개체를 통해 정보를 전달하는 것으로 꿀벌의 춤에서 인간의 문학에 이르기까지 언어와 조음造音 감각; 역주) 당신은 무언가를 생각할 때 그 감각을 사용하는가? 아니라면 당신의 사고는 아마 충분히 '감각적'이지 않을 것이다. 그리고 그것은 당신이 가진 근원적 문제일지도 모른다. 또 그것이 세계 문제의 근원일 수도 있다.

지구와 거주자들이 가진 혼돈 상태를 보면 그 사고방식에 무언가 결핍되어 고통 받고 있다는 것을 보여준다. 삶의 초기부터 우리는 산업사회가 중요하다는 생각에 주목하라고 배운다. 그 과정에서 소위 '중요하지 않은' 현실은 보지 못하게 된다. 예를 들어, 이 문장을 읽는 것이 문명화된 중요한 행동이라는 것에 주목해보자. 당신이 글을 읽을 때 단어와 문장들에는 의식적이 되지만 문자 하나하나에는 그렇지 못하다. 읽기를 배우기 전에는 개별 문자들이 당신의 주의를 사로잡았을 것이다. 그런데 이제는 그 문자들이 거의 아무런 의미도 지니지 않고 문장의 의미가 중요하게 되었다. 이렇게 말하는 순간 이 페이지의 문자들에 주의가 갔을 수 있지만, 평상시대로 읽기 시작하면 다시 문자들에 주의가 가지않을 것이다. 어떤 것이 아무런 의미가 없다고 배우면 그 습관을 깨트리지 않는 한 우리는 그것을 볼 수 없게 된다.

읽기를 배운 후 개별문자들이 우리의 의식에서 사라져가는 것처럼 자연환경으로부터 극도로 분리되어 살아가기를 배운 후 우리에게서도 자연의 가치와 자연스런 감각이 사라져간다.

비록 많은 자연감각을 타고났지만 우리는 그들을 무시하도록 배웠다. 그래서 그 감각들이 존재한다는 사실조차 믿지 않을지도 모른다. 그 대신 우리는 2,500년 전 문명의 요람기에 시각, 청각, 후각, 미각, 촉각(안, 이, 비, 설, 신)이라는 다섯 개의 감각만 있다고 이론화한 아리스토텔레스의 말을 믿는다. 그러나 삶의 진실을 통해 보면 아리스토텔레스나 문명이 말해주는 것과는 달리, 우리 자신의 자연적 끌림, 생각, 경험도 그런 감각에 포함된다는 것을 알 수 있다. 예를 들어, 배고픔을 느끼면 우리는 음식에 끌린다. 배고픔을 느낀다는 것은 실제적이다. 대부분의 사람들은 이런 감각적 끌림을 느끼지만 배고픔이라는 자연감각을 오감에 포함시키지 않는다. 배설감각이나 중력감, 운동감, 공동체감, 장소감, 의식이라는 감각 또한 마찬가지이다. 이렇게 자연스런 감각적 끌림은 자연과 우리 자신에게 너무도 많다. 그것들은 각각이 자연적 지성의 한 형태이다. 육체가 음식을 필요로 할 때 먹고싶은 느낌이 드는 것은 매우 지성적인 것이다.

우리에게 18번째 감각이 있다고 말하면 그것은 비이성적이라고 생각할 것이다. 그러나 그런 반응 자체가 우리에게 이성(理性)이라는 감각이 있음을 보여준다. 이성은 우리의 53가지 자연감각중 하나이다. 이 순간 당신은 언어감각 및 의식이라는 감각과 함께하고 있다. 이러한 자연감각들 각각은 분명하고 구별되며 고유한 앎의 방식이다. 촉각은 후각과 다르고, 양심(선악분별감각)은 중력감과 다르며, 언어감각은 고통감각과 다르다. 지난 50여 년 동안 연구자들은 사람과 자연에 최소한 53가지 자연스런 감각이 존재한다는 것을 분명하게 확립하였다.

우리 각자는 최소한 53가지 다른 방식으로 감각할 수 있는 자연적 능력을 타고났다. 그러나 자연중심적인 문화와 달리 인위적 문명은 이 자연의 지혜를 의식하지 못하도록 하므로 우리는 종종 그 사실을 모른다. 그런데 자연과 자연중심적인 사람들은 자신을 재생하고 조직하며 보존하기 위해 이러한 감각들을 모두 사용하고 있는 것이다. 이러한 감수성을 통해 자연은 최적의 생명을 현명하게 창조하고 쓰레기나 전쟁, 광기를 만들지 않으며 다양성과 아름다움을 창조하는 것이다.

사회가 우리에게 자연적 끌림이라는 지성을 무시하도록 가르치기 때문에 우리는 그것을 가치있게 여기거나 사용하지 못한다. 그러나 경험적 증거에 따르면, 감각을 통해 자연과 접속할때 우리는 지성적인 자연의 방식에 심리적으로 연결됨을 알 수 있다. 거기에 스토리는 포함되지 않는다. 왜냐하면 자연은 언어를 사용하지 않고 감각적 끌림을 사용하기 때문이다. 우리의 육체는 이러한 끌림에 반응하며 자연의 지혜를 의식할 수 있게 된다. 자연에 나가면 우리의 문제가 종종 녹아 사라져버리는 것은 이 때문이다. 문제가 사라지는 것 이상이다. 자연을 찾는다는 것은 인공적으로는 만들어낼 수 없는 곳에 가는 것이며, 문제거리에 기름을 붓거나 더 만들어내지 않는 곳, 문제를 줄여주는 곳에 가는 것이다.

개인과 사회를 침해하는 우리의 현재 사고방식과는 달리 자연적 지성은 '맞습니다. 그러나~' 라는 스토리로 자신을 끊임없이 침식하지 않는다. 이런 스토리는 우리 삶의 대부분을 다른 스토리와 논쟁하고 추론하게 하는데 소비하게 한다. 기억하라, 자연의 지성은 스토리를 쓰지 않는다. 자연은 문맹이다. 글자를 모른다. 자연은 자연적 끌림이라는 사랑 속에서 내적인 지성을 신뢰하고 조합하여 사고한다. 그 창조적이고 신뢰가는 사고방식은 자연계의 완전성을 사려 깊게 유지하고, 균형 잡으며 끊임없이 진화시켜 왔다. 그리고 우리 역시 그런 사고과정을 타고났다. 그것을 탐험하는 것에 이끌리고, 합리적이라는 것을 안다면 자신이나 타인의 '맞습니다. 그러나~' 라는 스토리 때문에 자연에 말걸기 활동을 못하게 되지는 않을 것이다. 이 책의 연습들은 우리가 자연으로부터 사려 깊은 내면 속 자연의 지성과 접속하도록 도와줄 것이다.

다음에 이어지는 자연에 말걸기 연습은 우리 내면의 자연을 알게 해준다. 이 연습이 끌리며 정직하고 이성적으로 느껴지면 그것을 신뢰하라. 그 끌림이 자신을 안내하도록 허용하라. 그리하여 우리 사고과정 속의 자연적 지성과 협력하는 법을 배우라.

연습4 | 감각적인 자연 산책

이 연습은 파트너와 함께 할 때 가장 좋으며 더 흥미로운 결과를 얻게된다.

우리는 습관적으로 다음 세 가지 감각을 통해 세계를 의식한다.

1. 시각
2. 언어
3. 이성

고도로 훈련된 이 3개의 감각은 다른 능력을 압도해버린다. 우리의 의식과 사고에는 비언어적, 감각적 앎의 다른 많은 방법들이 빠져있는 것이다. 그래서 자연과의 접촉은 의미가 있다. 이를 통해 우리가 자연으로부터 물려받은 많은 앎의 방법들을 직접적으로 발견하고 경험할 수 있는 것이다.

안전하고 마음에 끌리는 자연의 장소로 간다. 이 장소에 당신이 들어가도 좋은지 허락을 구하고, 이 연습을 할 수 있도록 도와달라고 동의를 구하라.

이 연습은 당신의 덜 발달된 자연감각을 사용하여 자연계를 감각할 수 있도록 도와줄 것이다. 아래와 같은 방법으로 파트너와 함께하도록 한다.

- 말없이(마이너스 언어) 눈을 감는다(마이너스 시각).
- 파트너는 당신의 손을 잡고 안내하며 돕는다.
  안전하다면 신발을 벗어도 좋다.

안내자는 가능한 많은 방법으로 당신을 안전하고 부드럽게 인도하여 이곳의 자연을 체험하게 하는 것이다. 그는 당신에게 막 우주선에서 내려 미지의 땅을 밟고 있다고 상상하도록 요청하게 된다.

또는 당신이 지구라는 땅에 이제 막 태어났다고 상상하게 한다. 이렇게 하면 당신의 이성 감각이 멈추게 된다.

- 만일 체험자가 따스한 태양의 햇살을 계속 느끼고 싶다면 그렇게 하도록 둔다.
- 누워도 좋고, 맨발로 땅을 밟아도 좋다.
- 자연 안내자는 체험자가 전혀 다른 환경의 외계에서 처음 왔다고 생각하고 이끌고 안내한다.
- 느낌을 기록할 노트와 필기도구를 준비한다 – 느낌은 체험자로서, 안내자로서 모두 쓰도록 한다.
- 아무 말도 하지 말고 모래, 잔디, 가시 등을 느끼게 한다.
- 안내자는 체험자에게 다양한 자연을 느끼게 하고 아무 일이 없었던 원래 자리로 데리고 온다.
- 안내자로서 또는 체험자로서 자기 내면에 일어난 생각, 느낌, 판단 등을 기록한다.

여기서 이성 감각은 단절이 된다고 했는데 왜일까? 상상 속에서 당신은 모든 것이 새로운 신생아와 같기 때문이다. 5분 동안 안내자의 인도대로 만지고, 맛보고, 냄새 맡고, 구르고, 기어보고 껴안아보라. 때로는 이 장소의 여러 곳을 짧은 순간 눈을 뜨고 힐끗 보라. 안내자는 자연에 대한 존경심을 가지고 체험자를 자연물에 데려가 어떤 위치나 각도로 멈춰 서게 한다. 그리고 체험자의 감은 눈을 안내자가 끌린 자연물에 향하게 한다. 가끔 어깨를 건드리거나 하여 1초간 체험자의 눈을 뜨도록 신호를 준다. 그리고는 다시 눈을 감도록 한다. 이것은 다른 감각과 시각의 균형을 맞추기 위함이다. 실제 안내에 들어가기 전에 눈을 재빨리 떴다 감는 연습을 해본다.

5분간 이 연습을 한 후 역할을 바꾼다. 때로 안내자는 체험자가 말없이 다음과 같이 행하도록 한다.

안내자의 요청 :

— (안전하다면) 신발을 벗게 한다.
— 흙과 꽃, 이파리, 나무등걸, 이끼 등으로 안내하여 잠깐 동안 보고, 듣고, 냄새 맡아보게 한다.
— 잎새가 살랑거리는 소리, 바람의 소리를 들어본다.
— 태양의 따스함을 느껴본다.
— 나무등걸을 쳐다본다.
— 기타 가까운 자연물이나 멀리 있는 자연물을 잠시 보게 한다.
— 부드러운 둔덕위에서 굴러 내려와 본다.
— 나무를 껴안게 한다.
— 낙엽이나 잔디위에 누워보게 한다.
— 얼굴을 여러 방향으로 향하게 해본다. 태양을 향하거나 태양으로부터 비껴서게 하거나, 바람을 향하거나 비껴서게 하거나, 소리가 나는 쪽으로 향하게 하거나 비껴서게 하거나 등
— 흥미로운 땅을 걸어보게 한다.
— 개미를 피부에 얹어 움직이게 해본다.
— 얼굴을 부드럽게 낙엽이나 바위에 대보게 하고, 바람을 느껴보게 한다.
— 시냇물 소리, 계곡 물소리, 새나 곤충 소리를 들어보게 한다.

— 중력을 느끼도록 앞으로 구부려본다.

— 손목 안쪽에 부드럽게 가시나 물, 모래, 잔디 또는 거미줄을 올려놓아 느끼게 해본다.

— 자신의 맥박을 느껴본다. 호흡과 온도변화를 느껴본다.

— 자신의 머리카락, 귀, 코를 느껴본다.

만일 파트너를 찾을 수 없거나 같이 하는 것이 재미없으면 이 연습을 혼자서 해보자. 안전한 장소를 찾아 눈을 감고 5분간 그곳을 탐사하자.

그것이 무엇인지 아주 상세하고 정확히 파악하도록 해본다.

무엇을 느꼈는가? 무엇을 보았는가?

걸어보고, 기어보고, 느릿느릿 가보라. 위에서 설명한대로 스스로를 안내하면서 몇 발자국마다 몇 초간 눈을 뜬다. 다만 이 연습들의 몇몇은 분명히 파트너와 함께하라. 그렇게 하면 뭔가 다른 것을 느끼게 된다.

안내자로서 당신의 생각이나 느낌이나 반응, 감각은 어떠했는가? 체험자 입장에서는 또 어떠했는가? 이 연습 중 어떤 자연감각이 당신의 의식으로 들어왔는가? 그것들은 어떻게 느껴졌는가? 사물에 이름을 붙이고 싶었는가? 또는 그것을 확인하고 싶었는가? 경험한 것을 기록하라. 파트너나 다른 이들과 그 경험을 나누라.

아래는 이 연습을 통해 사람들이 느낀 내용이다. 당신은 어느 정도 느끼고 경험했는가?

"나는 파트너를 좀 더 신뢰하게 되었다. 균형 잡는 새로운 방법을 발견했다. 공통성을 발견했다. 재미를 느꼈다. 이 장소를 다른 측면에서 알게 되었다. 배가 고팠다. 좀 더 강렬하게 감각했다. 사물들이 좀 더 빛나고 찬란하게 보였다. 지원받는 것처럼 느껴졌다. 이 모험이 좋았다. 사물에 이름을 붙이지 않는 것에 어려움을 느꼈다. 두려움을 느꼈다. 시간을 잃었다. 비언어적으로 의사소통 하는 것이 좋았다. 디자인과 질감을 자각하게 되었다. 사물들이 어디에 있는지 직관했다. 좀 더 이완되고 더 살아있게 되었다. 나 자신을 거의 인식하지 않게 되었다. 파트너에 대해 책임을 느끼게 되었다."

다음 장에서 당신은 사람들이 이 연습을 하면서 느낀 자연감각의 목록들을 배울 것이다.

이 연습에서 배운 세 가지 가장 중요한 것은 무엇인가? 기록해보자.

이 연습을 통해 어떤 좋은 느낌을 얻게 되었는가? 기록해보자.

좋은 느낌 : ______________________________

____

그 느낌이 자신에게 허용되지 않는다면 당신은 그것을 어떻게 느낄까?

자신의 느낌 : ______________________________

____

이 연습이 당신의 자기가치(self–worth)에 대한 감각을 높여주었는가?

____

____

2부

자연감각과 재접속하기

5장

자연은 어떻게 작용 하는가?
; 자연감각의 지성

자연감각을 거부하는 것은 곧 '무지한 신'의 역할을 하는 것과 같다.

삶과 죽음이란 같은 과정의 다른 국면이지만 우리는 그 둘을 반대라고 인식한다. 우리는 살아있고, 삶을 더 좋아한다. 우리의 생명과 모든 다른 생명들도 삶에 끌리고 있다. 우리에겐 의식이라는 감각이 있기에 살아있음을 안다. 그것은 마음속에서 영화의 스크린처럼 작용한다. 의식의 스크린 위에 사물들이 나타난다. 예를 들어 당신이 읽고 있는 이 단어들은 의식의 스크린에 기록되고 있다. 당신은 그것들을 의식하며 그를 통해 살아있다는 것을 아는 것이다. 그 스크린 위에 아무것도 없거나 또는 스크린 자체가 사라져버리면 우리는 자신을 무의식이거나 죽었다고 말한다. 우리는 진정 "나는 생각과 느낌들을 의식한다. 그러므로 나는 안다." 라고 말할 수 있다. 의식의 스크린 자체는 우리에게 타고난 53가지 자연감각 중 하나이다. 우리는 의식을 감각한다. 그 외에도 52가지 자연감각이 더 있으며 그것들은 활성화되어 의식의 스크린에 기록된다. 각각의 감각은 생명을 알고 살아있게 하는 생생하고 분명한 방법이다. 그 각각의 감각은 자연에 어떤 형태로든 존재한다.

자연중심적 의식

인류는 의식적 존재로 생존하기를 배운다. 우리는 개인적 의식이 스크린에 나타나는 것을 통해 세계를 알아가도록 스스로를 훈련한다. 그런데 종종 그 스크린에 나타나는 말이나 스토리와, 그것들을 거기에 기록하는 실제적 감각이나 느낌을 구별해내지 못한다. 예를 들면, 무시무시한 살인에 대한 영화를 상영하는 극장에 앉아있다면 우리는 그 스토리를 의식 감각으로 기록하여 실제처럼 놀라게 된다. 그것이 영화 속 이야기일 뿐임을 안다하더라도 마치 진짜 살인자가 우리에게 접근하는 것처럼 느낀다. 살인 영화가 단지 스토리에 불과하다는 것에 집중하여 의식하지 않으면, 우리 의식에 기록되는 정신적 이미지는 직접적인 경험이 불러일으키는 감각과 똑같은 느낌을 불러내는 힘을 지니고 있다. 나는 워크샵에 참가하는 사람들에게 레몬 맛을 보여주겠다고 말하며 침을 분비하게 함으로써 이런 현상을 시범해 보인다. 그들에게 노란 레몬 껍질을 까서 시큼한 레몬 조각들로 나누어 접시 위에 얹어 돌릴 거라고 말한다. 레몬조각의 향을 맡고, 맛을 보며, 마침내 그것을 짜서 입속에 넣어 그 신 쥬스를 마시게 될 것이라고 말하는 것이다. 이전에 레몬 맛을 본적이 있는 참가자들은 내가 레몬을 가지고 나오기도 전에 이런 말만으로도 이미 침을 분비하고 있었다(나도 마찬가지이고). 레몬을 맛본 경험이 있다면 당신도 마찬가지일 것이다. 스토리가 어떻게 직접적인 경험과 똑같은 방식으로 우리에게 영향을 미치는가를 잘 보여주는 예이다. 중요한 것은 우리가 이같은 과거의 경험이나 영화 또는 스토리 자체를 변화시킬 힘은 없지만, 스토리와 다른 방식의 '이해' 와 '받아들이기' 를 매순간 선택할 수는 있다는 것이다.

감각적 현실

자연중심 심리학에서는 단순한 스토리가 아니라 우리의 모든 자연감각과 느낌을 의식하는 것이 합리적이라고 말한다. 이성(理性) 감각을 통해서는 자연이 우리의 타고난 자연적 지성을 성장시키고, 기쁨을 제공하며, 개인이나 집단의 문제들을 원상태로 회복시킬 수 있다는 것을 뚜렷이 인식한다. 우리는 이렇게 하는 것이 합리적이라는 것을 알고 그것을 배워야 한다. 예를 들어, 나는 사람들에게 자신의 팔을 아프게 꼬집어보라고 한다. 그리곤 기분좋게 자신을 안아보거나 뺨을 쓰다듬어보라고 한다. 이러한 감각들이 어떤지 물어보면 그들은 이러한 느낌이 참된 사실임을 알며 그 느낌을 신뢰한다고 말한다. 감각을 느끼는 능력은 단순한 환상이 아니다. 사람들은 또, 다른 이가 느끼는 감각이나 느낌도 사실임을 알며 신뢰한다고 말한다. 뭔가를 느낀다고 할 때, 사람들은 그것을 믿을 수 있다고 여긴다. 참가자들은 스스로 느끼는 이러한 능력이 어떤 문화, 어떤 지역의 사람이라고 해도 모두 가지고 있음을 안다. 1만년 전 사람들도 그 능력을 가졌을 것이며, 100년 전 사람들도 느끼는 능력을 가졌을 것이라고 믿는 것이다. 심지어는 많은 사람들이 동물과 식물들 역시 어느 정도는 느끼는 능력을 가졌다고 말한다. 다시 말해 이 순간 우리의 느끼는 능력이 존재한다는 것은 공통되는 상식이며, 그것은 오래전부터 있어왔고 사람과, 시간, 거리, 문화, 종(種)의 경계를 넘어 그것을 신뢰한다는 것이다.

감각적 무의식

자연에 말걸기 연습은 사람들이 지금 이 순간 자신이 감각하고 느낀 것에 가치를 부여하도록 돕는다. 너무나 자주 우리는 자신의 감각과 느낌을 깨닫지 못한다. 주의가 지금 이 순간 즉각적으로 알고 느끼는 것에 가지 않고 그동안 프로그램 되어온 스토리를 향하는 것이다. 예를 들면 이 문장을 읽을 때 당신의 주의를 붙잡는 것은 단어와 문구이다. 문자들 사이의 흰 공간이나 종이 자체에는 주의를 주지 않는다. 아마도 이제서야 그것에 주의를 줄지는 모르겠다. 그것은 내가 당신의 주의를 환기시켰기 때문이다. 그러나 독서습관은 곧 당신의 주의를 단어로 옮겨가게 할 것이다. 과학자나 교육자, 심리학자들 마저도 아래와 같은 질문을 수수께끼처럼 여기는 것은 바로 그런 현상 때문이다.

"다른 모든 생명체들과 같이 사람은 물 순환의 일부이다. 환경에서 보는 물은 우리에게 들어와서, 우리를 통과하여 우리 밖으로 나간다. 무엇이 물로 하여금 이렇게 움직이도록 하는지 당신은 아는가? 또한 무엇이 물의 흐름을 조절하여 우리로 하여금 너무 많은 물을 섭취하여 붓게 하지도 않고, 또는 물이 너무 빠져나가 탈수현상이 일어나지 않게 하는 것일까?"

대부분의 사람들은 이러한 질문에 답변할 수 없다고 느낀다. 그들은 대개 "인체 내 물의 흐름은 생물학적 삼투압이나 염분의 요소에 의해 결정된다."라고 말하거나, "세포막의 질과 항상성이 물의 흐름을 조절한다.", 또는 "신이 그렇게 만든다."라고 말한다.

거의 아무도 갈증이라는 자연감각이 인체내 물의 흐름을 가능하게 하는 요소라고 말하지 않는다. 그러나 우리는 모두 어릴 때부터 갈증이 그 역할을 한다는 것을 알고 있다. 갈증은 자연이 우리에게 물을 마시라고 말하는 방식이다. 그런데 이제 우리는 언제 물을 마셔야 할지를 우리의 허구적 스토리 즉, 교육에 의존하도록 주입되어 있다. 그래서 목이 마를 때 물을 마시지 않고 식사시간에 마시거나 휴식시간에 맞추어 마신다. 또는 향을 더해 마신다. 지금 읽고 있는 이 페이지의 흰 여백처럼 우리는 자연스레 감각되는 것은 의식하지 못하고 있다. 갈증도 마찬가지이다. 그것은 태어난 이래 우리가 알고 있는 자연스런 감각인데도 말이다. 대부분의 워크샵 참가자들은 자신의 갈증 감각이 물 조절 시스템이기도 하다는 것을 알지 못한다. 갈증을 통해 우리 몸은 물로 팽만해지거나 탈수되는 것을 막고 있는 것이다. 물을 필요로 할 때 갈증이 '마술처럼', '지성적으로' 나타난다는 것을 우리는 잊어버렸다. 물을 마시면 그 갈증의 느낌은 '마술처럼' 사라진다. 왜냐하면 그것은 자연스런 지성을 갖추고 있기 때문이다. 갈증이 멈춘 것은 물에 대한 필요가 충족되었다는 것을 인식하고 물을 달라는 요청을 멈추는 것이다. 우리는 종종 물의 화학식을 H_2O라는 언어기반의 사고로 더 많이 의식한다. 마찬가지로 배설감각이 지성적이라는 것도 무시한다. 그 감각은 우리에게 물을 다시 환경 속으로 보내라고 말하고 있는 것이다. 이것을 모르는 것이 아니다. 우리는 구피질이 주는 이런 느낌에 주목하지 않도록 배워버린 것이다. 이것은 우리가 연습4를 행할 때 얼마나 많이 감각했는지를 발견하는 것과 비슷하다.

사회가 우리 뇌의 신피질에게 물이란 화학적이고 때에 맞춰 먹어야하는 것이라고 주입하였고, 그것이 내적인 자연감각을 통해 알게 된 것보다 더 중요하게 되었다. 그것은 레몬에 대한 스토리가 실제 레몬을 먹는 것을 대신하는 것과 같다. 그러나 물 그림이 갈증을 해소시키지 못하듯 레몬 이야기는 괴혈병을 막지 못한다. 우리는 물에 대한 스토리를 마시거나 레몬에 대한 스토리로 괴혈병(비타민C가 부족해 생기는 병으로 레몬이 도움이 된다)을 막을 수 없다. 우리에겐 진짜가 필요하다.

사회가 주입한 스토리는 대부분 자연을 정복하거나 향상하는 것에 대해 가르칠 뿐 감수성이나 자연에 대한 존경심을 가르치지는 않는다. 우리는 갈증이라는 지혜처럼 일생동안 지속되는 앎의 방식인 자연과 연결된 지혜를 무시하도록 주입된다. 또 삶을 지원하는 갈증의 특성과 역할을 존경하도록 배우지 않는다. 자연과 분리된 삶의 방식은 이런 식으로 잘못 이끌고 있다. 우리는 조화롭게 균형을 유지하는 자연계의 지성적 관계를 즐길 수 있는 가능성을 잃어 버렸다.

갈증 감각은 우리의 타고난 여러 감각들이 각자의 특성과 운명이 있음을 시범적으로 보여준다. 그러나 우리의 경험을 무력하게 하는 이름에 속지 않고 직접 감각으로서 경험하면, 각각의 감각이 다른 감각들과는 그 차이가 분명하다는 것을 알게 된다. 비록 감각들이 서로 섞이려는 자연의 결합력을 포함하고 있으나 갈증감각은 공동체 감각과 다르고, 색감이나 청각과도 다른 것이다. 우리 의식의 스크린 위에서 각각의 감각은 개인과 지구적 삶에 기여하는 자기조절과 균형의 잠재력을 가지고 있다. 우리의 사고가 그것을 의식하도록 허용하면 모든 감각은 그렇게 할 것이다. 우리는 신피질의 스토리를 통해 대부분을 의식하도록 자신을 세뇌시켜왔다. 이제는 이성 감각이 다음과 같은 것을 존중하도록 가르쳐야 한다. 즉, 각 자연감각은 하나의 느낌을 나타내며, 느낌 자체는 사물만큼이나 중요하고 실제적이라는 것이다. 갈증 감각은 물 만큼이나 중요하고 실제적인 것이다.

자연과 연결된 의식

자연에 말걸기 연습은 우리가 감각적으로 빠뜨린 것을 회복시켜 준다. 이 연습은 자연을 배제해온 의식에 우리의 타고난 감각적 앎이 중요함을 일깨워준다. 예를 들면 제4장의 연습 중 눈감고 걷기는 참가자들에게 스토리적 신호를 잠시 끄도록 해준다. 이 신호들이 조용해지면 참가자들은 끊임없이 우리를 부르는 많은 자연감각과 접촉하고 그것을 의식하게 된다. 그들은 이 감각을 느낄 뿐 아니라 그것을 묘사함으로써 그 존재가 옳다는 것을 배우게 된다. 또 이 감각들이 얼마나 좋은지, 어떻게 이 느낌이 일상적으로 느끼는 스트레스를 없애주는지 언어적으로 깨닫게 된다. 참가자들은 갈증감각이 의미있고 그것이 충족될 때 좋은 느낌이 일어나는 것과 똑같이, 다른 많은 자연감각들도 의미가 있으며 충족될 때 좋은 느낌이 일어난다는 것을 발견하게 된다. 사람들은 일반적으로 자연과 분리된 스토리에 주의가 가있고, 그래서 자신의 자연감각과 지성이 주는 좋은 느낌 전체를 빼앗겼다는 것을 알게 된다. 또 자신에게 갈증과 물이 생존에 필요하며 그 감각을 존중해야한다는 것을 사회가 무시하게 했다는 것을 알게 된다. 그리고 사회가 그것을 어떻게 상업적인 상품들(예를 들면 코카콜라)

로 대체하도록 강요했는지도 발견하게 된다. 그제서야 사람들은 자신이 이러한 대체물에 중독 되었다는 것을 발견하게 된다.

내가 이 장을 쓰고 있을 때 눈감고 걷기 연습을 하고 있는 미국의 누군가에게서 이메일이 왔다. 우리가 보통 무시하는 자연감각을 사용하면 무슨 일이 일어나는지의 한 예로서 이 편지 내용을 보여주고 싶다 :

안녕하세요, 여러분 :

나는 이 연습을 저녁 식사를 마친 후 바로 했습니다. 처음에는 어머니 '자궁' 같은 편안한 실내로부터 밖으로 나간다는 것이 약간 어색했습니다. 그러나 뒤뜰로 나가는 순간 모든 것이 변했습니다. 이것은 매우 강력한 경험이었습니다. 습관적인 감각을 닫고 자연에 인도되었으며, 말없이 눈을 감은 단순한 행동이 전체 관점을 바꾸어버렸다는 것에 놀랐습니다. 모든 것이 강렬하게 감각적으로 느껴졌고, 감각은 더 예민해졌습니다. 소리는 확대되었습니다. 지빠귀의 새소리를 들었고, 까마귀의 소리를 들었습니다. 평상시엔 지나치던 형태들을 느껴봤고 다른 식으로 균형을 잡았습니다. 땅의 감촉을 느껴 보고 땅위를 걷는 발의 탁탁 내딛는 소리에 좀 더 주의가 갔습니다. 움직임과 온도 변화, 중력, 거리 등을 느꼈고, 보통은 희미하게 지나치는 것들을 신뢰하게 되었습니다. 새로운 방식으로 자연에 의해 길러지는 느낌이었고, 장소의 느낌 및 그와의 유대감이 더욱 커졌습니다.

그러나 가장 충격이었던 것은 촉각을 통해 경험한 믿을 수 없는 다양함이었습니다. 마치 그동안은 모든 것이 얼마나 다양하게 느껴지는지, 얼마나 많은 방식으로 느껴질 수 있는지 결코 알지 못했던 것처럼 말입니다. 나무로 인도되었을 때, 손으로 만지자 강한 친근성이 느껴졌습니다. 매우 강한 생명의 느낌이었지요. 강한 혈연관계를 느꼈습니다. 그것은 정서적인 사랑의 경험이었습니다. 눈물이 흘렀습니다.

나중에 역할을 바꾸어 다른 사람을 인도할 때, 파트너가 나에게 주었던 놀라운 경험을 그에게도 똑같이 해주고 싶었습니다. 여러 해 동안 가까이 지낸 한 사람이 갑자기 나에게 끌리는 자연을 함께 공유하며 같은 장소에 있다는 사실은 우리 둘 모두에게 새로운 느낌과 놀라운 친근함을 가져다주었습니다.

전체 경험은 우리가 또 다른 친근한 세계로 들어가는 것 같았으며, 그것은 매우 집중되고 순수하며 맑은 세계였습니다. 나는 정말 이 연습을 즐겼습니다.

행복을 바라며, 리키…

언어에 중독 된 의식

우리는 내적으로 자연감각을 느끼고 경험한다. 이 느낌들은 각각 독특하기에 우리는 그 느낌들에 이름을 붙여주었다. 그런데 이름 때문에 자연적 감수성이 가져다주는 사랑과 열정의 연결고리를 너무 자주 잃어버린다. 왜냐하면 이 감각들이 '감정', '필요', '충동', '본능'이라는 단순한 단어들로 대체되어 가르쳐지기 때문이다. 그러나 우리가 그것들을 어떻게 정의하고 이름을 붙이더라도 자연은 분명한 감각과 느낌으로 창조해낸다. 자연은 또한 그것들을 기록하고 저장할 우리의 능력을 창조해냈으며 현명한 비언어적 삶을 통해 자연의 메시지를 경험할 능력을 창조했다. 우리는 언어감각을 통해 그 느낌을 다시 살려낼 수 있도록 '이름'을 부여함으로써 생생함을 기록하고 기억하는 능력을 증가시킨다. 자연감각과 그것들에 이름을 붙이는 능력은 자연과 인간 본성의 한 부분이다. 우리를 포함해, 미네랄에서 산속의 사자에 이르기까지 대부분의 종들은 어느 정도 같은 감수성을 가지며 서로에게 반응한다. 그들은 우리처럼 이름을 붙이거나 느끼지는 않을지라도 감각에 반응을 한다. 자연적 끌림에 대한 감수성은 전 세계를 함께 묶으며 이를 지배한다. 우리가 그러한 감각을 버리도록 현대사회의 신념으로 주입되는 동안, 세계는 자연적 끌림이라는 감수성을 통해 공통으로 묶여있다. 그러므로 지구 공동체와 그 부름에 우리가 무감각하다는 것이 크게 놀랄 일이 아닌 것이다. 지구 공동체는 인류 외의 모든 다른 종들에게서 책임감 있는 상호작용을 이끌어내고 있다.

자연감각 중 하나인 의식은 갑자기 어딘가에서 우리에게만 툭 떨어진 것이 아니다. 다른 자연감각들과 마찬가지로 그것도 자연에 널리 퍼져있다. 사람들에게는 의식이라는 감각과 함께 언어 감각이라는 동맹자가 주어졌다. 언어는 다른 종들보다 사람들의 의식을 더 살아있고 활동적이게 해준다. 인간만이 언어적 스토리를 통해 사고하는 것 같다. 그런데 그 스토리가 우리의 감각이나 자연의 작용을 정확히 전달하지 못할 때 우리는 자연에서 분리되는 것이다.

인간 의식은 자연적 끌림의 등록처이다. 그런 끌림이 원자와 미네랄, 식물과 동물들 사이에 관계를 창조하고 지속가능하게 한다. 의식은 우리가 느끼는 많은 감각들을 자연적으로 자각하고 있다. 왜냐하면 의식도 그러한 감각들 중 하나이기 때문이다. 그러나 과도하게 언어적으로 훈련 된 의식은 종종 직접적인 감수성을 다른 것으로 대체시킨다. 우리는 대부분 언어를 통해 감각한다. 추론감각은 단어들을 의식 속에서 조직하는데 이 과정을 사고(思考)라고 부른다. 우리는 언어와 이미지로 생각하는 법을 배운다. 의식의 스크린과 그 위에 나타나는 스토리를 귀하게 여기고 기르는 법을 배운다. 그러나 이것은 감각 그 자체를 존경하지 않는다. 우리는 감각을 존경하기 보다는 지배하고 관리하도록 교육받았다. 감각은 말이 아니라 느낌이다. 종종 감각은 언어에 중독 된 우리 의식의 스크린 위에 기록되지 않는다. 그래서 자연의 많은 것이 무의식이 된다.

감각적 의식

보통, 자연적 끌림이라는 감수성의 충족은 유기체에서 유기체로, 자연계를 하나의 공동체로 구성해 상호 연결한다. 이것이 서로를 연결시켜주고 교감하게 하는 지구의 자애로운 지혜이다. 집합적으로 상호 연결시키는 것은 지구를 유지시키고, 미네랄과 종들, 문화의 다양성을 지속하기 위해 섞고 결합하고, 생태적으로 균형을 잡는다. 이런 이유로 자연감각을 의식적으로 즐기고 진실임을 확인하며, 신뢰하고, 감상하고, 강화하는 것은 개인적, 전체적 충족과 균형, 통일을 위해 커다란 가치가 있는 일이다. 자연중심적 사고에서는 자연감각적 비언어 의사소통을 존중하는 것이 매우 중요하다.

인간이 아니라 자연계의 진화하는 창조과정이 우리의 자연감각을 '발명' 해냈다. 이 감각은 생명의 다양성을 사랑하는 자연의 오랜 특성으로 자연의 결합력에서 나온 것이다. 예를 들면, 바다에 살고 있는 생명체는 갈증을 느낄 필요가 거의 없다. 주위가 온통 생명의 근원인 물이기 때문이다. 그러나 육상동물로 진화했을 때 갈증과 같은 생존의 끌림도 같이 진화하여 그 생명체를 물과 지속적으로 연결되도록 한 것이다. 유기체의 생명은 물을 사랑하고 필요로 한다. 물에 대한 감수성, 물이 필요하다는 것을 아는 지적 능력이 없다면 그 유기체는 죽게 된다. 자연의 일부로 남아있기 위하여 생명 그물 속에서 다양하게 변화해온 유기체는 이 생명 그물에 계속 연결되어 있기 위해 자연적 끌림이라는 감수성을 개발해야 했다. 이 감수성은 유기체를 전 생명계의 일부로 남아있게 해준다. 그들은 생명의 필수요소인 것이다.

인위적 교육에 기반을 둔 스토리는 너무도 자주 우리의 자연감각을 중요하게 여기지 않는다. 스토리는 자연감각이 세계를 하나로 묶어주는 자연적 끌림을 의식화시킨다는 것을 간과한다. 이런 끌림은 우리 자신을 포함한 모든 생명을 살아있게 해준다. 한편 교육은 우리의 감각적인 연결성과 지구적 생명공동체의 지원을 자각하지 못하게 한다. 자연감각의 상호간 연결로 강력한 지원을 받고 있음에도 우리는 종종 버려진 듯한 느낌을 받는다. 그런 감각을 무시하도록 교육 받아왔기 때문이다. 그 감각들은 우리 눈에 보이지 않으며 비언어적 무의식 속에 묻혀있다.

이 책속에 있는 자연에 말걸기 연습들은 우리로 하여금 지구와 다시 접촉하게 해주고 다양한 생명의 사랑을 적절한 말로 의식화 시켜준다. 심리치료사이자 심리학 저널 편집자인 마크 저마인은 최면을 비롯한 많은 치유법을 실행했다. 그런데 감각적 자연에 말걸기 연습을 사용하면서 "나는 그렇게 깊은 무의식적인 상태가 표면으로 불러내어지는 것을 이전에는 본 적이 없습니다."라고 말했다.

우리는 다음과 같이 결론내릴 수도 있다. 즉 살아있는 유기체가 자연에서 물리적으로 분리되면서, 생명과정은 유전적 작업을 통해 그 존재에 자연적 끌림이라는 감수성을 암호화하여 자연의 핵심에 계속 연결되도록 했다는 것이다. 사실 자연의 감각적 끌림은 우리의 유전 정보를 형성하고 지탱한다. 우리는 많은 감각적 · 해부학적 속성과 신경생리학적, 지각적 속성을 통해 이 끌림을 통한 연결성을 경험한다.

자연의 다른 모든 것이 그러하듯이, 자연감각과 감수성은 생존을 위해 중요한 역할을 한다. 우리 자신 안에 존재하는 자연과 외부 환경과의 관계에 대하여 특별한 신호를 보내는 것이다. 그 신호는 생명 자체의 일부분이다. 우리 행성의 의사소통 시스템은 직접적이고, 성장하며, 늘 가지 뻗기를 하고 있는 네트워크로 구성되어 있다. 이 네트워크는 자연의 창조력이 연결해내는 다양한 끌림 네트워크다. 자연감각은 그 자체가 지성적이다. 따라서 좋은 관계를 맺기 위해 이 지성을 사용하는 것은 현명한 일이다.

자연은 인간의 언어를 알지도 못하며 사용하지도 않는다. 자연에서 감각과 감수성은 아무런 이름을 가지고 있지 않다. 비록 우리가 식물과 동물들, 미네랄이 어떻게 자연감각과 감수성을 기록하는지 알지는 못하지만 그들이 느낄 수 있음을 안다. 우리는 이름 없는 자연의 느낌들을 신피질이 만들어낸 스토리에 적절하도록 이름을 붙인다. 우리가 자라온 환경의 스토리에 의존해서 그들을 부르는 것이다. 끌림, 사랑, 감각, 호감, 영, 공명, 초대, 부름, 직관, 신, 생명의 거대 서클, 의사소통, 애정, 축복, 유대, 고차원의 힘, 자연의 지혜, 우리, 이름없음, 기타 등등. 그들에게 어떤 이름을 붙이든, 우리의 자연감각과 느낌은 변함없는 하나의 사실이다. 이들 끌림과 사랑은 바위와 물, 나무만큼이나 실제적이고 진실하며, 증명 가능한 것이다. 그것들은 우리 자신을 부드럽게 애무하거나 꼬집는 것만큼이나 실제적이다. 종종 이러한 감각을 컨트롤하는 무감각한 스토리를 피하기 위해 나는 때때로 자연감각을 "이름없음"이라고 부른다. 이름없음은 언어에 중독된 우리의 사고를 삶의 실재와 직면하게 한다 : 자연은 말이 아니라 상호 끌림의 관계로 구성되어 있다.

우리는 보통 온전하고 건강한 자연감각을 타고난다. 그 감각들이 둔화되기 전까지는 의식적, 무의식적으로 번성한다. 그들은 끊임없이 자연 속 자신의 근원과 접속하며 충족의 즐거움을 추구한다. 이렇게 방해받지 않고, 단절되거나 불만족한 고통을 피하는 것이다. 자연의 감각적 지혜가 사람들 안에서 충족될 때 편안함과 만족감이 일어난다. 그것은 삶의 온전함에 도움이 된다. 그러나 충족되지 못하면 감각적 만족과 사랑에 대한 욕구를 일으킨다.

자연감각과 느낌들은 우리의 다중적인 개성이며, 우리 내면에 있는 아이의 진정한 본성이다. 책임감있게 삶을 즐기기 위해서는 각각의 순수한 자연감각에 주의를 주고, 신뢰로 양육해야 한다. 각각의 자연감각은 아름답고 비언어적인 지성과 사랑이다. 자연감각 하나하나는 안정성과 생존, 온전한 정신에 자신만의 공헌을 하며 각자의 가치를 지닌다. 산업사회는 우리의 의식과 자연의 고결함으로부터 이러한 감각을 차단하는 많은 조작된 스토리들을 만들어냈다. 자연에 말걸기 과정을 통해 이러한 조작과 개인, 사회, 환경에 대한 관계에의 역효과를 되돌릴 수 있다.

다중 감각적 인간

사람들이 자연의 모든 것을 느끼도록 타고나지는 않았을지도 모른다. 우리는 오직 우리가 연습하거나, 자연계의 진화과정에서 생존하는데 도움이 되는 부분만을 느낀다. 예를 들면, 우리의 시각(視覺)은 다른 생물들과 달리 적외선이나 자외선을 인식하지 못한다. 생물학적인 창조과정은 우리가 이러한 영역을 보지 않고도 생존할 수 있도록 진화시켜왔다. 마찬가지로 고양이는 푸른색과 노란 색만 보아도 생존할 수 있도록 진화했으며, 다른 많은 동물들은 색맹이기도 하다.

우리를 포함한 자연에 널리 퍼져있는 53가지 생존 감각들은 아래에서 목록으로 보여줄 것이다. 그것들은 우리가 삶을 즐기고 향상시킬 수 있도록 도와준다. 우리는 그들을 생존 욕구의 에센스로 경험하며, 우리 내면의 자연을 외부자연환경과 다른 사람의 내적자연, 또 전 지구적 삶의 과정에 연결시켜주는 매력적인 끌림으로 경험한다. 자연감각을 통해 내면의 자연과 우리 자신에 대해 좀 더 완전히 알게 된다. 그 감각들이 더 깨어나고 충족되면 우리는 만족과 균형, 자연의 평화라는 지혜 속에서 더 오래 지속되는 충족을 느끼게 된다.

아래의 목록은 일반적인 감각의 범주를 포함하고 있다. 각각의 감각은 더 나누어질 수도 있다. 예를 들면, 나는 색깔을 하나의 감각으로 분류했으나 우리는 수천가지 색깔을 감각할 수 있으며, 그런 색깔들 하나하나는 모두 다른 감수성을 나타내는데, 각자가 다른 분위기와 메시지를 나타내며, 다른 의미를 가진 다양한 강렬함을 가지고, 다른 신경생리학과 유전학을 가지기 때문이다. 예를 들어, 미각을 하나의 감각이라고 생각하지만 우리에게는 짠 것, 단 것, 쓰고 매운 것을 맛볼 능력이 있으며 이들은 각각이 생리적, 화학적, 해부학적으로 독특한 특성을 지닌다. 또 촉감을 경험하는 데도 22가지 다른 방법이 있다. 그 각각의 감각은 우리 안에 다른 유전적 청사진을 가진다. 이는 수억 년의 생물학적 경험과 지구적 생명 공동체내에서 관계를 분화시켜온 경험에서 생겨난 것이다.

대부분의 자연감각은 언제나 존재하지만 막 태어난 아기에게서는 연습이 되어 있지 않다. 이성 감각과 장소에 대한 감각도 아기가 두 달이 지나서야 작동하기 시작한다. 우리는 이 자연감각을 발명해내지 않았고, 언어를 통해 그것들을 알 수조차 없기 때문에 이 감각들은 신비이다. 알버트 아인슈타인은 이렇게 말했다. "우리가 경험할 수 있는 가장 아름다운 것은 신비이다. 그것은 예술이나 과학 분야에서 모두 진실이다."

1961년에서 78년 사이에 거이 머쉬라는 연구자는 철저한 연구를 하였다. 그는 17년간 수백 권의 책에 나타난 감각에 대한 과학적 연구들을 면밀히 조사하였다. 그리고는 1986년, 과학적 방법론과 연구에 의하면 자연계에는 80가지의 생물학적 감각이 있다는 것을 확인하였다고 내게 말하였다. 덧붙여 그는 이것을 하버드 실험실에서 권위 있는 이들을 통해 검증하였다. 1978년 간행된 『생명의 일곱 가지 신비』라는 책에서 그는 저술의 편의를 위해 이들을 31가지 그룹으로 묶었다. 그의 공들인 노력과 서지학은 박수 받아야 마땅하며 자부심을 가질 만하다.

비록 에임즈(Ames), 게젤(Gesell), 피어스(Pearce), 리블린(Rivlin), 그래빌(Gravelle), 사무엘(Samuels), 쉐퍼드(Sheppard), 쉘드레이크(Sheldrake), 스펠크(Spelke), 레폰신(LePoncin), 윈(Wynn)과 그 외 많은 연구자들이 끊임없이 우리의 다중 감각적 본성이 옳다는 것을 증명하고 있지만, 그 전체적인 중요성은 아직도 산업문명의 스토리 때문에 인식되지 않고 있다. 우리의 지성은 스토리가 있어야 비로소 안심한다. 스토리가 중재하는, 자연과 분리된 삶과 사고에 중독 되어 있는 우리는 자연의 감각과 그 가치를 즉각적으로 깨닫지 못하고 있다. 경제는 우리의 끊임없는 감각적 불만족을 연료로 삼고, 광고를 통해 더 감질나게 하며, 그를 통해 상품을 판매한다.

우리의 타고난 감각들은 행동으로 표현되는 자연이다. 그 감각들은 우리를 매혹시켜 자연계 전체와 그 방식, 타인의 내적자연에로 이끈다. 사회가 지성을 길들여 자연과 자연적인 것을 잊도록 훈련시켜왔기에 우리는 자연감각을 빼앗기고 있었던 것이다. 자연에서 분리된 이성감각은 스토리가 우리의 다른 감각이나 자연계에 대해 무지하게 한다는 것을 모른다. 자연이 어떻게 작용하고 그 과정에 우리가 어떻게 참여할 수 있는지 알려주는 나머지 감각들을 무시하는 것이다. 무시 받고 마비되어 우리가 잃어버린 이 자연감각들은 지구와 우리 자신, 공동체를 책임져주는 잊어서는 안될 거대한 부분이다. 그들을 의식화 시키지 못한다면 우리는 '반쪽의 거대함' 일 뿐이다. 칼 융과 여러 사람들이 말한 대로 느낌에 비해 추상적인 사고가 더 이성적이거나 논리적, 일관적인 것은 아니다. 야외생활을 하는 동안 나는 자연에서 추상적 사고란 우리의 자연감각을 문화적인 그럴듯한 스토리로 바꾸는 학습 방법임을 배웠다. 우리가 과도하게 자연 분리적이라는 것, 우리의 문화는 비이성적이라는 것을 어떻게 하면 인식시킬 수 있을까? 그것이 우리의 도전과제이다.

문제를 만들지 않고 생명을 유지시키는 자연의 현명한 능력이 절실하게 필요할 때이다. 그 지혜는 우리 자신과 환경에 가하는 사회의 파괴적인 행동을 멈추게 할 것이다. 그러나 현재 우리의 의식에는 그런 지혜가 없으므로 집단적인 광기, 즉 전쟁을 일으키고, 환경오염이나 기능장애, 질병, 정신질환, 무관심, 학대, 폭력 등이 생기는 것이다. 자연중심적 사고가 없으면 우리 의식은 감각적인 내면의 아이를 버린다. 그러나 누구라도 이 상황을 역전시킬 수 있는 길을 선택할 수 있다. 그리고 그것은 추상적 스토리나 자연물 비디오가 아니라 자연 자체와 다시 접촉함으로써 가능하다.

나는 아래 53가지 자연감각의 목록을 제의한다. 기억해야할 중요한 것은, 각 감각이 분명한 끌림의 에너지이며, 이름 없는 자연의 지성적인 사랑이라는 것이다. 각각의 감각은 이름이 아니라 존재자체로 스스로를 자각한다. 감각 하나 하나는 모두가 경험이다. 이 감각들을 사용하여 자연과 접촉하려할 때 이들은 우리의 많은 자연적 부분을 일깨울 수 있다. 그 목록이 아니라도 까다롭지 않고 직접적인 자연과의 접촉경험을 통하여 개인적인 지혜와 성장, 균형을 촉진시킬 수 있다. 이 목록은 단지 언어로 정보만을 제공할 뿐이다. 그것은 의식의 스크린에 정보를 가져다주며 우리의 이성과 언어, 앎을 위한 스토리적인 방식을 사용한다. 이성과 언어는 자연과 생명, 우리 각자를 알고 사랑하기 위해 우리가 사용하는 수단 중 4%에 불과하다.

자연중심적인 사고는 이 감각 목록을 사용하여 자연을 직접 찾아가 실내생활에 조건화된 우리를 많은 자연감각과 접촉시켜 자연에서 일깨우도록 할 것이다. 이 목록은 감각의 이름을 사용하여 신피질의 뇌가 사고하도록 돕고 우리의 자연감각들이 되살아나도록 해준다. 이것이 이성감각이다. 하나의 감각을 경험한 후, 그 이름을 말하면 그것은 언어 의식에 자리잡게 되고, 이제 우리는 그것으로 생각할 수 있게 된다. 자연에 말걸기 과정이 비언어적으로 우리를 연결시키고, 활기차게, 교육시켜 줄 것이다. 이 과정이 우리의 삶을 더 온전히 감각하게 하기 위해 자연계의 지성 속으로 안전히 확장해 들어가도록 허용하라. 우리가 지성적 사랑과 지혜의 과정을 경험하게 되면 그것을 소유하게 되고 작용하게 한다. 그때 우리는 결코 이전의 사고방식으로 되돌아가지 않게 될 것이다.

53가지 자연감각과 감수성

방사 감각

1. 편광을 포함한 빛에 대한 감각과 시각
2. 식물의 굴광성같이 눈 없이도 보는 감각
3. 색감
4. 색깔에 붙어있는 고유성과 분위기에 대한 감각
5. 보이거나 보이지 않는 자신의 모습, 또는 위장한 모습 등을 의식하는 감각
6. 라디오파나 X-선 등 가시광선과는 다른 방사광에 대한 감수성
7. 온도와 온도변화에 대한 감수성
8. 겨울잠이나 여름잠 등 스스로를 고립시키는 능력과 계절감각
9. 전류나 다른 에너지를 발생시키는 능력(뇌파와 신경계에서와 같이)과 극성이나 전자기적 감각

느끼는 감각

10. 공명이나 진동, 수중음파탐지, 초음파를 포함하는 듣기 감각

11. 특히 지하나 해저, 바람이나 공기 등의 압력을 자각하는 감각

12. 중력에 대한 감수성

13. 노폐물을 제거하거나 적으로부터 보호하기 위한 배설감각

14. 느낌, 특히 피부에 닿는 촉감

15. 무게와 균형감각

16. 공간 감각과 접근 감각

17. 코리올리스(지구 자전으로 인해 생기는 전향력) 감각 또는 지구회전의 효과를 자각하는 것

18. 운동감각. 신체의 움직이는 감각, 움직임에 대한 감각

화학적 감각

19. 코로 맡는 후각과 코를 넘어서는 후각

20. 혀로 맡는 미각과 혀를 넘어서는 미각

21. 음식, 물, 공기에 대한 갈증 또는 생리적 욕구

22. 사냥하고, 먹이를 잡으며 또는 음식을 얻고자 하는 충동

23. 갈증이나 수분증발 조절, 물을 발견해내는 예민함 등을 포함하는 습기에 대한 감각

24. 페로몬이나 다른 화학적 자극과 같은 호르몬 감각

정신적 감각

25. 외적, 내적 고통

26. 정신적, 영적 고통

27. 공포감, 상처와 죽음, 공격받을 것에 대한 두려움

28. 성에 대한 자각과 연애감, 사랑, 결혼, 육아 등을 포함하는 생식 충동

29. 놀이, 스포츠, 유머, 즐거움, 웃음에 대한 감각
30. 땅과 바다, 태양과 달, 별의 위치에 대한 상세한 자각을 포함하는 물리적 공간감각, 항해감각
31. 시간 감각
32. 전자기장 감각
33. 날씨 변화 감각
34. 정서적인 장소에 대한 감각, 공동체, 소속, 지원, 신뢰, 감사에 대한 감각
35. 우정, 우애, 든든함 등에 대한 자아감각
36. 지배력과 영토감각
37. 때로는 초유기체로 흡수될 정도로 자신의 동료를 받아들여 군락을 이루고자 하는 감각
38. 곰팡이를 기르는 개미처럼, 조류(藻類)를 기르는 곰팡이, 미끼로 먹이를 남겨두는 새처럼 기르는 능력과 원예 감각
39. 느낌을 표현하고 여러 가지 매개체를 통해 정보를 전달하는 것으로, 꿀벌의 춤에서 인간의 문학에 이르기까지 언어와 조음(造音)감각
40. 겸손, 감사, 윤리 감각
41. 형태와 디자인 감각
42. 기억과 논리, 과학적 능력을 포함하는 이성 감각
43. 생각과 의식에 대한 감각
44. 직관이나 무의식적 연역
45. 창조성, 아름다움과 음악에 대한 감상을 포함하는 예술적 감각
46. 예지와 천리안, 천이통, 염력, 아스트럴 투사, 어떤 동물적 본능, 식물적 감수성 등과 같은 심령능력
47. 과거, 현재, 미래의 사건을 자각하는 생물학적, 아스트럴적 시간감각
48. 다른 생물에 최면 거는 능력

49. 꿈, 명상, 뇌파에 대한 자각 등을 포함하는 이완과 잠
50. 고치 짓기와 변이를 포함하는 용화(번데기 되는) 감각
51. 과도한 스트레스와 무조건 항복에 대한 감각
52. 좀 더 잘 구축된 유기체에 합류함으로써 생존하려는 감각
53. 양심과 숭고한 사랑, 엑스터시, 원죄의식, 심원한 슬픔과 희생 등을 포함하는 영적인 감각

위의 목록은 하나하나의 감각들을 통해 어떻게 자연이 우리 안에서, 우리를 통해서, 사람들과 또 주변의 장소들과 그 자신을 연결하고 있는지를 설명해주고 있다. 이를 통해 우리가 의식적으로 이 과정에 참여할 수 있다는 것을 암시한다. 그래서 느낌은 진실이며, 그 느낌을 무시할 때 우리는 진짜 세계에 살고 있지 못하다고 말하는 데이빗 비스콧(David viscott)박사의 제안을 유효하게 한다. 자연과 분리된 우리의 삶은 이 감각의 에너지원을 차단시킨다. 이성과 언어, 의식은 위에서 언급한 53가지 감각 중 세 가지일 뿐이라는 것에 주목하라. 우리는 그 감각들이 우리의 자각의 범위 안으로 가져다주는 것을 존중하도록 배운다. 이 장의 연습들은 이 세 가지와 널리 알려진 다섯 가지 감각 외에도 53가지 감각을 통해 생각하고 관계 맺는 법을 배우는 것이 이성적임을 보여준다. 이런 식으로 생각하고 관계 맺기를 시도하면 우리는 자연에 말걸기를 우리의 일상에 도입하는 것이다. 자연에 말걸기 요소는 이러한 감각과 느낌의 어머니인 자연이 감각을 기르고 강화하도록 돕는다. 이것은 그들을 다시 활기 띠게 하며 회복시킨다. 이 과정은 그들에게 충분한 에너지를 공급하여, 자연감수성이 줄어든 우리 의식의 스크린에 다시 나타나며, 우리의 사고를 녹색으로 바꿔줄 것이다.

연습5 | 감각적 지성, 정보, 힘

우리의 자연감각과 지성은 신뢰할만 할까? 그들은 우리에게 최대의 이점을 발휘할 수 있을까?

1. 필기도구를 가지고 자연으로 나간다. 이전 연습에서 했던 것과 같이 이 자연의 장소와 함께 해도 좋은지 허락을 구하라. 이 연습을 하는데 도와달라고 동의를 구하라.
2. 6개 이상의 비슷한 나무막대나 돌들을 가져다 놓는다.
3. 눈을 감고 그 중 하나의 막대(돌)를 집는다.
4. 눈을 감은 채 연필로 그 막대에 표시를 한다. 그런 후 그 막대(돌)를 전반적으로 느껴본다. 그 형태와 질감, 기타 다른 속성들에 친숙해질 때까지 충분히 만져보고 느껴본다.
5. 눈을 감은 채 그 막대(돌)를 다른 것들과 섞어 놓는다. 눈을 감은 채 한번에 막대(돌) 하나씩 들어 만져 느껴보고 표시해두었던 것이라고 생각되는 것을 찾아보라.
6. 확신이 들면 눈을 뜨고 그것이 맞는지 확인하라. 이것을 몇 번 더 시도하라.
7. 촉감에 대해 어떤 결론을 얻을 수 있는가?

이 연습은 촉감이라는 하나의 자연감각적 지성에 대해 많은 측면과, 그 힘의 연결성을 보여준다. 우리의 53가지 모든 감각이 비슷한 힘을 가지고 있다. 그들은 우리가 지성적으로 알고 살아있음을 느끼게 해주는 데 비슷한 공헌을 한다.

이 연습을 안전한 숲에서 해볼 수도 있다. 숲의 허락을 구한 후, 눈을 감고 친구로 하여금 말없이 당신을 이끌고 숲 속의 나무 한그루에 가까이 가게 해달라고 한다. 막대를 가지고 할 때와 마찬가지로, 눈을 감은 채 이 나무를 알고 친숙해질 때까지 충분한 시간을 보낸다. 그런 후 친구에게 부탁해 당신을 그 나무에서 멀리 떨어지게 한다. 이제 눈을 뜨고 그 나무가 있던 곳으로 돌아가 찾아보라. 그 나무가 맞는지는 친구가 말해줄 수 있다. 그리고 물론 촉감을 통해 나무를 이해할 수 있는지 나무가 말해줄 것이다.

- 이 장과 연습에서 배운 세 가지 가장 중요한 것을 적어보자.
- 이 연습을 함으로써 어떤 좋은 감각이나 느낌이 있었는가? 있다면 적어보자.
- 당신은 그것을 묘사할 수 있는가? 그들을 느낄 수 있는 당신의 능력이 사라진다면 당신은 어떤 느낌이 들겠는가?
- 이 연습이 당신의 자기가치(self-worth)감각을 높여 주었는가?

다른 참가자의 글들을 읽어보라.

주의 : 다른 사람의 글들을 보고 자신을 판단하지 말고 그들로부터 배우라. 다른 사람의 내적자연은 종종 우리 자신의 내적자연에 최고의 힌트가 된다. 나는 독자들이 이 연습들 하나하나에 들어있는 잠재적 아이디어를 얻을 수 있기를 바란다.

6장

자연감각의 힘

우리의 자연감각들은 균형 잡힌 관계를 유지하기 위해 서로에게 녹아든다.

앞장에서 말한 대로 대부분의 사람들은 자연감각과 느낌들이 지성적임을 발견하고 놀란다. 이것은 자연감각 중의 하나인 갈증 즉, 물에 대한 끌림을 보면 잘 알 수 있다. 조절 밸브가 활성, 비활성 되는 것과 같이 갈증도 생기고 사라짐으로써 우리 생명체 속의 물 흐름을 조절하고 유지한다. 이와 비슷하게 다른 모든 자연감각들도 지성적이고 자기조절적인 조절밸브로서 작용한다. 대부분의 사람들은 우리의 감각과 느낌들이 우리에게만 속해있는 것이 아니라는 것을 알고 또다시 놀란다. 예를 들어, 우리와 지구는 서로 협조하여 갈증을 경험하며 상호이익을 도모한다. 그것은 마치 가는 곳마다 영양소를 전달하는 몸속의 혈액과 같이 물의 흐름이 계속되도록 유지하는 것이다. 우리는 갈증이라는 감각을 지구와 공유한다. 그것은 자연계의 속성인 것이다. 이런 의미에서 갈증은 물의 일부이며, 습기의 일부이다. 자연과 분리된 우리의 삶은 자연감각과 자연이 하나라는 것을 보지 못하게 한다. 그 하나임을 감지해낸다는 것은 우리 대부분에게 낯선 것이 되었다.

우리가 느끼는 모든 자연적 끌림은 우리의 자연감각이 깨어났음을 의미하며, 그 에너지가 그들을 우리 의식의 스크린으로 옮겨왔음을 의미한다. 감각들 하나하나는 우리 내적자연의 일부여서 그것이 외부의 자연환경과 접촉하면 우리에게 활력을 준다. 그리고 그 반대도 마찬가지이다. 각 자연감각은 그들이 유래한 수십억 년 삶의 경험을 비언어적으로 '기억' 한다. 그 각각은 존재하고자 하는 생명의 욕구를 다양하게 표현하는 것이다. 또 각 감각들은 귀중한 능력을 지니고 있다.

자연감각을 느낄 때 우리는 사실 지구적 생명 공동체를 감각하는 것이다. 그것은 우리 안의 생명 공동체적 흐름을 키우고 균형 잡아주며, 그 공동체의 일부로 이끌어준다. 예를 들면, 우리에게는 붉은 색을 느끼고 즐길 수 있는 능력이 있다. 인류가 진화하면서 붉은 색은 생존의 어떤 중요한 측면을 담게 되었다. 예를 들어 잘 익은 과일의 색은 종종 붉은 색이다. 또 맛으로도 과일의 달콤한 정도가 드러나며 그것은 과일의 익은 정도를 보여준다. 더 붉고 달콤할수록 더 잘 익고 소화가 잘된다. 더욱이 과일은 익었을 때 대개 그 향이 좋다. 과일의 향과 맛 그리고 에너지는 다양한 감각들로 우리에게 주어지는 보상이며, 그 감각들은 자연의 공동체가 언제, 어디서, 왜, 무엇을, 어떻게 그 과일을 따고 즐길지 올바른 시간과 장소를 알려주는 것이다. 자연감각의 대부분은 감각적 갈증을 어떻게 충족시킬지 안다. 우리는 과일을 좋아한다. 이것은 감각적인 우연이 아니며, 알고 존재하기 위한 비합리적이고 숙명적인 방법도 아니다. 이들은 자연적 존재들의 결합을 위한 끌림이 만들어낸 지혜이며, 언제나 현존하고 있다. 그것을 가치있다고 여길 때, 우리는 자연과 조화를 이루어 신뢰하고 즐거운 감각적 충족을 경험하게 된다. 그를 통해 불만족의 스트레스를 줄이게 된다. 우리의 감각이 자연에서 분리된 스토리나 오염된 스토리에 접하였을 때는 이런 일이 일어나지 않는다. 오염된 스토리는 우리의 내적자연을 왜곡하며 끝내 우리를 두려움과 문제들에 이르게 한다.

생명은 미세한 수준에서 많은 일을 한다. 수십억 년 전, 자연감각적 끌림으로 인해 미생물들은 매우 복잡하고 안정적이며 생존 가능한 관계체계를 지성적으로 '창안' 하고 진화하였다. 여기에는 발효, 광합성, 유전자 암호화, 부패라는 과정 등이 포함된다. 우리는 자연으로부터 다중 감각적

'부착제' 를 타고났다. 이는 우리를 끊임없이 자연에 끌리게 하고 부착시키며 묶어준다. 우리의 자연감각적 끌림은 왜 아이들이 자연에 도취되는지 잘 설명해준다. 우리는 배운 적이 없지만 애완동물이나 새끼사슴, 어린 물개들을 사랑한다. 그러한 사랑을 타고났다. 그 어린 동물들이 우리 안의 사랑을 일깨워 의식의 스크린에 활성화 시키는 것이다. 53가지 자연적 끌림, 감각들, 사랑은 비언어적으로 그에 열중하게 하고 유지한다. 그 감각들을 연습하고 귀하게 여기며 축복할 때 우리는 더 생기 있고 예민해질 것이다.

상호 연결시키는 자연적 끌림으로 인해 생겨나는 전 지구적 통합을 소중하게 여김으로써 우리는 자연과 하나라는 것을 신뢰하게 된다. 원자와 그 입자들이 거의 전부 인력(자연적 사랑)으로 이루어져있다는 것은 "사랑이 세계에 존재하는 유일한 실재이다. 왜냐하면 그것 밖에 없기 때문이다."라는 관찰이 사실임을 알게 한다. "자연이 이루어낸 지혜는 사랑이다."라는 것 또한 수십억 년을 지나온 사실임을 알 수 있다. 사랑(love)과 살다(live)는 같은 어원일 수도 있다. 이 모든 것이 단순한 학술적 의미론이 되지 않도록, 우리가 단어에 붙인 의미들이 우리의 존재를 정의한다는 것을 인식하도록 하자.

토마스 만은 '말이 문명의 핵심' 이라고 한 반면 엘버트 허버드는 '우리에게 가장 알려지지 않은 자연적 지성이 우리를 사랑했기에 우리가 존재한다' 라고 했다.

다중 감각적 지성

비언어적으로 끌어당기고, 섞으며, 오랜 시간 테스트를 거친 경험들을 서로 공유하게 하는 것, 그것이 바로 자연감각의 힘이다. 그것이 자연적 지성의 근원이다. 그것은 모든 유용한 지식을 차별하지 않으며 의식 속에서 하나로 묶는다. 그것을 사용할 때 우리는 비판적 사고라 부른다. 이것이 손상되지 않고 온전할 때, 자연감각들은 서로와 관계하며 서로를 변화시킨다. 서로 섞이는 이 감각적인 능력은, 주입된 생각이 아니라 느낌에 기초하여, 쉽고 자연스럽게 변화하도록 만든다. 예를 들어, 비싸고 유명한 식당에 외식하러 나간다고 생각해보라. 메뉴가 멋지게 디자인 되어 있고 음식이 모든 사람의 식욕을 돋울 정도로 맛있게 보인다. 웨이트리스가 주문한 것을 가져온다. 그런데 당신의 스크램블 계란은 어두운 갈색이고, 햄은 연푸른색이며, 감자는 설익은 녹색이다. 대부분의 사람들이 이런 색깔 변화에 불편해하며 먹지 않으려 한다. 즉 색깔 때문에 오는 느낌의 변화는 하나의 감각이 다른 감각들에 영향을 주고, 변화시킨다는 것을 보여준다. 자연감각들은 이렇게 서로가 소통하고 있다. 그리고 그에 따라 우리 뿐만 아니라 자연에도 공통의 감각이 만들어진다. 식물과 동물들도 낯선 형태를 만나면 다르게 행동한다. 이 행동은 그 순간 누가 포식자이고 먹이감인지 결정하는데 도움을 준다. 이것은 그들과 우리 사이에 존재하는 감각적 역사의 일부분이다.

최적의 조건에서 모든 감각들은 자연스럽게 음식에 끌린다. 그런데 위의 경우, 본래는 음식에 끌리는 것이지만 음식의 특이한 색깔이 우리 감각이 기억하는 과거의 생존경험과 일치하지 않아 머뭇거리게 만드는 것이다. 이것은 뭔가 잘못되었다는 신호를 준다. 그 신호는 다른 감각들에 영향을 미쳐 뭔가 생존에 도움이 되지 않는 것으로 인식하게 되는 것이다. 이런 일이 일어나면 먹는 일이 불편하게 된다. 그것에는 더 이상 끌리지 않는 것이다. 이 사례에서 특이한 음식의 색깔은 장소와 공동체, 신뢰, 직관 등 자연감각의 경험을 꺼버린다. 이것은 식욕과 촉감, 맛, 향에 영향을 미친다. 그리고 그것들을 감소시키거나 무가치하게 만든다. 모든 감각들이 동의할 때까지 자연은 용서하고 처벌 않는 방식으로 불충분한 점을 놓아둔다. 자연은 매력 있는 음식을 먹도록 하는 등, 자연스레 끌리는 것에 따르도록 우리에게 요구한다. 자연과의 경험을 통해 우리의 사고는 자연을 신뢰하도록 배운다. 화학적 차원에서 이와 똑같은 흐름과 스토리가 세포내 생물분자에도 존재한다. 이것은 놀랄 일이 아니다. 수십억 년 전에 이 흐름은 미생물과 미네랄 차원에서 유래하여 손상되지 않고 남아있는 것이다.

자연의 다중 감각적 지혜의 또 다른 사례는 갈증이 열(온도감각), 염분(화학적 감각), 피로, 시각, 소리, 맛 또는 심지어 물에 대한 생각(언어, 이성, 의식적 감각)에 의해서도 영향을 받는다는 것에서 볼 수 있다. 우리의 갈증은 많은 감각들의 집합에 의해 영향 받는다. 예를 들면, 갈증이 강렬해지면 고통의 감각을 불러일으켜 갈증을 해소시키는데 더욱 힘쓰게 하거나, 어디에 물이 있을지에 대한 감각적 힌트를 찾는데 주목하게 한다.

감각의 집합은 의미를 알기 위해 고통을 포함한 모든 감각 정보를 환영한다. 감각정보들의 콘서트에서 자연감각들은 생존에 도움이 되는 공통의 감각, 신뢰할 만한 동의를 형성한다.

다른 모든 감각들이 그러하듯이 언어와 추론감각도 우리가 아는 것에 색깔을 입히는 스토리를 만든다. 스스로에게 물어보라 : 색깔은 좋은데 햄에 '바퀴벌레'라는 이름이 붙어있고, 계란에 '배설물', 감자에 '해골'이라는 이름이 붙어있다면 당신은 그것을 먹겠는가? 명칭은 우리의 지각과 사고, 행동에 편견을 갖게 한다. 명칭이나 스토리는 우리를 자연에서 분리시키거나 연결시킬 수도 있다. 건강과 행복을 위해 우리는 명칭과 스토리의 효과를 잘 평가해야 한다.

나는 사람들 의식의 스크린에 막대한 영향력을 행사하는 명칭과 언어의 힘을 인식시키기 위해 흥미로운 연습을 하게 한다. 사람들은 두개의 똑같은 티스푼을 테이블에 놓는다. 그런 후 손을 그 앞으로 내민다. 이때 눈은 감고, 왼손에 크고 무거운 돌이 매달린 로프를 잡고 있다고 상상한다. 그리고는 두 손은 평행을 유지한다. 잠시 후 오른손으로는 하늘로 잡아끄는 커다란 헬륨풍선이 매달린 로프를 붙잡고 있다고 상상한다. 이제 왼손에는 더 많은 돌들이, 오른손에는 더 많은 풍선들이 추가된다고 상상한다. 사람들이 1분간 눈을 감은 채 이 상상을 계속하도록 한다. 그 후 눈을 뜨고 보면 더 이상 두 손은 평행이 아니다. 그리고는 각각의 손으로 테이블 위의 티스푼을 집어 올리도록 한다. 이 스푼은 더 이상 같은 무게로 느껴지지 않는다. 상상으로 무거운 돌을 잡았던 손의 스푼이 헬륨풍선을 잡았던 손의 것보다 더 가볍게 느껴진다. 이러한 결과는 단순히 내가 그들에게 해준 스토리 때문에 생긴 것이다. 그 스토리가 티스푼이라는 현실에 대한 지각 능력을 오염시킨 것이다. 그리고 이 모든 것은 채 2분도 안되는 시간에 일어났다. 자! 이제 우리를 자연으로부터 분리시키고 자연과 우리의 자연감각을 손상시키는 스토리와 장소에서 여러 해를 산다면 그 왜곡된 영향이 얼마나 심할지에 대해 생각해보라. 자연에 대해 얘기해보면, 우리는 매일을 그와 분리된 현실, 또 다른 세계에 살고 있는 것이다. 그곳은 자연의 부름과 균형에 둔감해진 이야기의 세계인 것이다. 당신은 그 결과에 만족하는가?

호흡이라는 감각은 우리의 자연감각이 대기발생과 관계를 맺는 한 가지 예이다. 기억하라. 호흡(re-spire)은 숨쉬기를 통해 우리에게 다시 활기를 불어넣는(re-spirit) 것을 뜻한다. 그것은 또 많은 감각들의 교감작용이기도 하다. 숨쉬는 동안 항상 긴장과 이완을 의식함으로써 우리의 감각과 대기(大氣) 사이에 있는 자연적인 관계를 의식하게 된다. 호흡과정은 신선한 공기와 접속하려는 자연적인 끌림에 의해 인도되며 우리의 호흡을 통해 지구의 먹이인 물과 이산화탄소를 자연에 되돌림으로써 자연에 영양을 공급하려는 자연적 끌림에 의해 일어난다. 숨을 멈추면 지구의 대기로부터 분리됨으로써 질식할 것 같은 불편함을 느끼게 된다. 그것은 공기에 대한 끌림을 느끼게 하며, 우리는 다시 숨을 들이마시고 편안해지는 것이다. 또 지구를 먹이고자 하는 끌림이 작동하여 우리는 숨을 내쉼으로써 지구가 그 음식을 먹도록 하고 우리는 다시 편안함을 느끼게 된다. 이 모든 과정은 우리에게 좋은 기분을 준다. 그것은 생기를 불어넣는 것이다(inspire-기운 나게 하다). 지구와 우리는 함께 협력하여(conspire-함께 호흡하다)

우리 중 누구도 숨을 거두지(expire) 않을 것이다. 영어 어원상 공기(air, spire)가 영(spirit)을 의미하기도 하며, 정신(psyche)이 공기/영/영혼(air/spirit/soul)의 또 다른 이름이라는 것을 알게 되면 호흡과정의 생기에 찬 본성을 의식하게 된다. 생태심리학 분야에서 탐사되고 있는 것은 바로 정신(psyche)인 것이다. 자연에 말걸기 연습은 우리의 스토리로 하여금 자연을 의식적으로 이해하고 협력하도록 함으로써 정신을 잘 보전하게 하며, 그것이 어떤 느낌인지 다시 발견하게 한다. 그 활동은 언어와 이성을 이 영역 안으로 데려오고 영향을 미쳐 호흡을 가치있게 한다. 왜냐하면 그들도 우리 감각의 일부이기 때문이다. 예를 들면, '숨을 멈춰 보라!' 는 스토리는 우리에게 의도적으로 숨쉬기를 멈추게 할 수 있다. 고통의 감각이 자연스레 우리를 압박하여 다시 숨을 쉬도록 할 때까지 말이다.

특이한 색깔의 음식, 갈증, 호흡의 예에서 우리는 자연감각의 큰 속성을 본다. 감각들은 자동적으로 서로 섞이고 서로를 변화시키는 것이다. 이성감각과 연합하면 이것은 개인적, 지구적 전체성을 증진시킬 지성과 사려깊은 적응성을 향상시킨다. 우리의 스토리가 그렇게 하지 못하도록 우리를 설득한다 해도 말이다. 이것은 모든 차원에서 갈등해소를 위해 가치있는 일이다.

우리의 이성과 스토리를 자연감각들로부터 분리시키는 논쟁자들의 말에 주의하는 것은 지성적이지 않다. 생존과 청정한 공기, 건강한 허파, 흡연, 학대 그리고 전반적인 심신건강 같은 문제와 연관해보면 분리는 이성적, 지성적으로 사고하는 우리의 능력을 감소시킨다. 자연에 말걸기는 우리의 자연감각과 그 지혜를 다시 살려낸다. 또 건강한 자아감각과 통합성을 우리 의식의 스크린에 가져온다. 그것이 이 연습이 의미있는 이유이며, 데이빗 소로우로 하여금 다음과 같이 말하게 한 이유이다 :

> "신비에 대해 말하라! 자연속의 우리 삶에 대해 생각해보라-매일매일 사물을 보고 그것들과 접촉 한다 - 바위들, 나무들, 뺨에 닿는 바

람! 견고한 땅! 이 실제 세계! 공통의 감각! 접촉! 접촉! 우리는 누구인가? 우리는 어디에 서있는가?"

자연중심적 사고의 생리학

생리학 연구자들은 자연에 말걸기가 중요한 일임을 확신한다. 그들은 감각이 어떻게 생리학적으로 작동하는지 이론을 확립하였다. 예를 들면, 앞서 특이한 색깔의 음식에 대한 사례를 보면, 눈의 수천 개 원추세포와 간상세포가 음식의 색깔과 형태정보를 신경 임펄스라고 알려진 일단의 전기신호로 변화시킬 때 감각들 상호간의 커뮤니케이션이 일어난다. 귀와 코, 피부가 일제히 다른 데이터들을 취하여 그것을 전기적 신호로 변형시킨다. 감정적 반응(무드, 즐거움, 반감 등)으로부터 오는 전기적 신호는 이 신호들과 결합해 혼합된 전기적 메시지를 형성하며, 전기적 화학적으로 신경세포와 연결부를 따라 뇌에 전달된다. 뇌 속의 방사성 동위원소 스캔을 해보면 이 신호들이 핀볼 게임의 공처럼 뇌의 언어영역과 추론영역을 포함하는 많은 지각영역 사이를 움직인다는 것을 알 수 있다. 각 영역은 이전에 감지했던 모든 것과 이 신호를 비교한다. 전기적 임펄스와 화학물질은 뇌의 상호 연결된 이 영역들 사이를 경이적인 속도로 뛰어다닌다. 영역들은 신호를 교환하기도 하고, 저장하거나 복구하기도 한다. 신경전달물질은 뇌로부터의 변형된 신호를 전달하여, 그 신호가 처음 생겨난 부분으로 되돌려지며 적절한 행동을 촉발시킨다.

극도로 빨라진 우리 심신의 신경처리 과정은 하나의 과정 홀로그램이며, 그것에 의해 수십억 년 동안 지구의 생명 공동체는 천천히 그리고 꾸준히 의사소통을 해왔던 것이다. 공기와 물, 전기, 자기적 끌림, 지질과 중력의 인력, 기타 다른 인력의 전반적인 흐름이 지구의 뉴런이라 할 수 있다. 우리의 감수성도 그 과정에 편입된다. 왜냐하면 우리 개인의 각 감각은 전 지구적 생명공동체의 상호 연결된 속성과 과정의 생물학적 연속체이기 때문이다. 덧붙여, 몇몇 증거들에 따르면 어떤 차원에서는 아원자적 변화가 전 우주에 즉각 알려진다는 것이다. 그러나 이 홀로그램은 그것이 전체에 연결되어 있을 때만 전체일 수 있을 뿐이다. 자연 분리적인 패러다임 속에 있을 때 우리는 의식의 통합에 대한 거짓된 이미지를 만들어낸다. 전체성은 스토리가 아니다. 그것은 이 순간 환경과 다중 감각적인 인력을 통해 연결되어 있는 것이다. 자연은 그렇게 작용한다.

자연의 지혜는 자연의 힘에 의해 혼란된 영역을 자동적으로 치유한다. 불탄 숲과 토네이도가 일으킨 피해는 때가 되면 이전 상태로 자연히 회복된다. 인체 안의 자연도 역시 긁힌 자국과 부러진 것, 타박상 등을 치유한다. 자연의 다중 감각적 지성은 치유와 재생, 균형 잡는 법을 안다. 그러나 많은 인위적 교육으로 인해 우리는 자연의 지성과 접촉하는 것을 가치있게 여기는 것이 아니라, 자연과 분리된 언어적 스토리를 통해 의사소통하고 그를 믿도록 주입되었다. 사회적, 환경적 타락은 우리에게 믿을 수 있는 전일적인 새로운 스토리를 창조할 필요가 절실함을 보여준다. 그 스토리는 감각적인 지구의 회합(congress)과 우리를 다시 연결시켜주는 스토리일 것이다.

비록 모든 자연감각이 자연계의 지배에 참여하고 있지만, 인간의 자연과 분리된 실내생활은 의식적 이성과 언어감각을 과도히 강조하도록 만들었다. 이것은 교육을 대표한다. 그러나 이들은 우리의 많은 자연감각 중 단지 두 가지에 불과하다. 그 두 가지는 진정한 지혜의 일부일 뿐이지 전부가 아니다. 그것이 우리가 가진 유일한 앎의 방법이 아닌 것이다. 우리와는 달리, 지구의 생명 공동체는 그 두 가지만을 맹목적으로 숭배하거나, 자체를 제한하거나, 또는 그것에만 의지하지 않는다. 만일 다시 회복되어 한 번 더 기회가 주어진다면 동의된 우리 감각들 전체는 자연과 분리된 이성과 언어가 더 이상 우리를 오도하지 않도록 할 힘을 갖게 될 것이다.

심리학 분야는 종종 자연과 분리된 상태를 연구하고 다룬다. 즉, 우리를 자연감각들로부터 과도하게 분리시키는 스토리를 사용하는 산업사회의 영향에 대해 연구한다. 자연중심적 심리학과 사고는 한발 더 나아가, 말이 우리의 자연감각을 어떻게 중개하며, 어떻게 의식에서 멀어지게 하는지, 그리고 어떻게 그 감각을 스토리로 대체시키는지를 인식할 수 있게 한다. 말이 개입되면서 우리는 자연 자체로부터의 생생한 메시지를 잃어버리게 된다. 예를 들면, 권위자들이 자연이란 '경제적으로 가치있는 넓은 땅의 부동산'이라고 우리의 사고를 개념화하도록 허용하면, 우리는 자연을 광대한 개발지로 생각하며 편안해 하는 것이다. 그래서 자연은 불도저로 깎고, 개발하거나 자본화 할 수 있는 자원이나 시설이 되어버린 것이다. 이것은 자연에 들어가 그로부터 우리의 다중 감각적 경험을 통해 배우고자 겸손한 허락을 구하는 것과는 천지차이인 것이다. 이때는 우리 감각이 자연을 훨씬 더 나은 것으로 의식의 스크린에 기록하게 된다. 우리는 아마도 자연을 다음과 같이 생각하게 될 것이다 : 우리 자신의 친밀한 일부분, 개인적인 충족으로, 친구로, 사랑으로, 지혜로운 활동으로, 하나의 공동체로, 가정과 삶을 지원하는 시스템으로, 교사로, 사람의 윤리적, 물리적, 감정적 행복을 위한 생물학적 필수조건으로, 현명하게 관계 맺은 수십억 년의 축복으로, 영적 또는 신성한 장소로 여기게 될 것이다. 우리 의식이 자연을 사랑하도록 북돋는 이야기가 없다면 우리는 자연이나 지구를 존경받을 만한 가치가 있는 존재로 결코 대하지 않을 것이다. 우리는 다른 이가 우리에게 해주었으면 하는 대로 그들을 대하지 않는다.

53가지 자연감각의 목록을 사려 깊게 고려한다면 이 모든 감수성이 자연계를 지배하고, 우리로 하여금 자연의 전체성을 의식하게 한다는 것을 알게 될 것이다. 이러한 감각들이 자연에서 공통의 근원을 가지며, 우리의 유전자 코드에도 있다는 것을 알 때, 우리가 이 행성과 함께 공유하는 다중 감각적 지구의 정신성을 구성한다고 생각하는 것은 타당할 것이다. 그것을 지구적인 뇌라고 부르기 보다는 지구적인 지성이라고 하는 것이 낫다. 이 모든 감수성은 자신을 지구로 현상화시키는 존재의 방식이며, 지구적 생명 공동체의 각 구성원들 속에서 어떤 형태로든 발견될 수 있다. 물론 지구가 다중 감각적 지성을 가진 존재라는 것은 우리의 사고방식에 낯설 것이다. 우리는 제한된 감각이나 넌센스적 사고인 자연 분리적 스토리를 강화하는 사람들을 기르고 그들 속에서 자라온 것이다. 우리의 스토리는 우리가 이해할 수 있는 스토리를 창조하는 인간의 능력을 지성이라고 규정한다. 우리의 문명은 지구의 다중 감각적 전체 지성과 그것을 사용하는 사람들을 문맹자이며, 비문명화된 야만인이라고 여긴다. 하지만 문명의 재앙으로 가득한 경제와 오도된 윤리, 심각한 정신적, 환경적 스트레스를 보면 그것이 잘못된 것임을 잘 말해주고 있다.

우리는 스토리에 영향 받을 때 사람들이 정한 지성의 정의에 의문을 가져야 한다. 예를 들어, 자연분리적인 권위자는 실내생활을 창조하고 유지하는 문명적 능력이 가치있다고 가르친다. 시험성적과 수입, 경쟁력, 명예, 직업 그리고 언어 등을 가치롭게 여긴다. 우리는 자연스런 자아가 되는 것, 지구생명공동체에 대해 정통한 참여자인 자아에 대해서는 자긍심을 갖도록 배우지 못한다. 그들에게 그러한 자아는 꿈이며, 판타지이다. 그것은 평화를 위한 동경이며, 충만과 기쁨, 서로를 지원하는 공동체 관계, 친숙함, 자연적 아름다움, 감성, 영성, 신뢰, 정직성, 우정, 하나 됨, 순수 등을 위한 우리의 동경일 뿐인 것이다. 어떤 사람들은 이러한 특성을 천국에나 있는 것으로 여긴다. 그러나 이러한 것도 지구의 생명들에게 의미있는 통합된 방향이다. 우리는 내면에서 그리고 주변 환경에서 지구의 동료들을 정복하고 약탈하면서 동시에 천국을 열망하도록 배우고 있는 것이다.

자연처럼 사고하기 : 무명지인애(無名, 知, 引, 愛)

동의를 통해 자연공간과 감각적 접촉을 함으로써 우리는 자연이 어떻게 일하는지를 배운다. 그 순간 우리는 끌리는 쪽으로 움직이게 된다. 추론감각은 우리의 내적 논쟁자로 하여금 자연의 속성을 신뢰하는 것이 이성적임을 의식하게 한다. 다음의 네 문장에 대한 확신의 정도는 당신의 이성이 얼마나 이 순간 자연과 접촉하는지 보여줄 것이다.

1) 자연은 이름 없고, 비언어적인 과정이다(無名).

2) 자연과 자연감각은 지성적이다(知).

3) 사람들의 자연감각은 자연의 일부에 대한 끌림이다(引).

4) 자연감각들은 우리가 느끼는 사랑의 한 형태이다(愛).

위의 사항에 대해 당신의 확신이 강하면 강할수록 당신의 신피질 뇌는 더 잘 준비되어 있어, 균형 잡히고 지속가능한 단순성 속에서 살아갈 수 있도록 지구에게 배움을 청하게 될 것이다.

위에 언급된 네 가지 자연의 연결성을 나타내는 속성은 기억하기 쉽도록 무명지인애(無名知引愛, NIAL)란 약어로 부른다 :

이름없음(無名 : Namelessness) : 관계하고, 알고, 느끼는 비언어적 방식

지성(知性 : Intelligence) : 끌림이 서로를 지원하는 방식으로 섞이는 자연스런 능력

끌림(引力 : Attractions) : 사물을 서로에게 끌리게 하는 자연적 에너지

사랑 (愛 : Love) : 자연의 끌림 과정을 기쁨으로 느끼는 우리의 능력

우리 내면과 주변에서 무명지인애와 의식적인 접촉을 할 때 비로소 우리는 자연과 함께 생각하고 있는 것이다. 그것은 자연과 재접속함으로써 쉽게 경험할 수 있고 그 옳음을 증명할 수 있는 자연적 사랑의 일부이다. 무명지인애와의 접속은 항상 좋은 느낌을 준다. 왜냐하면 균형 잡힌 자연적 끌림의 능력에 대해 의식적이 되기 때문이다. 예를 들면, 행성 지구는 자신의 진로를 태양 주위에 정해놓고 있는데, 이는 태양을 향한 중력적 끌림과 우주 밖으로 움직이려는 원심력 사이에 균형을 잡고 있기 때문이다. 어떤 차원에서 이것은 동물이든, 식물이든, 미네랄이든 자연의 모든 존재

가 경험하는 과정이기도 하다.

무명지인애를 배제하는 방식으로 사고할 때 우리는 서로가 끊임없이 갈등하는 관계와 스토리로 끝을 맺게 된다. 이 스토리들은 종종 우리를 존재의 스트레스 상태로 이끈다. 무명지인애가 없으면 우리의 사고는 파괴적인 지각과, 인종문제, 국가, 성, 종교, 경제적 문제들을 일으키는 방식으로 취하게 된다. 우리 안에 있는 자연의 지성은 이러한 문제들을 피할 줄 안다. 우리는 자연과 소원해짐으로써 이러한 능력을 잃어버렸다. 그것은 우리를 반-무명지인애(DE-NIAL)로 이끈 것이다.

자연 중심 사회의 스토리는 사람들로 하여금 무명지인애를 즐기게 해준다. 그것은 유전적, 문화적으로 타고난 지구의 꿈이다. 무명지인애는 사람들이 우리 존재의 속성이라고 단언하는 자연정복의 환상을 부인한다. 자연에 접촉하고자 하는 우리의 자연적 욕구를 세분화하고 없앰으로써 우리의 문제들이 드러난다. 우리는 무명지인애를 통해 전체성을 되찾을 수 있다. 그것은 자연에 재접속하고, 자연으로 하여금 우리의 다중 감각적 접촉과 균형을 유지하도록 함으로써 가능하다.

연습6 | 감각적 자연접속을 통해 배우기

마음에 끌리는 자연의 장소에 가라. 이전 연습에서 했듯이 당신이 이 장소에 들어가도 좋은지 허락을 구하라. 이 연습을 하는 것에 대해 동의를 얻고 그가 도움을 주는 것에 대해 장소에게 감사하라.

정신(psyche)과 영(靈; spirit)이라는 단어는 공기라는 뜻의 고대어에서 왔다. 녹색식물은 우리 생명을 지탱해 주는 산소를 생산한다. 공기는 자연의 산물이다. 우리의 숨쉬고자 하는 욕구도 자연의 산물이다. 우리는 그 과정을 호흡(respiration) 즉 '다시 영으로 채우기(re-spiriting)' 라고 부른다.

이 공간의 녹색 식물에 다가가서 의식적으로 '숨을 멈추라' 고 스스로에게 말한다. 그리고는 언어적 명령이 요구한대로 호흡을 멈춘다. 이렇게 하면 당신의 중요한 부분은 자연으로부터 단절된다. 이제 곧 질식이라는 자연적 느낌이 작동하기 시작할 것이다. 그리고 그것이 다시 숨을 쉬어 자연에 재접속하도록 지성적으로 요구하는 것에도 주목하라. 그 느낌 또는 감각은 53가지 자연감각 중의 하나이다.

그런 후 끌리는 식물의 일부를 잡거나 껴안았을 때만 숨을 다시 쉬도록 한다. 왜냐하면 식물이 당신의 생존에 필요한 산소를 만들어내기 때문이다. 이렇게 하면 당신의 자연감각은 신피질 뇌로 하여금 식물이 당신을 지원하고 있다는 것을 느낌으로 알게 해줄 것이다. 다시 숨을 쉬기 시작할 때 보상으로 주어지는 기분좋은 느낌에 주목하라. 그것은 호흡이라는 자연감각이 다시 충족됨으로써 얻어지는 것이다. 잡았던 식물을 놓고 다시 참을 수 있을 만큼 숨을 참아보라, 그리고 이 전체 과정을 반복한다. 이 연습을 15분 이상 하라. 이 연습을 하는 동안 어떤 변화가 일어나는지 주의해보고 기록하라. 만일 식물 대신에 공기청정기나 방취제, 에어컨 같은 인공물을 잡고 한다면 어떤 일이 일어날까? 그것들을 잡고 연습하는 것이 식물과 연습할 때처럼 같은 느낌을 갖게 할까? 시도해 보라.

이제 '호흡(respirationg)' 이라는 단어가 다른 의미를 띠게 되었는가?

당신이 숨을 내쉴 때마다 숨 속의 이산화탄소가 식물의 녹색부분을 살리고 있다는 것을 인식하라.

이 연습을 통해 배운 것이 있다면 가장 중요한 것 세 가지를 기록하라.

식물을 잡고 다시 숨을 쉴 때 어떤 좋은 느낌이나 감각이 있었는지 기록하라.

이러한 느낌을 느낄 수 있는 능력이 사라진다면 당신은 어떻겠는가?

이 연습이 당신의 자기 가치 감각을 높여주었는가?

7장

지구와 거기에 사는 사람들을 번성하게 하기 : 자연에 말걸기 요소

자연으로 하여금 우리의 53가지 자연감각이라는 배터리를 재충전하여 개인적 · 집합적 삶에 균형을 얻도록 하라.

최근 이상주의라는 말은 때 묻은 단어가 되었다. 그것은 아마도 현재 우리의 사회, 환경적 악화가 우리의 이상을 짓밟았기 때문일 것이다. 그러한 판단을 멈출 힘이 우리에게 없기에, 이상 대신에 우리는 실질적인 해결책을 추구하는지도 모른다. 나는 검증된 자연에 말걸기 활동을 통해 자연적 끌림의 감각을 보완하는 것이 실질적인 해결책이라고 제안한다. 자연의, 자연에 의한, 자연으로부터의 사랑을 보충할 때만 상황이 악화되는 것을 막을 것이다. 이것이 이상적으로 들리지 않도록, 다음의 사건을 고려해보라. 그것은 아마도 바뀔 수 없는 강력 살인자 집단의 변화를 가능하게 만드는 깊은 방식을 설명해 줄 것이다 :

웨스트 버지니아 산의 외딴 곳에서 사냥에 몰두하던 사냥그룹이 차사고로 어미를 잃은 한달된 새끼 사슴을 발견한다. 10여년을 전문 사슴 사냥꾼으로 일해 왔던 중년의 사내들은 일주일 동안 새끼 사슴에게 분유를 먹이기로 했다. 어린 사슴은 반쯤 감은 황홀한 눈을 하고 분유를 빨아먹었다. 그리고는 그들의 손을 핥고, 귓볼을 빨았으며 내면 깊숙이로부터의 기쁨에서 나오는 소리를 내며 히힝 노래를 불렀다. 사냥이 끝날 때쯤 사슴은 분유대신 풀을 먹을 수 있게 되었다. 그들은 사슴을 사냥터에 남겨두고 집으로 돌아갔다. 그들은 이 먼 곳에 다시 돌아와 다시 함께 시간을 나누자는 막연한 약속을 했다. 그리고 개인적으로 시간이 허락하는 한 산을 찾아 사슴에게 먹이를 주기로 하였다. 몇 주일 후에 이들 중 한명이 다른 이에게 전화를 하여 혹시 우리 중 누군가 그 사슴에게 꾸준히 먹이를 주지는 않았는지 물었다. 나중에 그는 5명의 사냥꾼 중 누군가가 종종 그곳을 방문하여 사슴에게 먹이를 주었고, 이 사슴이 살쪄있다는 것을 알게 되었다. 그는 비록 이런 상황을 모르는 누군가에 의해 이 사슴이 총을 맞을지도 모르지만, 비정한 사슴사냥꾼이 습관적인 자기 패턴을 벗어나 사슴을 돌봐주고 있다는 사실에 새삼 가슴이 떨렸다. 그리고 그는 최소한 그의 사냥클럽 회원들은 아무도 자신들이 돌본 이 사슴을 쏘지 않으리라는 것을 확신했다.

이 진정한 삶의 경험에서 교사나 목사 어느 누구도 새끼 사슴의 생명이 가치있음을 사냥꾼들에게 가르치지 않았다는 것에 주목하라. 비록 새끼 사슴은 한마디도 하지 않았지만, 그들을 교육한 것이다. 생명의 아름다움과 고귀함이 사냥꾼들의 생명을 움직인 것이다. 그런 생명의 연결이 그들의 타고난 사랑의 느낌을 점화시켜 의식화된 것이다. 무명지인애는 많은 자연감각들로 자신을 표현 한다 : 양육하기, 공감, 공동체, 우정, 힘, 겸손, 이성적 사고 등. 자연에 말걸기 순간은 다른 자연감각들을 재생시킨다. 이 새로운 느낌은 사슴사냥꾼들로 하여금 사슴의 생명을 지원하도록 하였으며, 그들의 개인적 삶과 집단의 삶에 기쁨을 가져왔다. 제1장에서 경험했던 당신의 개인적 자연 경험에서는 이렇게 자연을 지원하는 느낌과의 접촉이 없었는가? 지나간 장들에서 당신은 이러한 느낌의 흔적들을 발견했는가? 당신은 이러한 느낌을 신뢰하는가?

이 모든 것은 자연의 일면과 오직 한번만 접촉하여도 나타날 수 있다는 것을 기억하라. 내가 발견한 것은 사람들이 자신과 환경, 타인들에게서 많은 자연의 측면을 매순간 맛볼 수 있는 도구가 있다는 것이다. 그 순간은 기분이 좋고, 정신이 고양되며, 책임감을 가지게 된다. 이 순간들은 생명의 롤리팝(막대사탕)과 같다. 상대적으로 짧은 시간에 그들은 하나의 긍정적 사고방식을 습관화하고, 우리 자신과 환경의 악순환상태를 되돌리는 관계를 맺게 된다. 나는 그러한 순간이 '자연에 말걸기' 의 요소이며, 이것이 우리 삶에서 개인적, 지구적 문제들을 해결한다고 말하고 싶다.

비록 우리의 자연분리적인 삶에 자연에 말걸기 요소를 삽입한다는 것이 너무 이상적으로 들릴지 모르지만, 그것은 어렵지 않게 가능하다. 6개월 이내에 대부분의 사람들이 배울 수 있고 정신적, 환경적 건강을 위해 검증된 도구이며, 책임감 있는 사고방식과 행동방식을 위한 도구이다. 그것은 또 문제들로부터 고통 받지 않는 사회를 이루기 위한 핵심이다. 조심스럽게 평가해보면, 산업사회에서 최소 600만 명의 사람들이 집과 직장, 학교에서 자연에 말걸기를 즐기고, 통합하기를 배울 수 있다고 생각한다. 사람들이 그것을 배우면 그들도 그것을 공식적으로 가르칠 수 있다. 그들이 가르치지 않는다 하더라도 자신의 개인적인 삶과 직업 현장의 관계에 이것을 도입할 수 있다. 왜냐하면 이것은 자신과 공동체, 환경에 즉각적인 보상을 주기 때문이다. 그런 식으로 다른 이들도 그들로부터 '자연에 말걸기' 를 배우게 될 것이다.

다음의 질문들은 너무도 중요하기에 나는 이 책 전체를 통해 반복해서 하게 될 것이다 : 만일 600만 명의 사람들이 매일 '자연에 말걸기' 경험을 하게 된다면 우리의 세계는 어떻게 될까? 만일 이 경험이 사냥꾼과 새끼 사슴에게서 일어났던 통합된 감각, 느낌, 행동을 유발한다면 어떻게 될까? 그런 생각이 바로 '자연에 말걸기' 요소의 핵심이며, 그것은 또한 나 혼자만의 생각은 아니다. 어떠한 형태로든 그런 생각은 지구공동체의 모든 구성원의 본성에 의해 공유되고 있다. 그들의 문화적 차이, 종의 차이에 상관없이 말이다. 그런 감각은 새끼 사슴과 사냥꾼 그리고 생명 그 자체의 정수인 사랑이다. 그것은 자연적이고 통합적인 지성이다.

연습7 | 자연과의 합일

1부 | 당신은 자연을 통해 타 존재와 공유하는 통일성과 공동체성을 발견할 수 있다. 끌리는 자연의 장소에 가라. 이전 연습에서 그리했던 것처럼 그곳에 당신이 들어가 그와 함께해도 좋은지 허락을 구하라. 그곳이 당신의 이 연습을 도와주도록 동의를 얻어라.

1분간 그 자연의 공동체를 단순히 걷는다. 다음 순간 '합일' 이란 단어를 반복해 말하며 걷는다. 주위를 둘러싼 공동체의 많은 상호관계에 대해 생각해보라. 이 과정을 10분간 반복한다. '합일' 에 대해 생각할 때와 그렇지 않을 때 어떤 차이가 있는지 관찰해보라.

이 연습을 통해 배운 세 가지 중요한 것을 적어라.

이 연습을 함으로써 어떤 좋은 느낌이 있다면 적어보라. 그 느낌들을 묘사할 수 있는가?

2부 | 당신이 존경하거나 사랑하는 사람에 대해 생각해보라. 그들이 가진 특질 중 어떤 것에 당신은 끌리게 되는가? 그 사람이 특이한 것인가 아니면 대부분의 사람들이 내면 어딘가에 이러한 끌리는 자연적 특질을 가지고 있는 것일까?

이러한 특질을 음미할 수 있다면 그것은 당신 내면의 그 부분에 민감해졌고 자각하게 되었음을 의미한다. 그것은 당신 안에 있는 특질이며, 본성 중 일부이다. 다만 아직 길러지지 않았을 뿐이며, 아직 완전히 표현되지 않은 것이다. 우연히도 그 특질은 대부분의 사람들과 자연 전체를 통해서 자연스럽게 발견된다. 우리의 자연 분리적 사회에서는 그 특질을 효과적으로 길러내지 못한다. 이러한 끌림의 특질이 다른 종에서도 발견된다는 것에 주목하라. 그러한 특질은 우리만의 것이 아니다. 그것은 지구공동체를 유지하는 공통의 자연적 특질이다. 그것은 전 지구적 공동체내의 '단일성' 이다.

이 연습으로부터 배운 세 가지 가장 중요한 것을 써보라.

이 연습을 함으로써 얻은 좋은 느낌이 있다면 적어보라.

그 느낌들을 묘사할 수 있는가? 그러한 느낌을 얻는 능력이 없어진다면 또는 빼앗긴다면 당신은 어떤 기분이 들까?

이 연습이 당신의 자기-가치 감각을 높여주었는가?

8장

자연에 말걸기

내적자연의 아름다움은 우리가 끊임없이 다중감각적 방식으로 생각하도록 고무시킨다.

나의 35년에 결친 자연 탐험은 현재 자행되고 있는 자연환경악화의 주된 원인과 사람들의 관계를 알게 해주었다. 우리에게 최대의 도전은 자연의 존재방식과 산업사회의 자연 분리적 사고방식이 크게 다르다는 데서 온다. 공식 비공식적 교육은 삶에 직접 참여하기보다는 삶에 대한 스토리를 통해 살아가는 스트레스 가득한 복잡함에 주목하도록 가르친다. 우리가 나쁜 영향들에 대처하는 자세를 볼 때, 자신을 다루는 면에서는 지구가 우리보다 훨씬 더 월등하다는 것을 알 수 있다. 우리는 지구적 생명과 재접속하여 우리가 알아야 할 것을 배울 수 있다.

인간은 자연의 일부로 태어난다. 자연 그 자체가 보여주는 것과 같이 아이는 두려움이 아니라 사랑으로부터 태어난다. 사람과 자연의 두려움이 신생아에게는 없다. 덧붙여, 자연은 신생아에게 자연을 파괴하거나 쓰레기를 만들고, 전쟁이나 광기를 일으키라고 가르치지 않는다. 이런 것은 인간 영혼의 본래적 부분이 아니다. 우리가 문명화되는 과정이 이런 것을 가르치는 것이다.

진정으로 지성적 문명이라면 모든 자연에서와 같이 생존을 위한 동의를 자연으로부터 구해야 한다. 어떤 형태의 생명이라도 자연을 지원하는 방식으로 자신을 조직해야한다. 문명은 자연인과 자연환경을 학대하도록 결코 허락된 적이 없다. 자연을 폭력적으로 공격하는 것은 자연의 지혜에 반하는 것이며, 파괴적인 결과를 가져올 부자연스런 문제를 만들어낼 뿐이다. 그것은 우리 모두가 분명히 잘 배운 교훈이다. 자연에 말걸기는 이런 파괴적인 과정을 되돌려 놓는다. 그것은 구체적인 자연과의 접속점을 만들며, 개인적, 사회적, 환경적 파괴를 우리에게서 멈추게 할 책임있는 심리학을 창조한다.

우리는 점점 더 많이 두려운 관계들에 직면하고 있다. 우리에게 자연으로부터 과도히 분리되어 살거나 사고하도록 가르칠 때마다 사회는 그러한 문제를 만들어낸 것이다. 생명을 양육하는 지구의 과정이 우리 영혼과 생존에 필수적임에도 불구하고 사회는 우리에게 지구/자연으로부터 고립되어 이성적으로 사고함으로써 행복하게 된다고 잘못 가르친다. 그러나 그 부작용을 보면 분명히 그 반대가 옳음을 보여준다. 전염병과도 같이, 자연과 분리된 우리의 사고방식은 지구 곳곳에서 발견되는 많은 파괴 작용을 일으키고 있다.

몇몇 인디언 친구들은 나에게 그들이 인디언이라고 불리는 것을 자랑스럽게 여긴다고 말한다. 콜럼부스는 그의 일기에서 어떤 부족을 '인디언'이라 불렀는데 그것은 그들이 인디아에 살아서가 아니라 그들 사냥부족들이 자연 및 신과 행복하게 살았기 때문이라고 했다는 것이다. 그것이 '신 안에서(엔 디오스; En Dios)'이다. 그들은 '엔 디오스'가 '인디언'의 어원이라고 말한다. 이 주장은 인디아가 1492년에는 아직 인디아로 불리지 않았다는 점에서 뒷받침된다. 전부는 아니지만 몇몇 고대 자연부족 공동체들은 영(靈)과 자연을 하나로 여기는 심리학을 받아들여 사용했다. 이런 그들의 삶의 결과에 우리는 주목해볼 가치가 있다. 이 자연-접속 부족들은 그들 서로 간에, 또 땅과 조화롭게 사는 방법을 알고 있었던 것이다. 몇몇 부족은 5만년 이상을 그렇게 해왔다. 그들의 심리학은 사람과 자연, 영들간에 균형을 이루는데 도움을 주었다. 오늘날 이 책이 제안하고 있는 방법과 자료들을 통해 사람들은 누구라도 그런 심리학을 현대인의 삶에 적용할 수 있으며 자신과 지구를 이롭게 할 수 있다.

통합된 삶을 삶으로써 지속적인 만족을 이룰 수 있다. 자연으로부터 분리될 때 우리는 자연의 고귀함과 그 축복을 잃는다. 오늘날 지속적인 행복을 유지하는 대부분의 개인과 가족, 공동체들은 스스로 자연의 방식과 지혜에 재접속하기로 선택하는 사람들이다. 그와 다르게 얻어진 행복은 대개 오래가지 못한다. 그것은 신경안정제일 뿐이다. 사회의 지적인 벽과 그 부작용에서 오는 불안을 가리는 환상인 것이다. 너무도 자주 우리의 문명화된 벽은 그 상처의 고통을 직접 느끼거나 접촉하지 못하도록 막고 있다. 이런 식으로 그 벽은 물이 새는 것을 막기보다는 가라앉고 있는 배의 갑판 위에서 춤추며 즐기도록 장려하고 있는 것이다. 우리 내면과 외면의 자연은 벽이 만들어내는 고립을 싫어한다. 그래서 자연은 오늘날의 세계와 삶에 고통과 무질서를 일으켜 도움이 필요함을 알리고 있다. 그 고통은 우리에게 좀 더 끌리는, 좀 더 책임감 있는 행동을 하도록 요구하고 있다.

교육계와 정신건강 부분, 정치계의 대부분이 아직 우리의 개인적, 사회적, 환경적 문제가 하나의 공통원인, 즉 자연으로부터의 과도한 분리에 의한 것임을 깨닫지 못하고 있다. 그들은 자연이 어떻게 감각적으로 작용하는지 알지 못한다.

슬프게도 탐욕은 우리의 눈을 가려, 지구의 생존문제가 절박하다는 것 자체도 믿지 못하게 하고 있다. 존 듀이와 같은 사람들은 인간이 문제에 직면하기 전까지는 그에 대해 생각하지 않는다는 것을 관찰했다. 우리의 문제를 인정하지 않고, 현재의 경로를 변경할 효과적인 방법이 없다면 희망은 없다. 불행히도, 뿌리 깊은 사회의 많은 잘못된 생각들은 그런 생각을 가진 사람들이 세상을 떠날 때에나 사라진다. 심지어 유혈혁명이 일어날 때 남는 것은 주로 그 유혈혁명 과정에 대한 믿음이다. 그것은 자연의 방식이 아니다.

자연으로부터의 과도히 분리된 우리는 인질로 붙잡혀 있다. 우리는 자연의 평화롭고 자연스러운 변화의 장대한 과정을 보지도 못하고 가치있게 여기지도 못한다. 그 과정은 혁신적이고 평화로운 데도 말이다. 그것은 현재 우리가 겪는 오염문제나 전쟁, 폭력문제가 없이, 최선의 삶과 다양성, 아름다움을 유지시키는 과정인 것이다. 그것은 우리가 할 수 있고 효과 있는 것을 제안하고 있다.

우리는 자연에게서 사려 깊은 보상을 주는 경험을 신뢰하고 배워야 한다. 예를 들면 :

"스코틀랜드에서 농부들은 그 아래 살고 있는 쥐들을 근절하기 위해 건초더미를 뒤집어 놓는다. 한번은 세 마리 쥐가 달아나려 했는데 다른 쥐들과 달리 이 세 마리는 꼭 붙어다니는 것이었다. 도망가는 것이 불편할 텐데도 말이다. 이 사실에 농부들은 마음이 끌렸다. 조사를 해보니 세 마리 중 중간에 있는 쥐가 눈먼 쥐였다. 친구들이 그 눈먼 쥐를 안전하게 인도하고 있었던 것이다. 깊이 감동한 농부들은 이 쥐들을 죽이지 않았다. 도리어 경외하며 그들을 존경하였다."

우리는 종종 농부들의 반응을 '인간의 도덕성, 가치, 윤리'라고 부르거나 '인간적인'이라고 말한다. 그러나 쥐들조차도 그들의 자연적 끌림을 통해 농부들과 똑같은 방식으로 '도덕적'으로 반응한다는 사실을 보라. 그리고 쥐들은 인간이 존재하기 수백 만 년 전부터 그렇게 해오고 있었던 것이다. 동물과 식물들의 그와 비슷한 행동은 자연계 전체에 걸쳐 일반적이다. 예를 들면, 박테리아 집단이 형성되거나, 산호초가 만들어내는 아름답고 복잡한 패턴은 이 공동체의 개별 유기체들이 서로 간의 의사소통을 하기 위한 것에서 기인한 것이며, 집단 전체에 정보를 유포시키는 방식에서 나온 것이다. 이러한 초기 생명체의 행동은 그들이 무작위적인 유전자 변이를 통해서가 아니라 변화하는 환경조건에 반응하여 자신의 행동을 바꿔왔다는 것을 보여준다. 살아남기 위하여 그들은 협조적으로 신호를 주고받고, 계산하며, 네트워킹 하였고, 환경조건에 반응하여 그들의 공동 행동을 조절했던 것이다. 그들이 만든 패턴은 미네랄에서 발견되는 것과 동일하며, 이는 분자와 원자단계에서도 같은 과정이 존재함을 암시한다. 그와 똑같은 과정을 통해 유당(락토제)에 견디지 못하는 박테리아가 유전적으로 그에 견디는 방법을 배워 생존가능하게 되는 것이다. 그러나 자연에서 분리됨으로써 우리의 정신성은 쥐나 박테리아 또는 다른 종들처럼 자연스럽게 행동하지 못하게 된 것이다.

농부와 쥐, 미생물들의 사례를 통해 우리 사회의 자연에 대한 이야기가 해줄 수 없는 것을 자연접속 경험은 가능하게 해준다는 것을 명확하게 보여준다. 6억의 사람들이 매일 자연에 말걸기 연습을 한다면 우리의 세계가 어떻게 될지 생각해보라. 농부와 세 마리 쥐에 대한 경험을 말이다. 그러한 생각이 자연에 말걸기 프로그램의 핵심이며, 그것은 우리들 혼자만의 생각은 아니다. 어떠한 형태로든 그 생각은 지구 생명공동체의 모든 구성원이 공유하고 있는 것이다. 그들의 문화적 차이와 종의 차이가 어떠하든 말이다. 그 생각이 주는 감각은 생명에 대한 사랑이며, 농부와 쥐, 미생물 그리고 생명 그 자체에 대한 사랑이다.

연습8 | 자연으로부터의 분리

산업사회의 우리는 자연과 자연감각으로부터 분리되도록 하는 스토리 속에서 살아간다. 이 스토리의 영향을 발견해보자. 끌리는 자연의 장소에 간다. 이전 연습에서 한 것처럼 그와 함께 해도 좋은지 허락을 구하라. 그가 당신의 연습을 도와주도록 동의를 얻어라.

한쪽 손에 타월이나 스웨터를 감아 두른다. 이제 눈을 감는다. 눈을 감은 채 주의 깊고, 부드럽게 타월에 감긴 손과 감기지 않은 손 둘 다로 자연물을 느껴보라. 이 절차를 눈을 뜨고 반복해보라.

이 경험으로부터 무엇을 느끼고, 생각하고 감각했는지 기록하라. 그 의미를 파악하도록 하라. 이 연습은 당신의 신피질이 자연과의 감각적 단절을 의식적으로 경험하도록 해준다.

그동안 참가했던 몇몇 참가자들의 반응이 도움이 될 수 있을 것이다. 마지막 것이 특히 중요하다 :

"감긴 손은 더 따뜻하고 더 보호되었다. 그러나 그것은 외부세계를 거의 느낄 수 없었다. 그리고 그것은 느끼기를 원했다. 감긴 손은 감기지 않은 손과 다르게 사물을 느꼈다. 그것은 다른 손과 비교해볼 때 마비된 듯했으며, 지루해했다."

"감긴 손은 나를 슬프게 했다, 그러나 손을 감싼 것이 의미하는 바가 자연적 끌림이란 용어로 보아, 과도한 보호이며, 나를 좌절시킨 소년시절의 과도한 실내생활이라는 생각에 미치자 나는 화가 났다."

"어느 누구의 잘못도 아니다. 사회가 우리에게 감싸라 했을 때 또는 포기하라 했을 때 우리 사회는 우리 내면의 아이를 위협하는 것과 같았다."

"그 빌어먹을 감싼 것은 우리가 강제로 배우게 된 거짓말이었다. 감싼 것이 더 두꺼워질수록 나는 더 느낄 수 없었고, 이해할 수 없었다."

"이 연습은 감각적 마비가 어떻게 과도하게 실내생활을 하는 사람들에게 나타나는지 보게 해주었다. 그것은 사람들이 어떻게 무감각해질 수 있는지 설명해준다. 나는 감싼 손으로 무엇인지 느끼기 위해서 세게 부딪혀야 했다. 나의 무감각함은 충격의 강도를 변화시켰다. 관계 맺는 대상을 느끼는 정도를 변화시켰다."

이 연습에서 배운 세 가지 가장 중요한 것을 기록하라.

이 연습을 통해 느껴보았던 좋았던 느낌을 기록하라.

만일 그것이 뭔가 가치있는 것을 당신에게 가르쳐준다면 그것은 느낌이 좋을까? 그 느낌을 묘사해볼 수 있겠는가?

그 느낌을 느낄 능력이 사라진다면 어떤 기분일까?

이 연습이 당신의 자연스런 자기가치 감각을 높여주었는가?

9장

공동체로서의 사람과 자연

수백억 년 이상 자연의 다중 감각적 지성은 생명의 다양성을 증진시켜왔다.

우리의 자연스런 자아는 감각적 벨크로(부착제)와 같다. 그것은 추구하고 사랑하며 자연과 사람들에게서 유효한 모든 물리적, 정신적, 영적 지원을 통해 그 자신을 유지한다.

실내 생활은 자연의 자아가 필요로 하는 양육과 안전, 만족을 주지 못한다. 예를 들어 브렌다는 온도조절기로 조절되는 시애틀 시내의 현대식 룸에 편안히 앉아있지만 그녀는 불안하게 느낀다. 그녀는 자연에 말걸기 프로그램 참가자 중 한사람이었으며, 정신건강 분야에서 일하는 31세 된 상담가이고, 대학 졸업자이며, 두 아이의 엄마였다. 그녀는 많은 동료들과 서로 간에 정직하기로 결심했으나 걱정거리와 마음의 상처를 안고 관계가 끝나고 말았다. 내가 아는 대부분의 사람들과 마찬가지로 그들은 세상이 미쳤으며 자신의 일부도 그렇게 되어가고 있다고 생각했다.

우리의 삶과 모든 생명을 돌아보면 사람과 자연이 야만적으로 되어가고 있다는 것을 깨닫는다. 비록 우리 대부분은 그것이 잘못되었다는 것을 깊이 느끼고 있지만 어떻게 지구적 차원에서, 개인적 차원에서 멈춰야할지를 알지 못하는 것이다. 많은 사람들은 그들이 서로 더 가깝게 느끼기를 원한다고 말한다. 그들은 신뢰할 수 있고 상호지원 하는 관계를 이루어주기를, 그러한 공동체에 살기를 원하는 것이다. 그러나 그들은 쉽게 마음을 터놓고 이야기할 수 없으며, 서로 안전하게 느끼지 못하고, 어떨 때는 그것이 한 가족 내의 구성원일 때도 그러하다. 이것이 브랜다를 화나게 하였다. 조용히 눈물을 흘리며 브랜다가 말한다. "나는 공동체가 싫어요. 가까운 관계를 맺는 것도 싫어요. 그들은 늘 나에게 긴장을 주고 스트레스를 줘요. 내 내면의 본성은 내가 지금 느끼는 불안정함과 혼란을 견디기 보다는 홀로 사는 것을 더 원해요. 사실 나는 혼란스러워요. 왜냐하면 실제로는 아무도 나를 상처주지 않는데도 나는 마음의 상처를 느끼거든요. 이곳에 있는 모든 사람들, 내가 아는 모든 감수성이 예민한 사람들은 공동체에 살고 싶어 해요. 그런데 왜 나는 화가 날까요? 무슨 일이 일어난 것일까요?" 그녀는 자신의 기분에 압도되어 잠시 멈춰 흐느꼈다. "그리고 왜 나는 당신에게 거짓말을 해야 할까요? 왜 나는 내가 실제로는 당신이나 다른 사람들과의 따뜻한 관계를 열망하고 있으면서도, 내가 신뢰하는 사람과 연결되기를 원한다고 당신에게 정직하게 말할 수 없는 것일까요? 그것은 자연스러운 일일텐데… 기억하는 한 지금까지 나 스스로 사랑과 신뢰를 주고받기를 원해왔어요…. 그런데 왜 그것이 그토록 어려운 것일까요? 그토록 위험하고 고통스러운 것일까요?" 그녀는 다시 멈춰 눈물을 닦으며 물었다. "왜 가까워지고자 하는 나의 바램을 이루는데 고통을 받아야 하는 걸까요? 왜 성인으로서 나는 여전히 받기만 하는 관계를 원하는 그런 아이인걸까요…? 내게 무슨 잘못이 있는 건가요? 아니면 그들이… 왜 나는 성장하지 못하는 것일까요? 나는 성인이예요. 나는 성공했고, 내가 좋아하는 것에서 잘해나가고 있고, 유용한 일을 하지요. 그런데 왜 그것이 나에게 상처가 되는 것일까요? 완전히 다른 세 사람이 내 몸속에 있는 것 같아요. 하나는 서로를 지원하는 공동체에서 책임감있게 살아가길 원하고, 다른 하나는 그것을 두려워하며, 세 번째는 그 생각에 너무 냉담하여 그 전체 생각이 이상적이고 어리석다 여기며 나의 나머지 두 부분이 미성숙하다 생각하는 것입니다."

브렌다는 스스로와 조화롭지 못했다. 그녀도 우리 사회도 지구를 존중하지 않으며, 자연이 작용하는 방식을 존중하지 않기 때문이다. 그녀는 갈등하고 있었다. 배운 사람은 어떠해야 한다라는 스토리와 현재 자연스러운 그녀 자신이 조화롭게 어울려 있지 못하는 것이다. 브렌다와 다른 모든 생명들은 존재하기 위해 주변 환경에 의존한다. 우리 각자는 생존을 위해 서로에게 동의하고자 하는 많은 욕구들로 이루어져 있다. 이 동의가 없다면 생명은 멈출 것이다. 완전한 동의가 현존하지 않을 때는 언제나 우리의 모든 잠재력을 발현할 수 없다. 동의가 개인성과 협력을 위한 근본을 지원하고 영양을 공급하는 것이다. 건강한 사람은 건강한 환경의 소산이며, 관계 맺고 성장하려는 개인의 내적 욕구를 지원하는 환경의 산물이다.

브렌다의 슬픔과 갈등은 방안에 있는 우리 모두의 마음을 움직였다. 그것은 우리의 감정을 쳤고 다시 의식할 수 있게 해주었다. 깊은 침묵이 방안을 감돌았다. 마침내 로베르타가 침묵을 깨고 말했다. "나는 우리 각자가 지금 느끼고 있는 것에 대해 이야기 하고 싶어요." 그녀는 자신의 좌절감을 과장해서 나타내기 시작했다.

"로베르타, 잠시 이야기해도 될까요?" 내가 물었다. "잠시 시간을 갖고 우리 모두가 원하는 것이 이것인지 동의 여부를 알아보는 것은 어떨까요?"

로베르타는 동의했지만 좌절했다. 빌과 사라는 나의 제안에 의문을 던졌다.

"그녀가 이미 시작했는데 왜 거기에 동의를 표시하는 것이 필요합니까?"

내가 말했다. "오늘날과 같이 분리된 세계에서는 안전한 공간을 만들 때 가까운 관계가 가장 잘 형성될 수 있습니다. 우리는 현명하게 관계 맺고 서로를 돕기 위하여 의식적으로, 사려 깊게, 동의하는 법을 배워야 합니다. 그렇게 하면 우리는 자연과 모든 사람을 포함하는 전체적인 방식으로 안전하게 관계를 맺을 수 있습니다."

"그렇다면 그냥 했을 경우 무엇이 잘못되기라도 하나요?" 봅이 물었다.

"자연과의 접촉을 통해 우리의 느낌을 나누겠다는 것에 대해 자연의 동의를 구하지 않으면, 안전한 공동체 과정을 위한 연습을 시작할 수 없기 때문입니다. 동의를 표현하면 우리는 의도적으로 성소(聖所)를 만들게 되고 그 안에 들어가는 일이 가능하게 됩니다. 그러면 성소를 통해 우리는 이성잘 작용하고 안전하게 그것을 유지하고 확장하는 법을 배울 수 있게 됩니다. 그러나 그 과정에 대해 감각적인 동의가 없다면 우리를 감싸는 불신이 남아 있어 공동체가 형성되는 것을 막습니다. 이해가 되시나요?"

"알겠습니다." 봅이 말했다. "우리가 의식적으로 동의하지 않으면 우리는 그것에 대해 책임지는 것이 아니며, 따라서 그것이 안전하다고 어떻게 신뢰하겠습니까? 좋아요. 로베르타가 훌륭한 제안을 해주었습니다. 나는 그 제안에 찬성하겠습니다. 다른 사람들은 어때요?"

아무런 이의 없이 그룹은 개방적이고 정직하게 자연에 말걸기에 대한 그들의 생각과 느낌을 나누기로 하였다. 그 뒤 30분 동안 우리에게서 서로와 지구에 대한 좌절과 실망, 희망들이 상대적으로 안전하게 쏟아져 나왔다. 참가자들은 사람이나 지구와 공동체를 이루고자 하는 자연스런 사랑의 마음을 막힘없이 표현하는 위험을 감수하였다. 왜냐하면 그들은 그렇게 해도 좋다는 동의를 얻었기 때문이다. 어떤 지점에서 각자는 다음과 같은 것을 인식하였다. 즉 과거와는 달리 오늘 그들은, 자신의 있는 그대로가 거부되거나 '벌을 받을 것' 이라는 두려움이 없었다는 점이다. 비록 한 여성은 이렇게 함으로써 너무도 많은 과거의 고통스런 경험을 촉발하게 되었다는 것을 발견하고 잠시 떠나기로 선택했지만, 나머지 사람들은 그녀에게 더욱 끌림을 느꼈고, 서로에게도 끌렸으며, 이 자연적인 공동체 구성 과정에도 끌렸다. 비록 우리 각자가 여전히 불편한 마음이었지만, 우리의 불편함은 모두가 공통적으로 가지고 있으며 공유하는 것이었다. 그래서 우리는 이 도전적인 순간에 좀 더 살아있고 지원받는 느낌을 받을 수 있었다. 우리는 현실과 삶, 지구위의 생명을 다루는 법을 이성적으로 배우고 있다. 그런데 왜 불편할까? 왜냐하면 실내에서 행하고 있기 때문이다.

우리가 빠트리고 있는 것은 자연적 끌림이 인류를 포함한 모든 종에게 제공하고 있는 안전과 지원, 양육인 것이다. 그 성소는 우리 자신의 것보다 더 위대한 지혜로 구성되어 있다. 그 지혜는 우리의 사고방식에서 빠져있는 잃어버린 고리(missing link)라는 것이 증명되었다. 그것의 부재로 인한 끔찍한 결과는 개인적, 전 지구적으로 드러나고 있다. 그러나 일주일 후 같은 그룹이 야외에서 만나 자연에 말걸기 연습을 했을 때, 그들 사이의 스트레스는 도리어 그들을 성장시키는 지원군으로 바뀌었다.

시애틀에 있는 나의 실내 학습 그룹은 대개는 내가 가르치는 반이 아니다. 30년 이상을 나는 자연에서 긴밀한 그룹을 세팅하여 가르치고 함께 살았다. 어떤 그룹은 여러 해 동안 만나기도 했다. 참가자들은 15세에서 50세에 이르는 독신자나 결혼한 사람들이었고, 그들은 매우 다른 민족적 배경과 직업, 생활방식을 가진 사람들이었다.

나의 프로그램에 참가한 사람들은 자연을 찾아가 우리의 타고난 생명사랑이 서로를 지원하고 환경과의 관계를 돕는 법을 배웠다. 이러한 이유로, 휴가 기간동안 참가자들과 스텝들은 거의 집에 가려고 하지 않았다. 왜 떠나고 싶겠는가? 자연과의 끌리는 연결 관계는 이전에 우리가 경험했던 어떤 것보다도 더 가치있게 느껴지는 공동체를 우리가 구축할 수 있게 했다. 캠핑 기어와 작은 도서관을 갖춘 차량 한대만을 가지고 우리는 그해 내내 야외에서 숙식을 했다. 폭풍아래서, 4계절 내내 밝은 별빛 아래서 자연의 아름다움 속에서 캠핑하며, 탐험하고 배우며 말이다. 1959년 나는 동의를 기본으로 하는 야외 생활 프로그램을 구성하였는데, 이는 비판적 사고와 풍부한 다중 감각적 경험, 자연의 장대함에 몰두하는 것이었다. 참가자들은 83가지 다양한 자연환경 속에서 성공적인 삶을 살게 된다. 자연환경과 서로 간에 열린 마음으로 정직한 관계를 이루겠다는 서약을 하면서, 연구자, 생태학자, 아미시 농부들, 인류학자, 민속음악가, 자연주의자, 샤먼, 행정관, 역사가 및 다른 많은 사람들이 포함된 참가자들은 지속적인 관계를 맺었다. 이 과정은 우리의 내적인 자연을 전체 자연과 깊이 연결시켜

주었다. 1977년, 뉴욕 타임즈는 이 프로그램을 "환경 교육 운동의 개척자, 참가자들은 방법을 배우며, 모든 주체들이 상호연결되어 있다는 것을 배운다. 무엇보다도 그들은 자신에 대한 흥미를 개발시킨다."라고 말했다. 국립오듀본 협회 부회장인 로버트 비니위는 우리의 트레일사이드(Trailside)를 '미국에서 가장 혁명적인 학교'라고 불렀다.

자연과 연결된 이 방식으로 우리 자신을 교육한 결과 :

- 알콜이나 담배 등을 포함해 사회적 관계에 파괴적인 역할을 했던 화학제품에 대한 의존성이 사라졌다.
- 인격장애나 섭식장애(거식증, 과식증 등)가 진정되었다.
- 폭력성과 범죄, 편견이 보이지 않았다.
- 외로움과 적대감, 우울증이 가라앉았다. 그룹 상호작용이 스트레스를 해방시키거나 조절 가능하도록 하였다 : 매일 매일이 만족스러웠고, 상대적으로 평화로웠다.
- 명상을 하는 학생들은 충만감을 느끼기 위해 더 이상 명상을 할 필요를 느끼지 않게 되었다.
- 참가자들은 서로를 가족이나 가장 친한 친구들보다 더 잘 알게 되었다.
- 참가자들은 위험을 감수하고 자신의 내면 깊은 생각이나 느낌을 기반으로 표현하고 행동하였다. 심오한 사회적, 환경적 책임감과 도움을 받는 느낌이 그 결정을 이끌었다.

휴가기간이 끝났지만 아무도 집에 가려고 하지 않았다. 각자는 이 서로 돕고 균형 잡힌 삶과 배움의 유토피아를 구축하는데 열심이었다. 그들은 진정한 집에 있었던 것이다.

이 모든 일들은 단순히 공동체의 모든 구성원이 그들 주변의 자연과 내면의 자연을 지원하는 끌리는 관계를 구축하여 그들의 삶을 이해하고자 함으로써 일어났다. 우리는 그러한 관계를 추구하고, 모으며, 훈련했다.

우리는 자연스런 지혜를 일깨우는 단체생활 과정을 조직하고 지속했다. 또 책임있는 관계들이 쇠퇴해갈 때 그를 재건하기 위해 학습했다. 우리의 성공 비결은 내면에 살아있는 자연에서 직접 배우는 방법을 학습한 결과였다. 자연은 우리의 자연감각과 느낌을 통해 그것을 어떻게 신뢰하고, 삶의 경험을 어떻게 가치있게 하며 함유할지를 가르쳐주었다.

30여 년에 걸쳐 사계절을 통한 여행과, 260여 개의 공원, 숲, 이문화(異文化)에 대한 연구를 통해, 나는 우리의 자연적 끌림의 능력이 자라도록 풀어놓고, 책임감있게 살아가도록 하는 심리학과 재현 가능한 학습과정을 개발하였다. 그것을 문서화함으로써 그 과정은 재현되고 가르쳐질 수 있게 되었으며, 나는 박사학위를 따고, 우리 학교는 학부프로그램과 학사 프로그램을 갖추게 되었다.

나의 발견을 대중과 나누기 위해 나는 자연에 말걸기 과정을 요약하여 1988년 107개의 감각연습으로 시리즈 출판을 하였다. 사람들은 그 연습들을 자신의 뒤뜰이나, 공원 또는 시골에서 하며, 트레일사이드 프로그램에서 내가 얻은 것과 같은 결과를 얻는다. 오늘날에는 이 연습을 통해 상담가와 교육자, 기타 전 세계의 참가자들을 가르치며, 그 연습을 어떻게 그들의 삶에 연결시킬지를 가르친다. 이 프로그램은 다양한 연령층의 사람들, 다양한 배경 층의 사람들에게 모두 도움을 준다. 이 연습들은 자연감각적 의사소통을 재활성화 시키기 때문에 우리를 근원인 자신과 다른 이들, 자연에서 발견되는 자연스런 지혜와 기쁨, 아름다움에 연결시켜준다.

어떤 아메리카 원주민들은 이 자연접속 활동을, 인디언들의 '삶의 위대한 근원' 으로부터 자연과 조화를 이루는 법과 닮았다고 말한다. 또 현대의 삶에서 그러한 활동을 얼마나 그리워하는지 말하곤 한다. 그들이 말한 것은 나에게 1983년의 일을 상기시켰다. 그때 나는 몇몇 학생들과 북아리조나의 한 작은 인디언 마을에 있는 카치나 밤의 춤에 참석할 수 있는 특권을 얻게 되었다. 다음날 우리는 마을 아래쪽 작은 거실에 틀어박혀 살고 있던 호피 인디언 할머니 마리아와 자리를 함께 했다. 우리는 그녀의 이야기에 강렬한 호기심을 가지고 귀 기울였다.

"그들은 우리가 백인의 길을 배우길 원했어." 마리아가 말했다. "그들은 우리를 미국학교에 강제로 보내려고 했지." 마루 끝을 바라보며 자신의 어린 시절을 회상할 때 그 목소리는 부드러웠다. "그러나 나의 부모님과 다른 호피 인디언들은 여전히 저항했어. 군인들은 매일 아침 총을 들고 와서는 이집 저집 다니며 아이들을 찾아다녔지. 그래서 매일 아침 매우 이른 시각에 우리 부족의 한 사람이 우리를 모두 모아서 숨기곤 했어…." 그녀는 불안한 웃음을 보였다.

미국 사회는 전통적으로 아메리카 원주민들을 이상하게 보았다. 그들은 인간이 아니라 자연과 접촉해 있는 야만인으로 생각했다. 자연과 가깝고, 원시적 조건에서 살고 있는 야생의 교활한 사람들로 생각했다. 우리는 전통적으로 그들을 변화시키기 위해 총력을 다해왔다. 우리 사회는 과거에 '유일하게 선한 인디언은 죽은 인디언 뿐이다.' 라고 선언하는 홀로코스트를 자행해왔다. 우리는 인디언에게 도리어 자연에서 고립된 우리의 삶의 방식을 가르치고 거기서 생존할 수 있도록 가르쳤다.

"우리는 한 사람씩 발견되고 잡혀갔어." 마리아가 계속했다. "아이들과 부모들은 울고, 군인들은 한 쪽 팔에는 아이들을, 다른 팔에는 부모들의 팔을 붙잡고 갔지. 그리고 우리는 자연스럽게 알고 있던 모든 것들로부터 끌어내어지고 그들의 발에 채였으며, 피닉스의 인디언 학교에 가도록 강요당했어. 그리고는 12년 동안 다시는 집에 돌아오지 못했지. 나도 그런 아이들 중의 하나였어." 그녀가 말했다. 그녀는 신경질적이고 높은 고음의 웃음을 흘렸다. 그들은 인디언 아이들이었고, 사탄의 사자였으며, 개화되지 못한 자연의 아이들이라는 말도 안 되는 이름 하에 우리에게 강제로 우리 식의 교육을 받았던 것이다.

"우리는 호피의 교훈을 더 이상 배우지 못하게 되었지. 그들은 영어로 우리를 교육시켰고, 호피전통은 금지시켰어. 우리는 영어에 서툴렀지만, 그래도 호피언어로 말하는 것을 들키면 벌을 받기 때문에 영어를 사용했어. 우리는 자연스런 있는 그대로의 존재이기를 거부당했어." 그녀는 신경질적으로 웃었다. "교장선생은 탄약통을 가득 채운 권총을 가지고 있었어. 그는 규칙에 복종시키기 위해 큰 아이들의 머리위로 총을 발사하며 우리를 놀라게 했지. 음식도 낯설었지만 먹지 않으면 굶어야 했다네. 집에 가면 다시 돌아오지 않을까봐 여름방학이 되어도 집에 돌려보내주지 않았어. 대신 여름 작업을 시켰네. 어쨌든, 몇 년 후 우리는 고향에서 더 이상 어울리지 않는 사람이 되어 돌아왔어. 우리는 변했지." 그녀는 소리를 죽여 웃었다.

거실은 팽팽한 침묵으로 가득했다. 중간 중간 신경질적으로 웃는 마리아의 웃음이 그 침묵을 깰 뿐이었다. 그녀는 자신과 모든 호피 어린이들이 받은 대우에 대해 분노를 보인 것은 아니었다. 그녀가 보이는 불편함이란 오직 오랫동안 잊혀져왔던 그녀의 일부분을 반영한 공포였을 것이다. 그것을 우리의 눈에서 읽었을 때 그녀는 계속해서 미안한 웃음을 보일 뿐이었다.

우리는 그 전날 호피 교사가 말했던 이야기가 떠올랐다. "미국식 교육은 평화롭고 자연스런 삶을 사는 무적의 호피 인디언을 침략하고 완전히 정복하기 위한 무기였습니다. 호피 인디언은 한때 코로나도와 기독교를 성공적으로 물리치기도 했었죠." 이제 우리는 그의 말뜻을 이해하게 되었다.

마리아는 방에 있는 텔레비전 세트, 스테레오, 책으로 가득한 책장, 안락의자, 전기 드라이어, 커피 테이블, 바닥 전면의 카펫 등을 가리키며 말했다. "이제 나는 미국인이오." 그녀는 자랑스러운 어조로 말했다. 그러나 그녀의 양 미간에는 깊은 주름이 쳐졌다. 그리고 그녀는 소리죽여 웃었다.

이날까지도 나는 가끔씩 마리아의 신경질적인 웃음이 생각나 마음이 불편하다. 그것은 자연 공동체에서 분리됨으로 인해 받은 내적 상처를 치유하기 위해 전문가들이 사용한 심리학의 부적당함을 생각나게 한다. 그녀는 여전히 자연을 느끼고 그것이 거기에 있음을 알고 있는 것이다. 그녀의 내적 고통을 치유하는 가장 좋은 방법은 그녀로 하여금 집으로 돌아가 생산적인 가족 공동체의 삶에 헌신하게 하는 것이었다. 그녀가 원하고 사랑한 것, 양육되고 싶고, 있고 싶은 곳은 바로 그곳이었던 것이다. 오늘날 그녀는 전통적 호피 공동체에서 이방인으로 살아가고 있다. 그녀의 삶은 강제 격리된 많은 호피 아이들의 전형이다. 그들은 산업사회에 환멸을 느끼지만 종종 그에 의해 착취된다. 그들은 격리되지 않았던 사람들로부터 어느 정도 소외감을 느낀다 할지라도 고향으로 돌아가길 원한다. 자연스런 공동체의 길이 그들에게 보다 이해하기 쉽고, 큰 힘이 되는 느낌을 주기 때문에 그들은 고향으로 돌아가는 것이다.

호피 젊은이들이 그들의 자연스런 사회공동체에서 분리된 것은 우리의 삶과도 관련이 있다. 왜냐하면 서구문명 역시 우리 대부분을 자연공동체와 그 끌림, 우리의 뿌리로부터 갈라놓았기 때문이다. 자연계에 대한 깊은 관계성을 존경하는 마음으로 영적 질문이 일어날 때에도, 생물학적으로는 아무 질문도 일어나지 않는다. 우리는 자연에 그 뿌리를 두고 있으며, 우리와 자연의 관계는 팔다리와 몸통과의 관계와 같다. 여러 해에 걸친 자연에서의 삶이 나로 하여금 이러한 깊은 연결성을 느끼게 해주었을 뿐 아니라, 반박의 여지가 없는 많은 정보들도 이 사실을 끊임없이 증명해주고 있다.

인간(human)이라는 단어의 어원이 숲의 비옥한 땅이란 의미의 humus에 그 뿌리를 두고 있다는 것은 우연이 아니다. 한 숟갈의 흙(humus)은 물과 미네랄, 기타 많은 종들로 구성되어 있다. 그 속에는 약 5백만의 박테리아와 2억의 균류, 1백만의 원생동물, 2십만의 조류(藻類), 기타 생명을 지원하는 통합적인 모든 삶이 포함되어 있다. 이것은 우연히도 우리 몸이 물과 미네랄 그리고 다른 세포군보다 10배나 더 많은 생물종의 세포들을 담고 있는 것과 유사하다. 우리는 휴머스(흙)와 같다. 인체의 반 이상이 '낯선' 외부의 미생물 종으로 가득차 있으며, 우리 피부에만도 115가지의 다양한 종들이 서식하고 있는 것이다. 우리와 자연은 너무도 닮아 있어서 어떤 미생물들은 인간의 세포 내부에서 일생을 마감하기도 한다. 그들의 일생은 인간 세포의 생명과 하나가 되어 있으며 서로를 지원하는 관계이기도 하다. 이 미생물들을 제거하거나 죽이면 인간의 세포도 죽게 된다. 비슷한 미생물들이 우리의 육체를 구성할 뿐만 아니라 다른 모든 생명형태들도 구성한다.

생물학자와 화학자들은 자연계가 끊임없이 우리 주위를 흐르고 또 우리를 통과해지나기도 한다는 것을 증명하고 있다. 그들은 우리 몸의 모든 분자들이 5년에서 7년 마다 모두 교체된다고 말한다. 새로운 분자들은 환경으로부터 흡인되며, 환경으로 환원되기도 한다. 자연환경은 우리의 몸이 되고, 우리의 몸은 또 자연이 된다. 그것은 우리의 일생동안 12번 이상 일어난다. 우리와 자연은 함께 주고받는 존재인 것이다.

우리를 포함하는 전체인 지구는 응집된 생명 시스템이다. 지구는 우리를 양육하고 우리는 지구를 양육한다. 어떤 시스템의 일부가 되기 위해서는 어떤 식으로든 그 시스템과 접촉해 있어야 한다. 연결이 끊어진 부분은 종종 그들 서로간의 분리방식으로 가거나 부지 중에 시스템을 거스른다. 이것은 우리가 자연계의 일부이기 때문에 자연은 우리와 어떤 식으로든 의사소통해야 한다는 것을 의미한다. 그런데 우리는 그러한 소통방식을 무시하도록 배웠다. 그래서 이제는 우리에게 마치 없었던 것처럼 된 것이다. 우리는 거의 자연이 우리와 소통하는 방식을 확인하거나 가치있게 여기지 않는다. 그러나 자연은 끊임없이 그렇게 하고 있는 것이다.

과학적 훈련을 받지 않은 사람들도 자연의 모든 것이 연결되어 있다는 것, 모든 것은 서로 무언가를 끌어당기고, 서로가 부착하려 한다는 것을 안다. 우리는 지구적 생명시스템이 다양하고 친근한 끌림을 통해 스스로를 유지한다는 것을 알고 있다. 그것은 자연적 끌림을 통해 교감한다. 원자핵에서 물질, 날씨 시스템에 이르기까지, 끌림은 우리를 포함한 자연을 상호 작용하게 하고, 연결시키며, 형성하고 유지시킨다. 원자와 원자 사이의 공간은 비어있지 않다. 그것은 원자들을 함께 묶는 인력(끌림)으로 가득차있다. 지속적인 방사능 오염과 함께 원자 폭발을 일으키기 위해 억지로 분리시키면 원자는 격렬한 핵의 분노를 폭발시킨다. 이 두 가지가 다 지구에서는 보통 알려져 있지 않다.

우리는 자연의 끌림 에너지를 기록하고 의식한다. 이 에너지들은 우리의 자연감각이나 느낌으로 기록된다. 갈증, 배고픔, 아름다움, 양육, 맛, 냄새 등과 같은 감각으로 말이다. 우리는 때로 이러한 생존 감각을 사랑이나 능력, 본능 등으로 부른다.

우리와 자연은 모두 하나의 상호 연결된 지성 통합체이다. 모든 사람은 모든 종들, 생명 시스템과 하나의 호흡을 공유한다. 에머슨을 비롯한 많은 이들은 자연의 모든 존재가 알려지지 않은 하나의 무언가로 구성되어 있다고 말했다. 각 존재들은 자연의 결합력에 의해 양육되고 자연의 모든 힘을 그 안에 담게 된다. 예를 들면, 현 문명의 사람들이 과거 원시인과 결혼을 하게 되면 건강한 아이들을 다산하게 될 것이다. 생물학적으로 우리와 원시인은 하나이다. 이것은 우리 각자가 유전적으로 원시인의 결합된 자연적 끌림의 지혜와 통합성을 우리 내부에도 가지고 있다는 것을 의미한다. 그들은 자연과 함께 땅과 조화롭게 살기 위해 수천 년 동안 이 지혜를 사용했던 사람들이다.

나의 워크샵과 코스에 참여하는 사람들은 질문을 통해, 처음으로 산업사회의 일원으로서 그들에게 무슨 일이 일어났는지에 대해 깊이 알게 되고 슬퍼한다. 자연과 자연 공동체로부터 분리된 점에서 그들은 자연을 사랑하는 길에서 벗어난 호피 젊은이들과 많은 공통점을 가지고 있다. 우리 현대사회의 권위자들인 부모, 교육자, 대통령 들은 평균 95% 이상의 삶을 실내에서 살아가도록 우리에게 가르친다. 예를 들면 우리는 아동발달시기에 18,000시간 이상을 교실이라는 실내에서 보내도록 '선고' 받는다. 그렇지 않으면 무단결석으로 벌을 받게 되는 것이다. 그것이 우리의 실내 학습을 반문화적인 마음 프로그래밍 과정으로 가게 한다. 이 말이 극단적으로 들릴지 모르지만 내가 기술한대로 무단결석 학생에 대해 감옥 선고를 할 수 있도록 하는 법안이 상정되어 있다.

과도한 실내생활을 참아내도록 배우는 것이 우리 교육의 많은 부분을 차지하고, 기타 책이나 비디오, 강의들도 마찬가지이다. 우리는 이미 이런 측면에서는 교육의 탁월한 효과를 성취했다. 실내의 사고방식을 자신에게 주입시키는 것이다. 이것은 자연계와 감각적인 조율을 이루는 것이 평균적으로 일생에 단 하루보다 더 적게 되는 결과를 초래한다. 우리 자신과 사회를 객관적으로 바라보면 우리 자신이 갇혀 있고, 절름발이이며, 상처입어 자연의 통합성에서 멀어졌다는 것, 자연과의 접촉에 문화적으로 장애받고 있다는 것을 관찰하게 된다. 우리 대부분은 이런 상실감, 감각적인 메마름을 느끼고 있다. 심리학자인 레이몬드 시에라는 말한다. “사람은 자연의 부분이다. 우리가 자연에 폭력을 행사하도록 배우면, 그것은 우리 자신의 진정한 내적자연에 폭력을 행사하도록 배우는 것이며, 그 반대도 마찬가지이다.” 이러한 폭력으로 인한 상처는 우리의 혼란상태를 더욱 부채질 한다.

슬프게도, 너무나 많은 사람들이 느끼고 있는 절망과 지원 공동체(supportive community)의 부족은 전 미국을 통해 일반적인 현상이다. 그것은 우리가 자연으로부터 분리되었기 때문에 생겨난 결과이다. 대부분의 사람들이 이 사실을 어느 정도 자각하고 있다. 그들은 우리가 자연에 재접속하게 되면 스트레스의 느낌이 감소됨을 알고 있다. 그러나 스트레스는 야외에서 집으로 돌아오면 다시 나타난다.

자연과 함께 해야 함을 머리로는 알고 있음에도 우리 대부분의 삶은 자연의 근원으로부터 물리적, 정서적으로 분리되어 있다. 비록 그렇지 않다 하여도 우리 일상의 삶은 자연에 폭력적이며, 우리 영혼과 정신에 자리 잡아야 할 자연의 핵심은 변질되어 있는 것이다. 그리고 그것은 환경에서도 마찬가지이다. 우리는 시멘트로 지어진 학교건물과 아스팔트 주차장, 경제 등을 뒷받침해주는 사고방식과 기술 등을 배워왔다. 막대한 시간을 그러한 환경에서 보내도록 요구받고 있는 것이다. 우리의 대단히 아름답고 자연스런 에센스는 죽은 듯이 느껴진다. 그것의 부재로 우리는 상처받는 것이다.

너무 큰 혼란이 가져오는 우리의 개인적, 지구적인 많은 문제들은 일차적으로 우리 내외부의 자연스런 창조과정에서 분리되었기 때문이고, 자연에 대해 폭력을 행한 결과라는 것조차도 인식되지 못하고 있다. 자연으로부터의 소원함이 우리를 늘 뭔가 부족하게 만들고 있으며, 그렇게 뭔가를 원하는 한 우리에게 충분하다는 느낌은 오지 않는 것이다. 우리의 이 불만족한 요구는 탐욕이라 불린다. 그것이 파괴적인 의존성과 폭력성의 주된 원인이다. 내가 진정으로 자연에서 사람들과 합류하게 되면 그들은 부족을 덜 느낀다. 그들은 또한 스스로 상처받지 않도록 더 영민해진다. 그러면 문제는 해결된다. 지구와의 교감이 우리의 통찰력을 예리하게 한다는 한 기사에 대해 뉴욕타임즈는 비중을 낮춰 말했다. 헨리 데이빗 소로우에 의해 일찍이 말해졌던 이것이 이제는 심리치료사에 의해 말해지고 있다.

서구 역사와 사상사를 통해 많은 사람들이 자연에 말걸기가 지니는 가치를 관찰해왔다. 그것은 최신 유행하는 심리학 같은 것이 아니다. 그것은 우리의 생물학적 고향인 자연으로 되돌아가는 행위이며, 양육을 받는 느낌이다. 생명의 본질과 함께 춤추기를 막고 있는 벽을 허물 때 그 본래 타고난 행복에 다시 접속할 수 있다. 그 과정의 심리학은 왜 그것이 작용하는지를 과학적으로 설명해줄 언어를 발견하는 것으로 이루어진다. 슬프게도, 우리 사회가 그토록 과도하게 자연으로부터 분리되지만 않았더라도 심리치료나 심리연구의 필요성이 훨씬 덜했을 것이다. 우리는 대부분 자연과의 사이에서 생겨난 틈을 치유하기 위해 심리학이 필요하다. 그것이 바로 오늘날 성장하고 있는 생태심리학 분야에 자연에 말걸기 과정을 가치있게 여기는 연구자들과 심리치료사들이 많은 이유이다. 웬달 베리

(Wendall Berry)를 비롯한 많은 사람들은 우리가 지구와 공동으로 삶을 유지하고 있다는 것, 그래서 우리가 지구에게 행하는 것은 곧 우리 자신에게 행하는 것이라는 점을 말하고 있다.

자연에 말걸기라는 생각은 새로운 것이 아니다. 제노가 BC 520년에 '생명의 목적은 자연과의 동의 하에 살아가는 것이다.' 라고 말했을 때 이미 표현되었다. 우리의 문명은 계속해서 조상들의 그러한 말들을 무시하고 있으며, 그 대신 자연과 분리된 위대한 미국의 꿈에 주의를 둘 뿐이다. 새로운 점은 감각적 자연에 말걸기 연습이 사람들로 하여금 그들의 의지대로 자연 및 내적자연과의 동의 속에 살 수 있도록 해준다는 것이다. 그 활동은 우리에게 단순한 선택을 제안한다. 자연에 말걸기와 함께 하든지 또는 생명의 더 깊은 지혜와 기쁨으로부터 분리된 느낌의 끔찍한 결과와 함께 살든지 둘 중 하나이다.

지구와 거기에 사는 사람들은 스트레스를 받고 있으며 위험에 처해있다. 자연과 어떻게 하면 재접속할 수 있는지 배움으로써 우리는 자연의 방식에 분명히 참여할 수 있을 것이며, 중요한 통찰을 그 보상으로 얻을 것이다. 1993년 뉴욕타임즈가 보도한대로 자연과 재접속함으로써 생태 심리학자들이 발견한 것을 숙고해보자 :

> "광야에서의 여행에서 대부분의 사람들은 개인적인 관계 또는 그들 삶의 방향에서의 심원한 변화를 경험한다. 그들은 증가된 각성과 힘, 자연에서 얻게 되는 에너지적 감각에 대해 보고한다."
>
> — 로버트 그린웨이

> "자연에는 분명히 시각전환을 가능하게 하는 점이 있다. 그것은 직업적인 문제나 개인적인 문제에서 빠르게 빠져나오게 해준다."
>
> — 팀 길렌

"미국의 심리학과 문화가 강조해온 개인주의는 우리를 다른 이들이나 지구 자체로부터 분리시킨다. 지구적 문제를 만나면 우리는 고독한 느낌이나 무력감을 갖게 된다. 이때 우리는 자연에 대한 연결성을 부정하고, 감각을 마비시키며, 파괴적인 비난을 계속하는 것이다."

— 사라 콘

"사람들이 자연과 조화롭게 살도록 회복시키는 생태적 무의식이 있다. 그것은 프로이트가 발견한 성적 본능만큼이나 끈질기게 우리 종과 이 행성 사이를 잇는 끈이다."

— 테오도르 로작

나를 비롯한 여러 사람들이 자연에 말걸기 작업이 효과적이라는 것을 알게 된 것은 오래되었다. 성 어거스틴은 그것을 1,600년 전에 관찰하고는 다음과 같이 제안하였다. 우리는 자연에 대해 너무 모르고 있기에 자연이 기적처럼 보인다고. 우리가 자연의 지혜와 기적으로 하여금 개인의 삶과 지상에서의 삶을 돕고자 한다면 의식적으로 분명한 확언으로 하여금 자연과 접촉하게 하여, 내면에 놓인 자연의 기적과 창조성, 지혜를 일깨우도록 하는 것이 타당하다. "지구에게 말을 하라 그러면 그가 그대를 가르쳐주리라"(욥기 12:8). 테오도르 로작은 프로이트가 "사랑에 빠진 사람은, 나와 그대가 하나이고 그것이 사실인양 행동할 준비가 되어있다."라고 말했을 때 바로 이것이 자연에 말걸기를 설명하는 것이라고 했다. 우리의 사고과정에 지구와 자연에 대한 사랑이 포함될 때 그것은 우리의 생물학적 어머니인 지구의 전체성과 균형, 지혜를 포함한다. 앞으로 이어질 장에서는 자연과 연결된 사고와 관계 맺기의 기술이 어떻게, 왜 필요한지 과학적으로 보여줄 것이다. 그 효과는 다음의 예로 이어진다.

"메인주에서 바다 포유류 보호법이 시행되도록 만든 한 야생동물

관리인이, 버려진 어린 물개를 건강하게 회복시켜 다시 놓아주는 야생생물 회복 센터를 시찰한다. 어린 물개보다 더 매혹적인 것은 없다. 그들의 애원하는 듯한 호기심어린 눈과 쾌활함은 자연스레 대부분의 사람들을 매혹시킨다. 그러나 어부들은 물개들이 많은 물고기들을 죽인다고 비난하기에 물개보호는 한계가 있었다. 그래서 이 법은 오직 버려진 어린 물개에만 해당되었는데, 만일 그런 활동이 없었다면 모든 버려진 새끼 동물들은 죽었을 것이다.

그 관리인과 회복 센터 이사는 해변으로 가 바위 아래 그물에 걸린 채 버려진 새끼 물개들을 발견하였다. 그들은 동물들을 그물에서 풀어주었다. 만일 그대로 두었더라면 모두 죽었을 것이라는 소리를 관리인은 들었다. 어린 물개의 자연적인 매력에 이끌려 관리인은 물개가 회복될 수 있는 길을 찾은 것이다. 비록 인간의 개입이 옳다는 것이 검증된 것은 아니지만 말이다. 10주 후에 그 어린 물개는 건강이 회복되어 돌려보내졌다."

다시 한번 생각해보라. 만일 60억의 사람들이 매일 물개와 관리인, 보호센터 이사가 체험한 이러한 자연에 말걸기를 경험한다면 우리의 세계 공동체가 어떤 모습을 지니게 될지를. 그런 경험들은 가능하며 이 경험들이 우리에게 필요한 세계의식을 심어줄 것이다. 그것이 바로 자연에 말걸기 프로그램의 핵심이다. 지구적 생명공동체의 각 구성원들은 그들의 문화와 종이 어떻게 다르든 상관없이 그런 세계의식을 공유하는 것이다. 그 의식이란 관리인과 물개, 생명 그 자체의 핵심인 생명에 대한 사랑이다.

연습9 | 우리의 자연적 자아를 발견하기

이 장에서는 당신의 신피질이 당신의 내면, 외면에 있는 지구적 생명공동체에 접속하도록 돕기 위해 실행할 두개의 연습을 포함한다.

1부 | 끌리는 식물이나 동물, 미네랄, 또는 자연의 한 장소로 간다. 그와 함께 있어도 좋은지 감사한 마음으로 허락을 구한다. 당신의 이 연습을 도와주겠다는 동의를 구한다. 당신이 선택한 자연물이 계속 편안하고 끌리는 느낌을 준다는 확신이 들면 다음의 연습을 행하라. 당신이 이 자연적 끌림을 좋아하고 있다는 것이 분명해야 한다.

당신이 좋아하는 것을 말하고 왜 좋았는지를 기록한다. 이것은 다음처럼 단순하게 하면 된다 : 나는 식물(동물, 미네랄, 이 장소나 그곳의 사물)인 (1)______________ 을 좋아한다. 왜냐하면 (2)______________ 때문이다. 위의 문장을 완성시키라. 당신이 선택한 그 자연물을 왜 좋아하는지 기술해보라. 이것은 무명지인애의 중심적인 진술이다.

2부 | 1부를 분명히 마친 후에 한다.

주의 : 이 연습은 당신이 선택한 체험이 기분좋은 것이 아니라 상처 입은 측면이라면 도움이 되지 않을 것이다.

지시 : "나는 나 자신을 좋아한다."란 문장을 1부의 "왜냐하면" 앞에 놓는다. 이제 새로 넣은 말을 포함한 그 문장 전체를 큰 소리로 읽어보라. 가능하면 다른 사람에게 읽어주라. 그 문장이 어떻게 느껴지는가? 그 내용이 당신의 일부를 묘사하고 있는가? 예를 들어, "나는 저 나무를 좋아한다. 왜냐하면 아름답고 강하니까."라는 문장이라면 "나는 나 자신을 좋아

한다. 왜냐하면 아름답고 강하니까."라는 문장이 되는 것이다.

당신은 자연이다. 이렇게 고쳐진 문장은 당신의 언어 감각과 이성 감각을 통해 '트릭'을 써서 당신의 내적자연을 의식화시킨다. 바꾸어진 문장이 당신의 어떤 부분을 묘사한다고 인정이 되는가? 이 점에서 당신은 자신을 어떻게 느끼는가? 그것은 맞다고 느껴지는가?

만일 그 문장이 지금 당신을 불편하게 만든다면, 당신의 생애 중에서 그 문장이 옳다고 느껴지는 사건이나 한 예를 찾아보라. 필요하다면 당신에게서 그러한 면을 찾도록 친구에게 도움을 청해도 좋다. 그 문장은 하나의 은유일 수도 있다. 이 은유와 정확히 일치하는 자신의 일부를 발견하도록 노력해보라. 때로 당신은 그런 부분을 부인하도록 배워왔다는 것을 잊지 말라. 많은 사람들이 자신의 아름다움과 강건함을 인정하는데 어려움을 겪는다. 이 장에 있는 다른 연습들이 당신 내면의 이런 부분과 자연을 다시 연결시키고 자연으로 하여금 그 부분을 양육하여 그에 대해 편안히 느끼도록 해줄 것이다. 이것은 당신을 자연에 무감각한 사람들로부터 안전하도록 해줄 것이며, 그들은 당신을 좀 더 존경하게 될 것이다.

당신이 다른 사람들과 함께 있을 때, 그들의 내적자연과 더불어 이 연습을 해볼 수 있다. 당신이 좋아하거나 사랑하는 자신의 몇몇 자연적 부분을 찾아내 다른 사람에게서도 그러한 부분이 있는지 발견해보라.

이 장에서 배운 것 중 가장 중요한 세 가지를 기록한다.

이 연습을 함으로써 어떤 좋은 감각이나 느낌이 있었다면 기록한다. 그것들을 묘사할 수 있는가?

이러한 것들을 감각할 수 있는 능력이 당신에게서 사라진다면 어떤 기분이 들까?

이 연습은 자신을 가치있게 느끼는 감각에 어떤 효과를 주었는가?

3부

자연에 말걸기

응용 생태 심리학의 요소

10장

자연을 통해 상담하고 교육하기
: 살아있는 심리치료

우리의 다중 감각적 전체성은 개인성을 지원하는 자연적 기초이다.

많은 야외 교육자와 치유사들은 그들의 학생과 내담자들이 자연에 있을 때 사회적, 심리적 문제들이 줄어든다는 나의 관찰을 확인해준다. 그때 환경에 대한 사람들의 긍정적 느낌도 강화된다는 것이 관찰된다. 아마도 당신은 자연에서 좋은 경험을 했을 때 일시적으로 이런 현상을 경험했을 것이다. 이것은 심리적 문제와 광기가 상대적으로 없는 자연 중심적 부족 공동체와 그들의 건강한 환경상태에 필적한다. 그것은 현대 교육과 심리학, 심리치료의 목적이 지구적 생명공동체의 통합성으로부터 과도히 분리된 서구문명이 우리에게 가한 상처를 치유하는 것임을 암시해준다. 내가 워크샵 참가자들에게 자연에 말걸기 연습과 생태적 추론법을 가르치면 그들은 좀 더 책임감을 갖게 된다. 또 그들의 문제는 줄어들고 행복과 영성, 배우는 능력은 증가한다.

서구문명은 온전한 정신이 무엇인지를 진정으로 정의할 수 있을까? 사람들에게 이 문제 많고 무책임한 사회를 지탱하고 거기에 의존하라고 가르치면 그것이 과연 온전한 정신을 가진 많은 사람을 길러낼까? 자연스런 존재로서 우리는 자연의 지혜와 온전함을 배울 능력을 타고났다. 나는 그러한 능력을 지구를 통해서 길러지도록 연습을 개발하고 있다. 이 일이 사람들에게 그런 능력을 얻도록 도울 수 있는 길이다.

자연은 어떤 쓰레기도 만들지 않는다. 자연은 미시차원의 양성자에서 거시차원의 행성에 이르기까지 모든 것에 가치를 부여한다. 자연에서는 어떤 것도 무시되거나 불필요하다고 여겨지지 않으며, 자연은 무조건적인 사랑이 움직이며 관계 맺는 방식을 보여준다. 자연의 '무조건적인 사랑'을 과학적으로 증명하고 그와 다시 연결 되면 우리는 자연을 즐기고 그 이로움을 얻게 될 것이다.

1993년 봄 이래로 다양한 직업을 가진 16세에서 51세 사이의 4100여명 이상을 대상으로 비공식적인 연구를 마쳤다. 부적절한 단어와 꼬리표를 한 사람의 감각적 내면에 부과하여 그를 자연과 분리시키면 어떤 영향이 있는지 관찰해보는 것이었다. 우리는 처음 참가자에게 다음과 같이 물어보았다 :

"언제 처음으로 녹색이라는 것을 배웠습니까?"

당신도 자신에게 이 질문은 해볼 수 있을 것이다. 당신의 경험이 우리가 발견한 것과 같은지 살펴보라.

참가자들은 주로 두 가지 범주로 나뉘어 반응하였다 :

1. 대부분은 그 단어를 배웠을 때 녹색이라는 것을 알게 되었다고 말했다. 그러므로 이름 또는 꼬리표를 통해 녹색을 알게 된 것이었다. 예를 들면, "나는 부모님이 나무와 잔디의 색깔을 녹색이라고 한다고 말해준 것을 기억합니다."라고 하거나, "선생님이 말씀해 주셨고 또 크레용에 붙여진 이름표를 통해 그것이 녹색임을 알게 되었습니다."라고 했다.

2. 어떤 참가자들은 태어날 때 또는 그 전부터 자연스럽게 녹색을 하나의 감각으로 알고 있었음을 인식하였다. 그런 앎은 몇몇 곤충이나 식물, 미생물에게서 발견되는 색깔에 대한 자연스런 감수성과 같다. 예를 들면, 한 참가자는 "다른 많은 종(種)들과 같이 나는 태

어나면서부터 생물학적으로 녹색을 알았습니다. 그것은 신이 하신 일입니다. 아기였을 때 잔디에 누워 나는 녹색의 잔디와 푸른 하늘, 흰 구름을 자연스럽게 구별했던 것으로 기억합니다. 물론 당시에는 색깔의 이름을 몰랐지만요." 많은 발달심리학 연구자들은 아기들이 태어나 몇 달 안에 색깔을 구별할 수 있다고 말한다. 비록 그들이 색깔의 이름은 모르지만 여전히 그것을 안다는 것이다.

그러므로 우리는 녹색을 두 가지 방식으로 안다 :
하나는 생물학적으로 타고난 자연적 색채감각(감수성)인데, 이것은 색채 감수성을 가진 모든 식물, 동물과 공유하는 특성이다. 다른 하나는 언어 상징으로서의 녹색인데, 이는 녹색에 대한 우리의 감수성에 꼬리표를 붙인 스토리이다.

그러나 연구에 의하면 그 질문을 혼란스럽게 하는 많은 사례들이 발견되었다. 예를 들면 : 캐롤이 말을 배우는 아기였을 때, 경험주의 심리학자인 아버지는 그녀를 실험대상으로 삼았다. 그는 의도적으로 그녀에게 녹색은 오렌지색으로, 오렌지색은 녹색이라고 가르쳤다. 결국 그 단어와 색깔은 그녀에게서 강력한 연관을 맺게 되었다. 오늘날 36살이 되어서도 그녀는 여전히 그 색깔에 이름을 붙이는데 혼란스러워한다. 그녀는 오렌지를 녹색이라 부르고 녹색을 오렌지색이라 부르는 경향이 있는 것이다. 캐롤은 종종 이 색깔들의 올바른 단어를 애써 구별하고 생각할 수는 있지만, 자동적으로 알지는 못한다. 때때로 그녀는 그것을 생각해야 하는 것에 스트레스를 받으며 바보 같다고 느낀다. 그리고 여전히 가끔 두 가지 단어 사용에 실수를 한다.

우리는 색깔에 대해 또는 다른 생물학적 측면에 대해 비슷한 경험을 가진 참가자들이 여러 명 있음을 발견하였다. 예를 들면 왼손잡이에 대한 것이다 :

"선생님은 왼손으로 쓴다고 자로 내리쳐서 내 왼손을 부러뜨렸어요."

"왼손잡이였지만 나는 불행히도 왼손으로 쓰는 법을 배우지 못했어요. 오른 손으로 쓰는 법을 배웠지요. 오늘날 글을 써서 의사소통을 하는 유일한 방법은 자판 두들기는 것을 통해서입니다."

"오른 손으로 쓰면 스트레스를 받고 우울해졌습니다. 그로 인해 손가락을 물어뜯는 안 좋은 습관을 갖게 되었어요."

이러한 발견들을 보고 우리는 억지로 제지하면 녹색을 우리 의식에 기록할 때 제한된다는 생각을 하게 되었다.

한 교사가 1학년 학생들에게 "오늘은 녹색에 대해 배우겠어요."라고 말하자 한 아이가 "오늘 쉴래요. 저는 그것을 다시 배울 필요가 없으니까요. 저는 태어나기 전부터 녹색을 자연스럽게 알고 있어요."라고 말한다. 그러자 교사는 "너는 '녹색' 이란 글자를 읽을 수 있니? 또 쓸 줄은 알아? 철자는 어떻고? 이 차트에 녹색이 몇 번이나 나와 있는지 아니? 만일 모른다면 무식하고 문맹이 되는 거야. 그러면 졸업을 할 수도 없을 거다. 좋은 직장을 얻지도 못하고, 결국 행복하지 못할 거야. 네가 오늘 학교를 쉬면 너의 부모님은 무어라고 할까?"라고 말한다.

우리는 크거나 또는 적게라도 참가자들이 이러한 삶을 경험했다는 것을 알게 되었다. 타고난 감각을 통해 사물을 자연스럽게 알게 되는 그들의 정신성이란 측면은 지지를 받지 못했기 때문에 그 자신을 쓰레기로 경험하도록 배웠던 것이다. 어떻게 하면 그들이 생기에 찬 자연스러움으로 자신의 정체성을 발견하고 자기평가를 제대로 하게 할 수 있을까? 위의 시나리오에서 아이의 내적자연은 아이의 삶을 돕는 사람들에 의해 버려졌다는 것을 느끼게 된다. 자연적 자아는 버려진다는 것을 죽음으로 알고 있다. 왜냐하면 자연에서는 그 어떤 것도 서로의 지원 없이 살아남을 수 없기 때문이다. 우리 사회에서는 모든 아이들이 그가 학술적 재능이나 직업적 기능을 얻기 전까지 안전함과 자기평가, 자신감 등을 얻기가 어렵다.

이런 시나리오에서 아이는 타고난 지성이나 재능으로 자신이 가치있다는 느낌을 얻지 못하는 것이다. 아이는 자신이 가치있고 지지 받으며 자신감을 얻기 위해서는 다른 측면에 의존해야함을 알게 된다. 우리가 어릴 때 경험한 것과 사람들을 인터뷰한 것을 통해 보면, 이 시기에 아이들의 타고난 본성의 일부분이 기능장애를 일으키는 것은 드문 일이 아님을 보여준다. 이는 아이들 내면의 본성 중 다른 많은 부분 역시 공격을 받고 있기 때문이다. 우리의 많은 젊은이들이 폭력적이거나 의기소침하고, 의존적이다. 그것은 자신과 외부의 자연을 가치있게 여기는 법을 배우지 못하여 생겨난 스트레스를 해소하는데 사용되는 것이다. 우리는 종종 이 과정을 정상적인 청년기라거나, 권위에 대한 도전 등으로 부르며 당연하게 여긴다. 우리는 성인으로서 이러한 감정을 달고 다닌다. 결코 어떤 상황이 이러한 감정을 촉발시키는지 확신하지 못하기에, 우리와 지구생명공동체에 이익이 될 많은 상황에 우리는 참여하지 못하는 것이다. 거기서 무책임과 무관심이 일어난다.

자연과 단절된 사회에서 우리는 과연 자연적 존재로서의 자신에 대해 좋은 느낌을 가질 수 있을까? 이 질문에 답하기 위해 우리는 각 참가자들에게 그들 내면의 자연과 만나보도록 했다. 즉, 그들을 자연적이고 비언어적인 색채감각과 접하도록 했으며 그것을 표현해보라고 하였다. 이를 위해 우리가 사용한 도구는 이 책 뒤표지와 같이 색깔의 명칭이 기록된 목록들이었다. 어떤 색깔을 뜻하는 단어가 엉뚱한 색깔로 쓰여져 있었다(예를 들면, '파랑' 이란 단어는 빨간색 잉크로 쓰여져 있다). 참가자들은 색깔차트를 빠르게 보아가면서 단어 이름이 아니라 잉크 색깔을 큰 소리로 말해야 한다. 예를 들면, 첫 번째 '빨강' 이란 단어의 색깔은 빨간색이 아니라 자주색이다(이 연습을 더 해보고자 한다면 이 책 뒤표지를 보라).

이 테스트를 통제(제어)하기 위해 우리는 먼저 참가자들에게 네모난 종이에 칠해진 동일한 색깔의 글자를 빠르게 찾아내도록 요청했다. 네모의 색깔을 잘 맞춘 참가자들만 이 연구에 포함시켰다.

색깔차트를 사용할 때 어떤 참가자도 네모의 색깔에 이름 붙이는데 어려움을 겪지 않았다. 그러나 단어로 표시되었을 때는 대부분 참가자들이 올바른 네모의 색깔을 재빨리 맞추는데 어려워했다. 그들은 문화적으로 훈련받은 언어감각에 지배되어 실제 네모의 색깔보다는 단어로 된 색깔 이름을 읽는 경향이 압도적으로 많았다. 이것은 우리의 언어습관 또는 '언어 중독' 의 생생한 사례라 볼 수 있다. 당신은 어떤가? 색깔차트의 색깔보다 말에 지배되지 않는가? 한번 시험해보라. 더 놀라운 것은, 이 연습을 빠르게 시키면 참가자들 40%이상이 쓰여진 '색깔의 이름' 을 말했으면서도 자신은 올바른 '색깔' 을 말했다고 '착각' 한다는 것이다! 예를 들면, 차트의 다섯 번째에서 폴은 자신이 빨간색으로 쓰여진 '파랑' 이란 단어를 '파랑' 이라고 말했으면서도 자신이 '빨강' 이라고 옳게 말했다고 믿었다는 것이다. 만일 다른 사람이 그 옆에서 잘못을 알려주지 않았았다면 폴은 자신이 그렇게 했다다는 것도 알지 못했을 것이다. 그것은 당신도 마찬가지이다. 당신은 아마도 앞의 문장에서 '았' 과 '다' 가 두 번씩 반복되었다는 것을 내가 지금처럼 말해주지 않았다면 눈치 채지 못했을 수도 있다. 그것은 단순한 오타의 문제가 아니라 폴이 내면적 자연으로부터 오는 생생한 감각적 신호를 자각하지 못했다는 것을 의미한다. 우리는 50가지 이상의 분명한 감각적 신호들을 확인해냈다. 그것은 우리의 타고난 감각들이다. 그 각각은 우리가 날 때부터 가지고온 녹색에 대한 감수성과 같은 것이다. 그것들은 우리의 내적자연의 일부분이다.

우리의 연구에 참여한 사람들은 보통 다음과 같은 결론을 얻는다 :

"말에 습관적으로 의존하는 나의 길들여진 패턴이 내 존재의 중요한 일부인 타고난 감각을 압도하였다. 말을 사용하지 않고 색깔을 인식하는 자연적 능력을 발휘하는데 어려움을 겪었지만, 나는 색깔을 사랑한다."

참가자들은 색깔차트의 마지막 단어에서는 결코 어려움이나 긴장, 갈등, 스트레스를 경험하지 않았다. 그것은 녹색으로 쓰여진 '녹색' 이라는 단어였다. 모든 사람들이 녹색으로 쓰여진 '녹색' 이란 단어가 다른 단어보다 좀 더 느끼기 쉽고, 이완시키며, 마음에 끌렸다고 말한다. "그것은 마치 신선한 오아시스 같았어요."라고 한 참가자는 말했다. 녹색으로 칠해진 '녹색' 이란 단어를 경험함에 있어 당신도 그러했는가? 그런 경험의 가치를 자신의 언어로 표현해낼 수 있는가? 녹색의 잉크로 쓰여진 '녹색' 이란 글자가 다른 색의 글자보다 갈등을 덜 느끼게 하고, 더 느끼기 쉬우며, 이완적이고 더 편안하게 느껴지는 경향이 있다는 것을 알고 표현할 수 있는가? 자연의 도움을 얻으면 당신은 이 현상을 감지하고 표현할 능력을 더욱 더 향상시킬 수 있다.

우리의 비공식적인 연구에 의하면 우리의 자각력이나 타고난 의식이라는 감각은 말에 압도적으로 지배된다. 우리는 문맹으로 태어나지만 말을 통해 생각하는 법을 1차적으로 배운다. 자연과 단절된 말은 우리가 원하지 않을 때조차 우리 내외부에서 자연과 우리를 단절시킨다. 우리의 의도가 아니어도 마찬가지다. 윌리엄 어윈 톰슨(William irwin Thompson)과 다른 연구자들은 우리의 말이 우리로 하여금 사물을 있는 그대로 보지 못하게 한다는 것을 관찰했다. 그것은 문화적 최면 또는 집단 무의식적 최면의 형태로 그러하다는 것이다. 이 현상을 극복하기 위해 우리는 지배적인 말과 이야기들의 영향력에서 벗어나기 위해 우리의 모든 감각을 사용하는 방법을 찾아야 한다. 우리는 우리의 진정한 색깔을 발견하고 가치있게 할 수 있을 것이다. '녹색' 을 '오렌지' 라 이름 붙이는 왜곡 속에서 살아갈 때는 언제나 불필요한 스트레스와 파괴적인 개인적, 사회적 영향 하에 살아가는 것이다. 우리는 자신을 파괴하고 해치는 많은 '오렌지색 잉크로 쓰여진 녹색' 이라는 경험의 캡슐들로 구성되어 있다. 우리가 그것들을 화나게 하면 그들은 우리에게 스트레스를 느끼게 만든다.

구피질과 신피질의 사고(思考)

우리의 연구에 의하면 삶의 초기부터 자연과 단절된 교육이 우리를 조건화시킨다. 우리는 감각적인 세계에 언어적 추상과 말, 상징, 이미지, 이야기를 붙여 의식으로 가져오는 훈련을 과도하게 받는다. 덧붙여 우리 문화는 이러한 추상적 의미를 가치있다고 가르친다. '과도하다' 라고 말했는데 이는 우리의 연구가 뒷받침 해준다. 즉 언어적 이야기가 우리를 균형에서 벗어나게 만들며 '오렌지 녹색(오렌지색으로 쓴 녹색이란 단어)' 처럼 우리에게 스트레스를 주는 것이다. 그들은 우리의 내적자연에 과도히 힘을 발휘하여 때로는 우리를 현혹시키기도 한다(폴이 파랑이라 말하고도 자신은 빨강이라고 말했다는 착각이 들게 하는 것처럼). 그들은 우리의 삶에서 갈등을 줄이는 방법을 찾도록 도전한다(초록의 녹색; 초록잉크로 쓰여진 녹색이란 단어). 깨어있는 매순간 우리는 심리적으로 다음의 세 가지 상태 속에서 산다 : 불편한 스트레스 상태, 착각에서 거부로 가는 상태, 갈등 없는 행복한 상태.

신경학 연구자들은 뇌의 다른 부위에 있는 두개의 다른 자연감각은 우리가 녹색과 같이 뭔가 자연적인 것을 '알' 때 작용한다는 것을 발견했다. 진화의 역사에서 뇌의 한 부위는 구피질이라 부르고 다른 부위는 신피질이라 불린다.

구피질(舊腦)

타고난 색채감각으로 인해 우리 의식의 스크린은 이름 붙여지지 않은, 비언어적 감각 또는 느낌인 '녹색' 을 경험할 수 있다. 타고난 색채감각은 최소 50가지 이상의 다른 감각그룹과 함께 고대로부터 진화한 거대한 '구피질' 에 놓여있다. 구피질에는 비언어적 긴장이나 감각, 느낌, 정서 등이 기록된다. 그것은 전체 뇌의 거의 87%를 차지하며 자연계 전체를 통해 발견되는 많은 다른 감각그룹의 바탕이 된다. 이들은 제5장에서 보여주었던 목록의 감각들이다.

연구자들은 구피질의 감수성이 대부분 식물과 동물, 미네랄계에서 유래하며 그들과 이런 감각을 공유하고 있다는 것을 밝혀냈다. 이 자연적인 감각은 바위나 대양, 중력만큼이나 실재적이다. 예를 들어 숨쉬고자 하는 우리의 욕구는 공기에의 끌림이며 이는 공기만큼이나 실재적이다. 또 배고픔은 사과만큼이나 실재적인 음식에 대한 끌림이다. 자연에서 자연적 감수성들은 다중 감각적 콘서트로 시너지를 이루어 균형 잡힌 자연감각을 창조한다. 그것이 자연의 아름다움이며, 평화이고 지혜인 것이다. '오렌지 녹색' 이 주는 갈등 같은 것이 자연에는 없다는 사실을 인식하는 것이 중요하다. 자연은 실재를 추상화하는 언어나 이야기를 사용하지 않기 때문이다. 자연은 그저 실재를 보여줄 뿐이다. 그러나 안타깝게도 우리는 이런 아름답고 지성적인 문맹자연을 고귀하게 여기도록 교육받지 못했다.

신피질(新腦)

언어와 이성이라는 두 가지 감각은 작고 좀 더 최근에 진화한 우리의 '신피질' 에 놓여있다. 이 두 가지 감각은 우리 의식의 스크린이 구피질의 감각적 경험을 문화적으로 올바른 단어, 이름, 스토리(예를 들면 '녹색' 이나 '오렌지색' 같은 단어처럼)로 알 수 있게 해준다. 우리는 신피질을 훈련시켜 우리가 색깔을 단어로 아는 것, 감각을 이름이라는 추상으로 아는 것이 합리적이라고 느끼도록 만들었다.

신피질은 전체 뇌의 약 13%만이며 청년기말까지 생물학적으로 성숙되지 않는다. 그 신피질은 문화적으로 훈련된 상징인 언어, 문자, 단어, 숫자, 그림, 스토리, 추상 등을 창조하고, 경험하며, 확인하고 처리한다. 그것은 종종 우리의 내적 의식의 스크린에서 영화를 상영하는 것과 같다. 우리는 그 영화를 바꿀 수 있는 능력이 있다. 우리는 이 능력을 '사고하기' 라고 부른다. 사회는 우리에게 자연과 단절된 신피질적 상징과 스토리로 사고하고 추론하도록 가르친다. 자연에 대해 우리는 종종 우리의 생각이 그와 연결되거나 단절되어 있음을 자각하지 못한다.

우리의 신피질이 만들어낸 스토리는 현재 우리 내면의 자연과 외부의 자연 세계를 지배하고 있다. 그 결과에 만족하고 있는가? 신피질에게 더 나은 삶을 살도록 가르칠 수는 없을까?

이 연구를 신뢰하기

어떤 사람들은 과학계의 이런 발견을 신뢰하지 않는다. 그들은 연구자들의 정확성을 결코 확신하지 않는 것이다. 그런데 이 연구에서는 사실을 발견하기 위해 과학에 의존할 필요가 없다. 당신 자신의 진실을 발견할 수 있는 것이다. 컬러 차트를 다시 보라. 초록의 녹색과 다른 글자들 사이에 편안함과 스트레스의 정도 차이가 있음을 구별할 수 있겠는가? 만일 그렇다면 당신은 자신이 감각한 것, 자신이 경험하고, 이 순간 느낀 것을 신뢰할 수 있는가? 그렇지 못하다면 당신은 무엇을 신뢰할 수 있을까?

이 연구는 삶의 초기부터 색깔에 대한 우리의 감각이 구피질에 있으며, 그것이 녹색을 순수한 감각으로 자연스럽게 기록할 수 있음을 보여준다. 색채감각은 우리가 녹색을 자연적, 비언어적, 순수한, 편집되지 않은, 바뀌지 않은 느낌으로 직접 경험하게 해준다. 구피질은 우리가 자연스럽게 느낀 것을 감각적으로 자각하게 해준다. 그래서 그것은 종종 우리의 내적 자연, 내적 자아라고 불린다. 때로는 이 감각적 지혜를 잘못 이름 붙여 '내면의 아이' 라고 부르는데, 사실 그것은 지구 자체의 에센스(精髓)이다. 구피질의 자연스런 감각과 느낌으로 작동할 때 서구문화는 종종 우리가 너무 감정적이거나, 민감하고, 아이 같거나 직관적이라고 낮게 평가한다. 그러나 자연감각과 느낌들은 자연의, 자연에 의한, 자연으로부터 온 것이다. 오래도록 살아남은 것을 보면 자연감각들의 역할이 얼마나 컸는지 잘 알 수 있을 것이다. 기억하라, 여기에는 생명을 최적으로 창조해내는 그들의 잘 알려진 능력과, 쓸데없는 쓰레기나, 광기, 전쟁을 만들지 않는 그들의 아름다움 및 다양성도 포함된다.

구피질보다 더 작은 신피질에서, 서구문화는 종종 문화적 단어나 꼬리표, 스토리를 자연감각에 적용하도록 이성이나 언어감각을 훈련시킨다. 우리는 신피질에게 녹색을 글자나 말로 아는 것이 합리적이라고 생각하게 가르친다. 그렇게 해내는 우리의 지성을 찬탄하며 신피질에 박수를 보낸다. 우리는 이성이나 언어 감각으로 작용할 때 종종 명석하거나 이성적이며, 감수성이 있고, 추상적, 인식적, 논리적, 지성적이며 사려 깊다고 큰소리로 자랑스럽게 말한다. 그러나 응용 생태심리학에서 우리는 구피질을 통해 자연과 접속하고, 그런 경험으로부터 배우고 말하는 것도 지성적이라고 덧붙인다.

신피질이 오도하고 간과하며 거부한 구피질의 자연감각과 느낌인 억압된 분노, 근심, 슬픔은 우리에게 스트레스를 준다. 그 스트레스는 많은 차원에서 우리의 문제를 증폭시킨다. 우리는 외따로 떨어진 섬이 아니다. 자연의 무조건적인 사랑과 영성, 지혜로부터 소외되어 있는 한 우리의 개인적, 사회적, 환경적 부정성은 증가한다. 우리의 신피질이 어떻게 자연과 연결되고 사랑받으며 영양을 공급받아야 할 우리 내적자연의 필요를 가치있게 여기고 충족시켜야 하는지 받아들이지 않는다면 야외활동교육도 이러한 문제들을 해결하지 못한다.

문제를 해결하기 위하여 우리는 자연에 말걸기를 배워야 한다. 그 길을 알기 위해 자연과 효과적으로 대화하는 법을 배워야 한다. 즉 자연이 영어를 말할 수 있게 하든지, 아니면 우리가 자연의 다중 감각적이고 비언어적인 말을 이해할 수 있어야 한다. 후자가 훨씬 더 합리적이다. 왜냐하면 우리는 이미 자연의 감각적인 끌림을 알기 때문이다. 우리는 감각적 끌림을 타고났다. 그것은 우리 구피질의 일부인 것이다.

다음의 예를 생각해보자 :

나는 행크를 만난 적이 없지만 그를 매우 친숙하게 느낀다. 그는 직업적으로 글을 쓰는 사람이었다. 5년 전 그는 자동차 사고를 당해 편타성(鞭打性)상해로 고통 받았다. 사고이래 여섯 번의 수술과 화학요법, 심리치료에도 불구하고 계속되는 고통으로 힘들어했다. 그로인해 글 쓰는 일을 중단했다. 6주전 그는 자연에 말걸기 코스를 시작했다. 연습도중 행크는 5년 만에 처음으로 두통에서 해방되었다. 그는 매우 흥분하고 감사하며 내게 이 놀라운 경험에 대해 글을 쓰고 싶다고 말했다. 그가 코스의 연습들을 하며 일어난 일에 대해 어떻게 써야할지 그 흥분 속에서 생각들이 솟아났던 것이다. 어떤 잡지에서 또는 어떤 편집자가 여기에 흥미를 보일까? 기사 마감일은 언제지? 그때 갑자기 그의 두통이 다시 시작되었다. 그는 자연과 접속한 구피질을 지원하는 대신 자신의 신피질이 스트레스를 받으며 침입해 들어오도록 허용했던 것이다. 슬프게도 행크는 내게 자신이 다시는 글을 쓰지 못할 것이라고 말했다. 나는 그가 6주 동안 자신의 고통을 줄여나가며 코스를 성공적으로 해왔다는 점을 상기시켰다. 그리고 왜 단순히 그런 글쓰기를 계속하지 않느냐고 했다. 필요하다면 그가 쓴 글을 기고하는 일은 다른 이에게 맡길 수도 있을 것이다. 행크는 내 말에 동의했고 코스를 잘 마쳤다. 그리고는 기고하는 법을 다른 사람에게 가르치고 맡겼으며, 놀라운 에세이를 썼고, 직업작가로서 자신의 일도 충족시켰다.

만일 6억 인구가 이 자연에 말걸기 연습을 매일 경험한다면 우리의 세계는 어떻게 변할까? 생각해보자. 자연과 지역사회에 참여하는 행크와 유사한 경험을 말이다. 그 생각이 이 교재의 핵심이다. 그리고 그런 생각은 우리만 한 것은 아니다. 지구생명공동체의 구성원들은 어떤 형태로든 그런 생각을 공유하였으며, 거기에는 문화나 종의 차이에 구애받음이 없었다. 그것은 생명에 대한 사랑이며, 행크라는 존재의 핵심인 것이다.

연습10 | 자연스럽게 구피질과 접속하기

당신의 비언어적 감각인 내적자연을 찾아서 강화시킨다. 자연의 한 장소에 나가 함께 해도 좋은지 허락을 구하라. 이 연습을 하는데 당신을 도울 것인지 그 장소로부터 동의를 구하라.

언어를 사용하지 않고 말이 아닌 감각적 내면의 자연과 비언어적 외부자연의 접촉을 시도해보라. 당신의 타고난 감각적 능력이 시작되고, 진화해온 곳, 집처럼 편안히 느끼는 양육자인 '어머니' 공동체를 찾아라. 거기에서 말이나 생각을 덧붙이지 말고 단순히 자연적 끌림(색깔, 분위기, 사랑, 질감, 움직임, 형태, 변화, 접촉, 맛, 냄새, 소리, 대기, 대조 등)을 감각함으로써 당신의 구피질을 자연에 재접속시켜라. 이것이 자연계가 자신을 아는 방법인 말을 사용하지 않는 접속이다. 그것은 하나의 도전이다. 당신이 자연을 감각으로 아는 동안 신피질이 의식에 영향을 미쳐 습관적으로 생각이나 스토리에 이끌리게 하거나 자연에 이름을 붙이려고 한다면, "비언어" 또는 "이름없음"이라고 계속 반복해 말하면서 그렇게 하지 못하도록 하라. 그렇게 하는 것이 어떤 차이를 만들어내는지 주의해보라. 자신에게 가장 잘 작용하는 단어를 찾아보고 실험하고 시도하라. 때로 자신의 언어감각에게 그저 조용히 하라고 강력하게 말하는 것만으로도 도움이 될 것이다. 이런 연습은 비언어적 자각이 매순간 존재할 수 있도록 허용한다. 당신은 그 순간 좀 더 완벽히 감각하게 된다. 그러한 비언어적 구피질의 능력에 감사하라. 그 장소에 있는 한 가지 사물에 집중하지 말고 속속들이 다녀보는 것도 말 없는 접촉이 가능하도록 도울 것이다.

어떤 참가자는 이런 반응을 보였다 :

“나는 초연하고 자유롭다 느꼈어요. 거의 꿈속에서 산책하는 것처럼 말이죠.”

“모든 것이 좀 더 강렬했고, 나는 자연과 더욱 더 연결되어 있는 듯이 느꼈지요.”

“갑자기 나는 그곳에 계속 있었지만 내가 무시해왔던 소리를 들을 수 있었습니다.”

“그것은 호수에 뛰어드는 것과 같았어요. 나는 주변 환경을 느끼게 되었고, 그 속을 떠다니고 있었지요.”

이 연습에서 배운 세 가지 가장 중요한 것을 적어보라.
이 연습을 통해 어떤 좋은 느낌이나 감각을 얻었는지 적어보라.
그것을 묘사할 수 있겠는가?
그렇게 감각할 수 있는 당신의 능력이 사라진다면 어떤 느낌이겠는가?
이 연습이 당신의 자기가치 감각에 어떤 영향을 미쳤는가?

11장

오렌지 녹색(오/녹)에서 초록의 녹색(녹/녹)으로 가는 공식

'이름' 을 통해 경험하지 못하면, 우리는 53가지 자연적인 감각이 실재한다는 것을 믿지 않는다.

균형있게 스트레스를 다루기 위해 우리는, 자연과 단절된 스토리들인 신피질의 부작용에 대응하는 법을 배워야 한다. 또 자연과 연결된 구피질의 유익한 특질을 경험하고 그것에 감사하는 법을 배워야 한다.

언제라도, 자연에 들어가 우리의 생태 심리적 연습을 해봄으로써 서로 다른 구피질과 신피질이 공통점을 감각적으로 찾아내도록 할 수 있다. 이 책의 연습들은 자연에 현존하는 지성으로 하여금 우리의 내적인 스트레스나, 갈등, 결핍감을 줄일 수 있도록 도와준다. 이런 스트레스들로 인해 우리의 탐욕과 사람과 환경에 대한 무신경한 학대가 생겨난다.

해야할 일 : 자연에 말걸기 연습은 자연이 비언어적인 애정을 통해 삶을 아름답게 지탱하고 있다는 것을 심리적으로 인식하게 해 준다. 이 연습들은 신피질이 만들어내는 스토리를 사용하지 않고, 스스로를 조직하고 건설하는 감각적 끌림으로 구성되어 있다. 이 생태심리학은 단순하고 재

*역주 : '오/녹' 은 오렌지색으로 쓰여진 '녹색' 이란 글자이고 자연과 분리되는 삶을 사는 현대문명의 논리를 비유하는 것으로 우리에게 무의식적인 불편함을 준다. 반면 '녹/녹' 은 녹색으로 쓰여진 '녹색' 이란 글자를 뜻하며 자연스럽고 편안함을 느끼게 하는 것을 비유하고 있다.

미있다. 왜냐하면 대부분의 연습이 자연의 지성과 직접 접촉하게 해주기 때문이다. 참여를 위해서는 우리가 자연에서 느끼는 것을(구피질) 사려 깊게 말하면 된다(신피질).

그 과정은 다음의 네 가지 요소로 이루어져 있다.

1. 감각적으로 얻은 지식을 가치있게 여기기

감각하고 느낄 수 있는 우리의 타고난 능력은 구피질과 자연의, 자연에 의한, 자연으로부터 온 것이다. 색깔이나 목마름과 같은 느낌이나 감각적인 끌림은 자연에서 이름이 없지만 지구 그 자체만큼이나 실제적이다.

2. 자연에 말걸기

공원이나 뒤뜰에서 또는 화분에 심은 식물과 같은 끌리는 자연에 다가가 함께 해도 좋은지 그들의 허락을 구하고, 다른 사람의 내적자연을 포함하는 자연과 실제적인 감각 접촉을 하는 연습을 한다.

3. 자연적인 느낌을 가치있게 느끼기

자연과 접속하여 편안함을 느낄 때, 우리는 신피질과 구피질이 잘 섞인 녹/녹의 끌림을 감각하고 그것을 가치있게 여긴다. 이러한 경험을 합리적으로 전달하는 말로 번역함으로써 우리는 이 접속에 가치를 부여한다. 이런 말들을 읽고 다른 사람들과도 공유한다. 아컷은 우리의 신피질로 하여금 사려 깊게 자연과의 구피질적 접속의 가치를 인정하도록 한다. 좋은 느낌들은, 우리가 자연의 무명지인애(NIAL; 이름없음, 지성, 끌림, 사랑)와 접촉하고 있으며 신피질적인 스토리가 구피질적인 자연 접속을 지원하고 있음을 우리에게 알려주는 자연의 방식이다.

자연과 접속하여 불편함을 느낀다면, 그것은 우리가 컬러차트에서 오렌지의 녹색(오/녹)을 볼 때와 같은 긴장 상태에 있음을 보여준다. 신피질과 구피질 간에 충돌이 있는 것이다. 스트레스성 감정은 신피질의 스토리가 구피질의 자연접속을 지지하고 있지 않음을 말해주는 자연의 방식이다.

4. 녹/녹의 가치를 의식화하기

이러한 기분좋은 느낌들을 포기할 것인지 자문해 봄으로써 우리는 신피질이 자연접속의 새로운 느낌들에 합당한 존중감을 개발하도록 돕는다. 그것을 삶에서 제거한다는 것이 가능한지 자문해본다. 불가능하다면, 왜인가?

연습6에서 우리는 식물로부터 떼어놓는 '호흡 정지' 라는 신피질적 스토리를 행동에 옮길 때 스트레스성 감정이 발생한다. 초록의 녹색(녹/녹)은 식물과 우리를 다시 접속시키는 스토리에서 오는 느낌이다. 연습8의 '감싸인 손' 에서는, 손을 감싼 스웨터에 의해 단절되어 둔해진 손의 감각이 오렌지 녹색(오/녹)이고, 스웨터로 감싸지 않은 '자연 상태의' 손이 누리는 감각이 초록의 녹색(녹/녹)이다.

자연은 살아있으며 매혹적이고 이름이 없다. 그리고 자연적인 끌림을 충족시키며 항상 지성적인 변화를 일으키고 있다. 자연에서는 매순간, 모든 사물들이 달라진다. 자연적인 끌림이 한번 형성되면 더 많은 끌림의 충족을 통해 그것은 자란다. 이런 일이 일어나고 있기에 우리는 신피질이 끌림의 접속에 가치를 부여하도록 해줄 필요가 있다. 생존을 위해 우리를 포함한 자연은, 모든 생명 및 변화들과 단 한번이 아니라 끊임없이 접속하며 또 그것을 즐긴다.

우리가 자연과 접속할 때는 언제나 사람들 및 지구와 새로운 관계를 맺을 뿐만 아니라, 그들과 관계 맺고, 신뢰하며 탐구하는 신피질의 능력을 확장시킨다. 이 과정에서, 신피질은 자연의 편안한 느낌을 분명하게 보여주는 구피질의 타고난 재능에 찬사를 보내게 된다. 또한 편안한 자연에 말걸기의 순간들을 효과적으로 조정하는 신피질 자신에 대해서도 박수를 보낸다. 이렇게 자양분을 주고 지지하는 과정을 통해 우리의 타고난 감각들은 점차 깨어나고 자연은 신피질을 더욱 지원하고 지혜를 공급하게 된다.

결국 그 과정은 즐거운 습관이 되고, 다중 감각적인 자연접속의 사고방식이 된다. 그것은 개인적, 지구적으로 책임감있는 스토리들을 생산하고 관계들을 이룬다. 어느 때라도 당신은 자연에 가서, 더 좋은 느낌을 받을 수 있으며, 그 과정을 강화할 수 있다. 이 연습을 사람들의 내적자연과도 해 볼 수 있으며 연습에서 일어나는 일들을 다른 이들과 함께 나눔으로써 효과는 더욱 증폭된다.

오/녹에서 녹/녹으로의 전환이 갖는 중요한 측면 중 하나는, 이것이 끌리는 자연의 허락을 구함으로써 자연스런 끌림을 의식적으로 추구하기 시작한다는 점이다. 이것은 매우 중요한데, 그래서 연습들은 자연스런 끌림에서 오는 감수성과 좋은 느낌들에 바탕을 두고 있다. 이런 느낌들이 신피질이 안전하게 연습에 참여할 수 있도록 동기를 부여하고, 지원하며 힘을 북돋우어 준다. 그들은 자연으로부터 지원을 받는다. 이것이 흔히 문명화 과정의 '자연정복' 이라는 뿌리 깊은 이야기에 대항하는 것이 자연접속의 사고와 충돌할 때 수반되는 저항과 공포를 극복하게 해준다.

기분좋은 비언어적인 끌림의 느낌에 감싸여 지원받으면서, 참가자들은 연습과정을 방해하는 이야기들을 안전하게 통과하게 된다. 그 과정의 실제 사례들이 부록에 상세히 기술되어 있다.

설득자들

자연에 말걸기 과정이 해내는 큰 공헌 중 하나는 우리가 초록의 녹색(있는 그대로의 자연)을 느끼지 못하도록 하는 과거나 현재의 상황들(슈퍼에고, 부모, 권위 등에 의해)을 자동적으로 의식하게 해준다는 점이다. 이런 상황의 스토리나 사람들은 설득자로 작용한다. 그들은 우리를 가축처럼 취급한다. 그래서 우리의 허락을 구하지도 않고 명령하며, 그것에 대해 사려 깊게 검토하기를 요구하지도 않는다. 특히 우리가 어릴 때 이런 일이 일어난다. 이렇게 설득 되는 상황이나 느낌은 기억으로 활성화 되어, '우리를 내몰고 조종하여' 설득자가 원하는 스토리와 태도, 관계 속으로 끌고 간다. 상황이 불만스러워도, 그것을 변화시키기가 쉽지 않은데 그것은 우리가 그 상황을 만드는데 참여하지 않았기 때문이다. 우리는 여전히 설득자에게 의지하거나 두려워한다. 우리를 지배하는 스토리를 만들고 변형시키기 위해 설득자가 사용했던 경험이나 두려움, 논거와 과정들을 우리는 알지 못한다. 우리는 그것들에게로 초대받거나 교육받은 것이 아니라 설득되었던 것이다. 그들은 허락도 없이 우리의 정신 속으로 들어왔다. 부모와 선생님, 성직자, 친구, 제도, 광고들 그리고 우리 삶을 괴롭히는 많은 다른 권위들에 의해 강요된 스토리가 그것이다. 우리 내외부의 설득자들이 우리의 이성 감각을 앗아간다.

우리가 그런 불편한 스토리를 통해 관계를 의식적으로 유지하는 경우, 내부의 설득자는 스트레스를 주며 우리를 설득해 오/녹(왜곡된)의 느낌을 갖게 한다. 예를 들면, 산업사회의 '자연정복' 을 통한 생존 스토리를 가르치는 사람들은 설득자이다. 정신적으로 그들과 관계하는 한, 그들은 계속해서 우리가 극도의 자연과 분리된 삶을 살도록 설득한다.

'습관화된 또는 조건지어진 사고와 느낌' 이라는 말은 잘못된 명칭임을 인식하는 것이 중요하다. 그것은 우리 삶에서 정신 내부에 숨어 있는 설득자들이 우리를 자극해 특정한 사고방식이나 관계로 몰아갈 때 실로 잠깐 동안 존재하는 것이다. 자연에 말걸기 기법은 자연으로 하여금 내부의 설득자들과 접촉해 교육하도록 해준다. 이 연습과정을 통해 우리 내부의 설득자들이 자연적인 끌림을 느끼고 인식하며 환영하도록 할 수 있다. 이것은 마치 내부의 설득자들을 데리고 나와 그들과 처음의 몇 가지 연습들을 하는 것과도 같다.

자연에 말걸기 연습을 할 때는, 우리 스스로가 내면의 내적자연이나 외부의 자연을 설득하지 못하도록 해야만 한다. 이를 위해 함께 해도 좋다는 자연의 허락을 구하고, 과정을 시작하기 전에 이 연습을 돕겠다는 자연의 동의를 구한다. 그러면 우리의 자연감각들은 고유의 감각기능을 발휘하여 안전하고, 끌리며, 신뢰할만한 장소에서 연습을 할 수 있도록 신호를 준다. 연습과정 중 내면의 자연은 신피질의 스토리나 설득자로부터 존중받기를 요구할줄 알게 된다.

종종 설득자와 그들의 스토리에 대한 기억이 불유쾌하기 때문에 오/녹에서 녹/녹으로의 진행이 놀랄만한 강도로 이루어진다. 연습과정이 외부자연과 사람의 내부자연의 접속경험에서 시작되기 때문에, 그것은 불편한 오/녹를 줄임과 동시에 그로부터 힘을 얻는다. 자연 스스로 오렌지 녹색의 불편함을 초록의 녹색의 편안함으로 변화하도록 내버려둠으로써 이 과정은 목적을 이룬다. 이것은 바로 자연이 번성하는 방법이다. 자연은 '쓸모없는 것' 들을 먹고 재활용한다. 자연은 쓰레기를 변형시켜 음식이나 물, 공기로 바꾸며, 또한 우리를 유지해주는 아름다운 것들과 정신적으로 불건강하고 마음을 오염시키는 갈등들을 변형시킨다.

자연에 말걸기 연습은 우리의 불만을 재활용시켜달라고 자연에게 요청하는 것이다. 그 연습들은 우리를 분노로부터 꺼내어 생태심리학적으로 활동하게 한다. 우리는 자연으로부터 지혜와 에너지를 얻으며, 이것이 동기부여를 하여 우리가 직면하는 각각의 오/녹 상황을 처리하도록 해준다. 우리는 거기에 참여하는 것이다. 이 모든 것은 자연이 주는 선물이며 신선한 공기와 햇빛처럼 얻는데 비용이 들지 않는다. 색깔차트 상에서 초록의 녹색이 '정상적인 것' 임을 발견할 수 있는 것처럼, 외부자연과 사람들의 감각적인 내부자연에서 긍정적인 관계를 살펴봄으로써 이것을 실생활에서도 찾을 수 있다. 연습과정은 설득자의 정체를 밝히고 그것을 재교육시켜준다. 우리가 거기에 참여하면 설득자들은 사라진다.

인식의 측면에서 자연에 말걸기는, 신피질이 자연에 말걸기하는 것을 신뢰하고 또한 어떻게 오렌지 녹색에서 초록의 녹색으로 전환이 일어나는지를 이해하고 가치부여하는 것으로 이루어져 있다. 왜 연습과정을 신뢰해야 하는지 그리고 어떻게 그것이 녹/녹을 즐기는 우리를 방해하는 오/녹 스토리에 변화를 주는지 배운다. 자연에 말걸기를 통해 사회에서는 세

뇌된 어린시절이 우리를 조건화시켜, 감각적인 구피질의 자연접속이 아니라 신피질의 스토리를 통해 만상을 의식한다는 것을 인식하게 된다. 건강은 우리가 순간순간 선택하거나 새로 만들어내는 이러한 스토리가 우리 개인의 건강과 지구적 건강을 좌우한다.

자연에 말걸기의 핵심은 그 연습들이 항상 내면의 자연과 외부자연이 비언어적이라는 점과 구피질의 감각적 접속을 신피질이 가능하게 한다는 점이다. 그 점은 이제 모든 스토리나 관계에 포함 된다. 자연과 단절된 우리 세계에서, 이 점들이 부족하면 큰 문제가 생기게 된다. 단절된 과정을 사용하면서 단절되지 않기를 바란다는 것은 넌센스다. 자연과의 실재 접촉이 없는 일을 하면서 만족감을 느낄 때마다 우리는 무의식적으로 삶에는 자연이 필요없구나 하는 것을 배운다. 이런 의미에서 자연과의 접촉을 장려하는 비디오를 보며 편안해하는 순간조차, 자연과 직접적으로 연결되지 않고도 삶을 계속 즐길 수 있다고 은밀히 말해 주는 것과 같다. 사람들이 자연을 다룬 비디오에 만족하고 있을 때 그들에게 감정적으로 자연이 필요하다는 것을 우리 중 누군가가 느낄 수 있을까? 진짜 자연으로부터 분리된 채 있으면 우리는 지난 수세기 동안 지내온 감정적인 타성 안에 머물러 있는 것이다. 그 타성에 젖어있을 때마다 우리는 그것을 심화시킨다. 실제 자연과 감각적으로 접촉하는 것이 생태심리학적인 사다리가 되어 우리를 스스로의 타성으로부터 벗어나게 한다. 이를 통해 자연과 신뢰할만한 참여관계를 이루면 우리는 장기적인 건강함에 한걸음 더 다가서게 된다. 그렇게 매순간의 건강은 지구적인 건강을 창조한다. 우리를 설득해서 문명의 변덕스러운 행로로 떨어지게 하는 많은 스토리와 환상을 떠나, 생태심리학의 사다리는 훨씬 더 진실한 지구와의 이성적 결합을 이룬다.

색깔차트 연구는 하나의 체험일 뿐만 아니라 어떻게 그리고 왜 자연에 말걸기가 효과적인지에 대한 은유이기도 하다. 이 연구는 서구 문명사회에는 이미 스스로의 타성에서 벗어나기 위해 필요한 노하우가 있다는 것을 보여준다. 우리의 문명적 이야기에는 이미 다음과 같은 상식이 포함되어 있는 것이다.

즉, 태어날 때 우리는 생물학적으로 자연과 하나이다. 우리가 문맹으로 태어난 것은 자연이 비언어적인 앎을 사용하는 존재이기 때문이다.

어릴 때 사회는 우리의 신피질을 칭찬하고, 교육하고 설득해서 교양을 갖추게 하며 말로 배우고 생각하게 한다. 우리는 글로 쓰여 지고 구술되는 이야기를 통해 세상을 인식하는 방식에 속박되어 간다. 하지만 구피질과 자연환경은 비언어적인 관계를 유지해왔다. 이것은 지속성있고 상호연결되어 있는 감각적 방식의 앎과 존재로서 스스로 조직하고 동기를 부여하며 재생산 된다.

성숙함에 따라 삶의 어느 순간에 우리는 변형된 신피질의 이야기나 구피질의 자연감각을 의식의 스크린에 옮길 수 있는 능력을 가진다.

우리는 실내에서 살아가는 삶을 배우고 살며, 거기에 구속되어, 자연과 분리되어서도 느끼는 즐거움을 새로 만들어 낸다. 세상을 다루는 방법에 대한 스토리들을 찬양하도록 배움으로써 자연과 분리된 삶을 계속 즐기는 것이다. 사회는 우리를 개인적으로나 집단적으로 그의 자연 정복 신념, 배경, 방법들로부터 온 존재로 알도록 조건화한다. 인공적인 실내 세계를 유지하기 위해, 스토리들은 우리를 설득해서 감각적이고 자연과 접속된 구피질 방식의 사고를 비난하고 정복하게 한다. 이 둘은 같이 가야 한다. 양쪽 다 자연이기 때문이다. 우리가 타고난 감각과 느낌을 '이름 없는 자연' 이외의 다른 것으로 부르게 되면, 잘못된 길로 가는 문을 열게 된다.

신피질이 만들어낸 스토리들은 단절된 오/녹 스토리를 접속된 녹/녹 스토리로 전환시키는 능력을 가지고 있다. 오/녹 스토리는 모순과 불편한 느낌이고 녹/녹 스토리는 사람들의 내부자연이 외부자연과 잘 조화를 이룬 편안한 느낌으로 이끌기 때문에 우리는 이 둘을 구별할 수 있다. 우리가 느끼는 스트레스가 우리로 하여금 자연과 재접속하게 하고, 초록의 녹색으로부터 느끼는 편안함을 즐김으로써 우리는 감각에로 돌아온다.

우리는 자연환경과 사람들의 순수한 내부자연에서 자연이 창조해 온 편안함을 찾을 수 있음을 안다. 내부와 외부자연에 접촉함으로써 보상을 받는다. 우리는 종종 스토리들 때문에 잘못된 길로 이끌어진다는 것을 알고 있다. 예를 들면 웅장한 자연 속에 앉아 담배를 즐겨 피우는 광고가 있다. 자연과 순수하게 접촉하는 즐거움을 누리는 대신에 자연의 그림을 바라보며 자연과 접촉하고 있다고 생각할 수도 있다. 자연의 그림은 실재 자연에서 얻을 수 있는 다중감각적인 지혜를 가지고 있지도 않고 전할 수도 없다는 것을 우리는 인식하지 못하는 것이다.

생존을 위해, 또 우리 자신을 위해, 지구와 유익한 상호관계를 맺는데 참여하고 지원해야만 한다는 것을 우리는 알고 있다.

자연에 말걸기는 이 연습들에 참여하여 실행해 볼 수 있는 하나의 '초록의 녹색' 스토리이다. 각 연습은 우리를 오렌지 녹색에서 초록의 녹색으로 데려다주며, 우리 자신이 연습의 주체이기 때문에 어디에서나 행할 수 있고 매번 같은 효과를 낼 것이다. 또한 이 연습들을 다른 사람들에게 가르칠 수도 있다.

자연에 말걸기에 대한 스토리는 우리의 신피질에게 이런 활동을 부추기는 좋은 이유가 된다. 우리가 살아있기 때문에 기분좋은 느낌을 가질 자격이 있음을 신피질에게 설명해 주는 것이다. 우리의 좋은 느낌들은 생명유지라는 목적이 달성될 때 충족되는 타고난 끌림의 감각에서 생긴다. 자연은 이렇게 작용한다. 신피질은 좋은 느낌을 선택하여 자연감각으로 맺는 관계를 의미있게 한다. 왜냐하면 연습을 위해 자연으로부터 허락을 구하였고, 그렇게 하는 것이 합리적이고 안전함을 느끼게 해주었기 때문이다. 그것은 옳다는 느낌을 주고 신뢰할 수 있는 장단기 효과를 만들어 낸다. 신피질은 우리가 자연에 말걸기를 선택함으로써 이야기에 설득되거나, 비방하는 설득자가 되지 않고도 좋은 느낌을 얻을 수 있음을 배운다. 자연은 안전하게 우리를 지원한다. 우리를 잘못 이끄는 스토리들로 대화하지 않는다.

자연에 말걸기 연습이 효과적인 것은, 자연의 비언어적 세계와 실제 접속되어 있을 때, 자연과의 접속을 막도록 설득된 과거 경험과 느낌들을 자동적으로 의식하게 해주기 때문이다. 이런 경험들은 더 이상 우리 잠재의식 속에 숨겨지지 못하게 된다. 이런 현상이 와일더 펜필드(Wilder Penfield) 박사의 뇌 해부 수술에서 보고된 바 있는데, 의식이 있는 마취환자의 신피질이 탐침에 특정부위를 자극 받으면 의식에 기록되어 있는 느낌과 함께 특정한 스토리/기억도 자극이 되었다는 것이다. 자극주기를 끝마칠 때까지, 그 기억은 의식 속에 너무 생생하여 마치 현실에서 일어난 것처럼 느껴졌다고 한다. 환자는 그 느낌이 과거로부터 온 스토리/기억이라는 것을 인식하지 못한다. 비언어적 자연에서 이런 느낌/감각은 과거의 유사한 위협상황을 다루었던 경험을 의식의 스크린으로 불러와 방어를 할 수 있게 한다. 자연에 말걸기 과정은 이런 경험들을 신피질이 고려할 수 있도록 안전하게 의식의 스크린으로 불러온다. 그러면 우리는 의식화된 그것으로부터 배움을 얻게 되고 많은 타고난 감각들이 그것들을 지성적으로 처리하게 한다.

자연에 말걸기의 아름다움은 이 연습과정이 '초록의 녹색' 의 느낌과 지구의 자연적 지성이 뒷받침하는 가운데 만들어졌다는 것을 보여준다. 스트레스에서 벗어나고자 연습에 참여했을 경우, 자연스런 끌림에 대한 내적 감수성을 통해 우리는 자연에서 치유에 필요한 장소와 상황을 본능적으로 선택하게 된다. 우리의 내부자연은 그것들을 확인하고 재접속할줄 안다. 왜냐하면 내부자연이 곧 그 외부자연이며, 그것을 열망해왔기 때문이다. 예를 들면 물을 마시지 않고 물과 단절하면 목마름이라는 감각이 우리에게 공기가 아니라 물이 필요하다는 것을 말하기 시작한다. 물에 끌리기 시작하고 맛도 더 좋게 느껴진다. 자연과 접촉해 있는 특정 기간 동안, 특정한 자연물이 항상 유혹적인 것으로 보이고 매혹적으로 느껴진다. 이런 능력을 인식할 때 우리는 그 능력을 강화하는 것을 배우게 된다.

자연에서 순간순간마다의 끌림이나 끌리지 않음은 매우 중요하다. 이것에는 항상 우리 개인의 성장과 관계 맺음을 지원하는 특별한 지혜를 담고 있기 때문이다. 이렇게 자연에 말걸기 연습들은 치유 경험과 교육으로서의 심리테스트와 유사하다.

색깔차트 사례

색깔차트 연구에 기초해 보면, 오렌지 녹색에서 초록의 녹색으로 이끄는 자연에 말걸기 과정에 다양한 정도의 차이와 수준으로 사람들이 참여한다는 것을 아래에서 알 수 있다. 여기서 사용된 이름은 가명이다 :

린네는 실생활에서 스트레스가 느껴지면 공원으로 간다. 혼자 또는 친구와 함께 가서, 스트레스를 좋은 느낌으로 바꾸기 위해 자연에 말걸기 연습을 해도 좋은지 자연으로부터 허락을 얻는다. 연습과정은 그녀가 자신의 내부자연과 외부자연 그리고 친구로부터 지원을 얻을 수 있도록 해준다. 연습과정을 통해 그녀는 왜 스트레스를 받고 있는지에 대한 통찰 뿐만 아니라 스트레스를 주는 관계를 개선하기 위한 도구를 얻게 된다. 린네는 컬러 차트를 볼 때 많은 시간 초록의 녹색 라인에 머무르는 것을 선택한다. 그녀는 그것이 오렌지 녹색 라인보다 더 편안하고 현명하다고 인식한다. 때로는 재미와 도전정신으로 오렌지 녹색을 선택하기도 하는데, 그것은 언제나 안전하게 초록의 녹색으로 돌아갈 수 있다는 것을 알 때이다. 그녀는 초록의 녹색을 느낄 수 있는 능력에 대해 감사하고 그것이 오아시스처럼 느껴진다고 말한다.

색깔차트를 연습할 때, 폴은 스트레스를 느낀다는 것을 인식한다. 그는 글자색인 '빨강' 을 말하려고 하지만 자신도 모르게 성급히 '파랑' 이란 글자 내용을 말한다. 그러나 폴은 그의 내부자연에게 글자색인 '빨강' 이라고 읽고 그렇게 말했음을 확신할 시간과 여유를 주도록 배웠고, 또 글자내용인 '파랑' 을 읽는 자신의 경향에 지배받지 않으며, 상당히 애를 써서 모든 곳에서 그의 의지를 실현하는 법을 배웠고, 바람직하지 않은 영향을 주는 스트레스적인 스토리들에 설득당하지 않는 것을 배웠다.

사라는 폴과 비슷하지만 다른 이들에게 그들이 언제, 어떻게 오렌지 녹색의 상태에 있는지를 지적함으로서 그녀 자신의 단절된 느낌을 덜어보려는 시도를 자주 한다. 그녀는 설득자가 됨으로써 관계를 위험한 상황에 빠트리는 것이다. 그녀는 사람들에게 먼저 동의도 구하지 않고 불편한 소식을 전하거나 할 일을 지시하는 권위적인 선생님이나 부모 역할을 한 것이다.

아트는 색깔차트와 그것에 대해 그가 반응했던 것을 신뢰하지 않았고 색깔차트에서 경험했던 것을 확인할 전문가를 찾았다. 그는 오/녹과 녹/녹 사이에서 경험했던 느낌의 차이가 옳다는 것을 말해줄 권위를 필요로 했다.

캐롤은 처음 말을 배울 때 오렌지색을 녹색이라는 낱말로 그리고 녹색을 오렌지색이라는 낱말로 배우도록 설득되었었다. 그녀는 이런 앎의 방식에 구속받고 있었다. 그녀에게 고치려고 노력해야 하는 불편한 걱정거리가 될 때까지 이런 습관적인 잘못은 거듭 반복될 것이다. 이런 오류를 바꾸기 위해서는 폴과 린네가 스트레스에 대처하기 위해 했던 방법을 배우고, 오렌지 녹색의 경험을 놓아버리기 위해 자연자체를 이용하고 내면의 설득자를 무시하며, 자연에서 초록의 녹색을 선택하고 즐기기 위한 지원을 얻는 법을 배워야 한다.

빌의 경우 과거에 학대받고 단절된 관계들로부터 오는 그의 고통은 긍정적일 수도 있는 현재의 경험들 대부분을 꾸며서 스트레스가 되는 스토리들로 만들어 버린다. 그는 마치 이순간이 가혹하고 그에게 고통이 되는 것처럼 다른 사람들을 입버릇 사납게 말하며 대한다. 빌은 스스로에게 고통을 느끼는 이유를 설명하기 위해 오렌지 녹색의 관계방식을 선택하는 것이다. 그는 현재나 과거의 관계에서 오는 내적 설득으로 인한 불편함을 진정시키기 위해 몸을 억압하며 화학적으로 학대한다. 그는 자신의 문제점들을 전혀 인식하지 못하고 있기 때문에 치료요법을 넌센스라고 여긴다. 그러나 그의 문제점들을 다른 사람은 볼 수 있다. 법정의 명령으로, 빌은 감옥 안과 밖에 있는 동안 약물치료와 다양한 치료법으로 치료받고 있는 중이다.

오렌지 녹색에서 초록의 녹색으로 변화를 위한 연습 과정은 앨의 사례가 잘 요약하고 있다. 그는 회색을 배운 적이 없다고 말한다. 그의 부모님이 처음 그에게 회색을 보여 주었을 때 그는 검정이라고 말했던 것이다. 부모님은 틀렸다며 그를 설득하는 엄한 방식으로 말하고 나서 더 밝은 회색을 보여주었고 이번에 그는 흰색이라고 말했다. 그는 또다시 틀렸다는 말을 들었다. 그는 틀릴 위험성을 동반했기 때문에 결코 회색을 편안한 느낌으로 구별해낼 수 없었다. 현재 53세인 앨은 여전히 회색을 구별하지 못한다. 그는 아직도 회색을 검정 아니면 흰색이라고 부르는 것이다. 자연에 말걸기 워크샵에서, 앨이 자연으로 나가 즉각적으로 끌린 사물, 무의식적으로 그가 끌렸던 자연물은 다섯 번 모두 회색을 띤 것들이었다 : 바위, 나무껍질, 이끼, 나뭇가지들 그리고 부목(浮木). 회색의 회색으로부터 그를 분리시켰던 부모님과의 오래된 갈등을 불러내어 해결하는데 그의 내부 자연이 자연적 순간들을 자동적으로 이용하는 것 같았다. 이 연습을 하면서, 그는 환경과 워크샵 그룹으로부터 충분한 지지를 얻어 대상들을 회색이라고 부르는 위험을 감수했다. 그 보상으로 그의 스트레스가 완화되었고 그의 신피질과 워크샵 참가자들로부터 자발적인 찬성을 얻어 즐기게 되었다. 그는 연습을 통해 회색을 편안한 느낌으로 구별할 수 있다는 것을 확신했으나 연습할 시간이 있으리라고는 생각하지 않았다. 그것이 그의 정신건강과 환경상담가로서 일상의 문제들보다 높은 우선순위를 차지하지는 못했던 것이다. 그러나 즉각적인 해결이 필요한 높은 순위의 상황들이 있었다고 말했다. 그는 80% 이상의 사람들이 스트레스로 고통 받고 있으며 거의 90%가 환경을 다루는 법에 대해 불만족을 느낀다는 것에 주목했다. 자연에 말걸기가 악화일로에 있는 이런 개인적이고 환경적인 문제들을 해결하는데 놀라운 효력을 발휘할 것이라고 느꼈고, 그가 에너지를 쏟아야 할 것이 여기임을 알았다.

우리가 혼돈에서 벗어나려고 할 경우 색깔차트 연습은 우리가 직면 하고 있는 상당한 어려움을 정확하게 지적해낸다. 구피질은 자연에 직접적으로 접속해 있지 않을 때, 신피질의 스토리들에 의해 무시되고 우리는 종종 그것을 자각하지 못한다. 예를 들면, 우리는 잉크 색을 말하기 보다는 차트 상에 쓰인 단어를 말하는 경향이 있다. 그리고 단어를 말하고는 색깔을 말했다고 생각하는데 특히 스트레스를 받거나 피곤하면 더욱 그렇다. 이것이 우리로부터 힘을 얻고 안내를 받으려는 우리를 오도한다. 우리는 내면의 설득자가 이름 붙인 거짓 단어들이 아니라, 53가지 비언어적인 구피질 감각들(글자색들)과 의식적으로 접촉할 시간과 에너지가 있다는 것을 반드시 확신해야만 한다. 오염된 문화적 안내를 따르는 것은 치료가 아니라 일종의 병이 된다.

오렌지 녹색에서 초록의 녹색으로 가는 연습의 잇점은 그것이 자연과의 비언어적 관계에서 이루어진다는 점이다. 이는 해로운 신피질의 스토리들이 관계를 오염시키지 않을 것임을 확신시킨다. 이것은 우리가 추구하는 정신 혹은 더 높은 힘에 타고난 순수성을 준다. 이것은 우리의 타고난 근원, 공동체 그리고 만물에 진정으로 접촉할 수 있도록 해준다. 성 바질(Basil)은 다음과 같은 말로 이를 전달하고자 했다 : "어디를 가든, 아주 하찮은 식물조차 당신에게 창조주에 대한 또렷한 기억을 전해 줄 것입니다." 하지만, 그의 신피질 이야기가 그가 말한 것에 영향을 주고 말았다. 자연에는 '하찮은' 식물과 같은 것이 없는 것이다. 자연에서는 모든 것이 자기 고유의 고결성을 가지며 보잘 것 없는 것이란 없다. 어떤 것도 다른 것보다 더 우월하거나 모자라지 않다. 있다면 그것은 단지 우리가 만들어낸 스토리들 중 하나일 뿐이지 자연의 방식은 아니다.

자연의 진실로부터 우리를 극도로 단절시키는 스토리들 때문에 지구와 지구인들이 위험에 처해 있다. 자연에 말걸기는 이런 문제를 다룬다. 이것은 구피질이 자연과 안전하게 말걸기를 하고, 그 과정으로부터 생기는 새로운 이야기들을 사려 깊게 판단하기 위한 시간과 공간이 필요하다는 것을 신피질에게 교육하는 간단하고 쉬운 시스템이다. 이 과정에서 생기는 스토리들은 당신 스스로 생각하게 만든다. 거기에는 자연의 감각적인 지성이 있고 자연을 지지하는 힘이 있기 때문이다. 부록 A에는 이것을 얻는 법에 대한 유용한 지침과 실제 예들이 제시되어 있다. 거기에 기술된 오렌지 녹색에서 초록의 녹색으로의 과정은 정신건강과 환경적인 건강을 증진시키는데 그 둘은 동일하기 때문이다. 다음의 예가 잘 설명해준다.

1936년 여섯 살의 왼손잡이 찰리는 공립학교에 들어갔고 오른손으로 쓰도록 강요되었다. 이런 요구로 인한 긴장감 때문에 찰리는 피가 날 때까지 손톱을 물어뜯기 시작했다. 5년 후, 6학년이 되는 해 찰리는 왼손으로 쓰도록 허락 받았지만, 손톱을 물어뜯는 습관은 57년 동안 계속되었다. 그는 내부에 살고 있는 숨은 설득자의 영향 하에 살았던 것이다. 1993년, 63세 때 찰리는 한 프로그램에 참가하여 자연에 말걸기 연습들을 배우고 체험하게 된다. 거기서 그는 왼손잡이 특성을 포함한 그의 내부자연을 격려하여 실제 자연과 접촉함으로써, 끌리는 자연의 장소와 자연대상에 연결되어 스스로를 가치있다 판단하게 되었다.

수개월 후, 누군가 찰리에게 왜 손톱을 물어뜯는지 묻자 찰리는 그들에게 그의 이력을 설명한다. 한 주 후 찰리는, 아무런 노력도 기울이지 않았는데, 손톱들이 자라기 시작한 것을 발견했다. 모르는 사이에 그는 내면의 설득자들을 재교육시켰고 57년간의 버릇을 영원히 떨쳐 버릴 수 있었던 것이다. 또 연습 과정에서 그는 자연환경과 더 결속된 것은 물론이다.

세계의 60억 인구가 매일 자연과 공동체에서 찰리와 같은 자연에 말걸기 체험을 한다면 우리의 세계는 어떤 모습이 될까? 그런 생각이 자연에 말걸기 요소의 핵심이며, 그것은 문화적 차이나 인종에 상관없이 지구 생명공동체의 모든 구성원들에 의해 공유되고 있다. 그런 생각 속에서 나온 감각이 생명에 대한 사랑이고 그것은 찰리와 생명의 진정한 핵심이다.

연습11 | 신피질의 접속

끌리는 자연으로 가라. 그 장소와 함께 해도 좋은지 허락을 구하며, 이 연습으로 당신을 도와줄지 동의를 얻으라.

느낌과 상징으로 그 장소가 여전히 끌리면, 그 차연의 장소를 비언어적으로 체험하는 연습을 반복하라. 그러면 신피질은 당신이 자각하게 된 그 곳의 각 부분에 연결된다. 단순히 대상 그 자체에 이름 붙이는 것이 아니라, 당신이 의식적으로 접속하고 있는 것에 이성적으로 이름 붙이는 것을 통해 이 연습을 하라. 매순간 신피질이 당신 자신을 포함한 모든 것에 집중하게 하라. 당신이 감각하는 모든 것을 '접속 경험' 이라고 부름으로써 그것이 가능하다. 예를 들면, 나뭇잎을 볼 때 그 잎을 '접속' 이라고 부른다. 새의 색깔, 움직임, 거리, 아름다움 또는 지저귐이 당신의 주의를 끌면 또한 그것을 '접속' 이라고 부른다. 모든 감각적인 접촉이 '접속' 이다.

모든 의식적인 접촉은 자연접속의 한 형태이다. 이것은 자연감각적인 접속과정을 신피질의 언어적인 앎으로 적절하게 옮겨준다. 이것으로 인해 신피질이 많은 자연감각 접속들의 존재를 알고 어떻게 그것들이 우리의 안녕에 기여하고 있는지를 의식적으로 감각하고 가치 평가할 수 있다.

"'접속' 이라고 말하는 것은 나의 신피질과 자연이 융화되도록 도왔다. 나무들이 다른 때보다 더 매력적이고 강하게 느껴졌다."

"역효과만 냈다. 비언어적인 방식으로 친해지는 것을 즐기게 되었는데 '접속' 이란 말이 그것을 방해했다."

"'접속' 이란 단어를 말하는 것은 옳다고 여겨진다. 그것은 의미가 있다. 나를 오도하지 않았다."

"실제로 그렇게 하는 것이 내게는 어떤 차이를 만들지 않는 것 같았다. 그러나 연습을 끝낸 후에는 옳은 것으로 느껴졌다."

이 연습으로부터 배운 세 가지 가장 중요한 것을 써 보라.

이 연습을 함으로써 어떤 좋은 감각과 느낌들이 전해졌는지 적어보라.

그것들에 대해 기술할 수 있는가? 그것들이 사라져버렸음을 감각할 수 있는 당신의 능력에 대해서 어떻게 느끼는가?

이 활동이 당신의 자존감에 어떤 영향을 주었는가?

12장

분리와 열대지역 창조자들

타고난 감각들을 자연에서 떼어놓았기 때문에 생겨난 스트레스는 자연과 분리된 환경에서 더욱 커진다.

자연중심 사고에는 생태심리학의 원리가 응용된다. 여기에는 자연의 이름없음, 지성, 끌림, 사랑(무명지인애; 無名知引愛)과의 접촉이 포함되며 존중된다. 이런 심리적인 의식은 우리가 자연스레 감각하고 즐길 수 있는 것이다. 자연에 있는 동안 감각하고 느끼는 것을 신피질의 언어들이 정확하게 표현하지 못할 때, 우리는 자연의 통일된 방식과 지혜로부터 멀어진 스토리의 스트레스 속에서 살게 된다.

자연중심 사고는 자연이 목적을 가지고 창조되었으며 우리에게 초록의 녹색과 오렌지 녹색사이의 차이점을 알고 느낄 수 있도록 능력을 부여했음을 알게 한다. 우리는 언제든지 자연에 말걸기를 하여 균형있는 존재의 편안함을 얻을 수 있다. 이렇게 자연은 감각적으로 우리를 통해 흐르며 우리에게 자양분을 공급하게 된다. 그것은 동시대 무명지인애의 협력을 얻어 사람들의 내적자연과 외부 장소와의 관계를 이롭게 조정한다. 또한, 이것은 우리가 초록의 녹색을 그들과 말을 통해 공유하거나, 공동체내에 공유함으로써 다른 사람들과 신뢰 관계를 만들 수 있도록 해준다.

어떤 것의 핵심을 발견하는 좋은 방법 중의 하나는 그것을 변화시키려고 해보는 것이다. 팔이 몸에 붙어 있는 것처럼 우리는 자연의 일부로서 태어났다. 우리 삶의 방식은 자연과의 타고난 관계를 서구문명의 실내 생활 위주의 삶으로 바꾸려는 것이다. 자연과 조화를 이루기 위해 우리는 평생 동안 겨우 하루도 안되는 시간을 할애하고 있다. 어떤 비행사가 2만 피트 아래에 있는 사람들 위로 폭탄을 떨어뜨릴 때와 같이 우리는 막연히 분리의 고통을 감지한다. 우리는 스토리의 유해성을 둔감하게 여기도록 하는 이야기들 속에서 살고 있다.

전체 조각에서 피자 한 조각을 떼어 낼 때 치즈 가닥들이 붙어서 늘어나는 것처럼, 자연과 연결된 감각들도 자연으로부터 과도하게 분리되면 늘어나고, 분열되거나 상처 입게 된다. 이런 상처가, 안정을 구하고 더 악화되는 것을 막으려는 욕구를 만든다. 분열된 감각은 어떤 방식으로든 표출되고 필요가 충족되어야 한다. 이런 자연 분리현상이 어려운 사회적, 환경적 딜레마의 근원이며, 우리가 이런 문제들을 쉽게 컨트롤하지 못하는 이유이다. 그런 문제들은 분리에 대해 주의를 기울일 것을 요청하는 자연의 부름이다. 사람이나 환경 문제는 보통 도움을 요청하는 신호이며, 또는 자연스런 만족감의 부족을 해결하기 위한 진정제가 된다. 문제가 되는 행동을 멈추면 고통이 오기도 한다. 그것을 막기 위해, 우리는 때로 어떤 문제가 존재한다는 것을 인정하지 않는다. 그러나 자연접속 연습을 하는 동안에는 이런 일이 일어나지 않는다. 연습은 무명지인애와 접속함으로서 효력을 발휘하고 그 나머지는 자연이 다한다.

우리 대부분은 자연의 무명지인애로부터 분리되어 있다. 마치 이교도 속에서 길러진 사람처럼, 지성적이고 재미있는 부분이 우리 의식의 스크린으로부터 사라진 것을 자각하지 못하고 있는 것이다. 우리는 그것의 자각을 피하기 때문에 분리의 고통을 계속 갖게 된다. 고통을 더 악화시키지 않기 위해 우리는 개인적인 접촉을 피하거나 사람과 환경에 상처를 준다. 그리고 자신이 미친 영향의 결과를 보거나 느끼려고 하지 않는다. 그리고는 절망과 비탄을 느끼는 것이다.

우리 삶에서 무언가 빠져 있음을 느낄 때, 이것은 무명지인애의 충족의 필요를 느끼는 것이다. 이것이 바로 과도한 실내 양육이 우리의 능력과 지각력을 제한하도록 세뇌시킨다고 말할 때의 의미이다. 세뇌는 아이가 자연스럽고 타고난 태도를 포기하고 엄격히 통제되고 분리된 방식의 사고를 받아들이도록 유도하기 위한 강제적인 주입으로 나타나기도 한다.

자연을 정복해야 계속 생존할 수 있으리라는 믿음이 우리의 문제이다. 여느 습관이 그렇듯이, 이것은 쉽게 없어지지 않을 것이다. 만일 그 생각이 내일 당장 우리 내면과 외부에서 사라진다 해도, 우리의 관계들은 변하기 어려울 것이다. 우리는 감정적, 사회적, 경제적으로 실내의 관계들에 묶여 있다. 내면의 설득자는 우리의 자연감각을 자연으로부터 떼어내 실내의 생활방식과 스토리에 재결합시킨다. 실내에서는 감각의 만족감이 줄어든다. 자신의 이성감각을 만족시키든 못하든 상관없이, 감각들은 타협하게 되고, 자연과 거리가 먼 방식으로 만족을 얻는데 순응한다. 변화를 위해 우리는 다시 지원이 필요하다. 반드시 우리 내면에 쓰여진 이야기를 변화시켜야 할 뿐만 아니라 무책임한 행동패턴에서 벗어나야 하고, 구피질이 가진 현명한 자연적 끌림을 사려 깊게 신뢰하고 즐겨야 한다. 이런 결합이 책임있는 지원을 제공한다. 그것들은 사회가 만든 스토리에 설득되지 않았기 때문에, 우리가 전일적이 되고 충만해지도록 도움을 준다. 대신 그들은 자연의 방식과 상호 작용하는 자유를 얻는다. 이 과정은 이성적이다. 그것은 우리의 자연스런 이성감각을 만족시켜 책임있는 기분좋음을 만들어낸다.

너무 자주 우리는, 신피질의 스토리에 집착하는 자신을 간과한다. 캐롤에 대해 생각해 보자. 아버지는 그녀에게 녹색을 나타내는 단어는 '오렌지'이고, 오렌지색을 나타내는 단어는 '녹색'이라고 가르쳤다. 그녀의 사례에서 우리의 지각(知覺)이 단순히 감각적 입력 정보만은 아니란 것을 알게 된다. 우리를 둘러싼 세계는 우리 의식에 감각적인 정보와 그것에 덧붙여진 스토리로 기록된다. 캐롤은 녹색을 보고 아직도 자동적으로 오렌지색이라고 생각하고 말한다. 눈에 보이는 녹색과 단어 '오렌지' 사이를 붙여 놓은 접착제가 녹고, 거기에 녹색이란 단어가 다시 붙기 전까지, 캐롤은 우리와 다르게 현실을 인식하는 것이다.

소위 교육이란 것은 많은 것을 덧붙인다. 우리는 이렇게 덧붙여진 스토리들을 숙고하고 재배열하여 생각을 한다. 자연과의 접촉을 통한 감각적인 경험에 근거하여 책임감있게 떼어(un-gluting) 다시 붙이기(regluting)를 하지 않는다. 그래서 이런 식의 사고방식을 계속하여 우리가 가진 문제들을 되풀이하는 것이다. 교육은 우리가 무책임한 길 위에 있음을 발견하고 떼어내고 다시 붙이는 과정을 연습하는 것임을 보여주어야 한다.

53가지 다른 종류의 감각적인 접착제가 있어서 우리의 실내 접속을 만든다. 각각의 감각은 자연적인 끌림으로 자연으로부터 분리되어 몇몇 실내의 대체물에 재연결되어 왔다. 실내적 상담기법은 종종 우리를 자연에서 떼어낸 후 자연과 분리된 길에 재연결시킨다. 또한 자연의 지성으로부터 오는 정보를 차단한다.

자연중심 심리학에 의하면 바람직한 변화를 이루기 위해서는 자연에 말걸기 연습이 필요하다. 이 연습들은 우리 안에 있는 무명지인애를 만족시켜 자연으로 하여금 우리를 무책임한 실내적 만족으로부터 떼어놓도록 하는 힘이 있다. 그런 후 우리를 자연에 재접속시키고 자연의 다중감각적인 지성으로 하여금 우리의 문제들을 해결하도록 돕게 한다. 연습과정을 통해 활기를 되찾은 자연감각들은 이성감각이 더 잘 이해하도록 도울 수 있다. 이것은 자연과 분리된 사고에서는 비상식적인 것으로 보일 것이다. 자연을 정복하라는 신피질의 교육기반을 위협하기 때문에 이 연습 과정을 가치있게 여기지 않거나 지지하지 않을 것이다. 그러나 에리히 프롬과 같은 많은 이들이 지적한 것처럼 수천 명의 사람들이 같은 정신병을 앓는다는 이유만으로 이들을 정상이라고 할 수는 없다. 다행히 자연은 서로 함께하는 53가지 감각적인 지성을 통해 활동함으로써 온전한 정신을 유지한다. 자연에 말걸기 연습들은 자연에서 끌림의 경험을 하게 하고 이 과정을 의식 속에 기록하여 구피질의 낡은 이야기들을 변형시킨다. 오렌지 녹색에서 초록의 녹색으로 전환될 때 느낄 수 있는 감각적인 만족감이 우리로 하여금 연습 과정을 계속하게 하고 스스로의 삶과 모든 생명을 책임감있게 지원하도록 동기를 부여해 준다. 이것이 우리가 좋은 느낌들을 느낄 수 있는 방법이고 또 마땅히 그래야하는 이유이다.

인공의 열대지역 만들기

인류학자와 고고학자들에 의해 밝혀진 증거에 의하면 원래 자연은 인류를 열대 지역에서 살도록 했을 것이라고 한다. 거기에서 매순간 생존한다는 것은 우리가 자연과 연결되어 있고 자연으로부터 배운다는 것을 말해주는 것이었다. 고대인들은 자연이 주는 기회를 통해 생존을 배웠다. 그들은 자연의 움직임을 기술하는 이성적인 스토리를 개발하게 되었다. 이런 스토리들로 인해 그들은 어떤 자연이 그들에게 무엇을 보여줄지를 의식하게 되었다.

우리의 이성과 언어감각은 자연의 방식을 찬양하는 스토리들을 개발하여, 구피질이 자연과 연결되어 있다는 것과 함께 그 감각과 느낌들에 대해 점점 더 많이 인식하게 되었다. 우리의 타고난 감각들이 인류의 사고와 문명에 스며들었다. 그 과정에서 더 많은 생존 지식과 지원, 협력적인 안전지대를 제공했다. 현재에도 신뢰할만한 공동체들은 여전히 이런 감각적인 자연과 연결된 전통과 사고방식을 가지고 있다. 그리고 그들은 우리와 같이 수많은 문제들을 유발하지 않는다.

서구문명의 근시안적인 자연정복 스토리가 우리의 자의식을 설득했다. 이런 스토리는 우리 선조들의 타고난 열대-생존 사고와 존재 방식이 도전받는 상황에 처했을 때 발전했다. 빙하기를 거치면서 혹은 새로운 지역으로 이주하면서 기후조건이 변함에 따라, 조상들은 신피질의 언어, 이성 감각과 의식을 결합시켜, 열대를 흉내 낸 인공적인 '닫힌 방'을 생각해내고 창조할 수 있다는 것을 발견했다. 이것은 농경과 실내 환경으로 이루어져 있고 생명을 주는 자연계의 변화인 긴장과 이완이 없다. 예를 들면, 온도

감각, 시각, 공간감각들은 태양이 빛나거나 혹은 더 따뜻한 곳으로 옮겨가는 것보다는 불을 피움으로써 만족될 수 있다. 경험을 거듭하면서, 우리의 조상들은 새로운 신피질의 스토리를 통해, 열대와 같은 조건인 닫힌 방을 만들 수 있으면 어떤 환경에서도 생존할 수 있다는 것을 알게 되었다. 내적인 스토리들을 통해서, 그들은 과일나무와 같은 열대의 선물들도 기억해 냈다. 기술을 통해 그것은 과수원의 형태로 이루어지게 되었다. 인류는 인공적으로 열대를 창조한 것이다. 그들은 이성감각과 언어, 의식자체가 주요한 생존요인임을 알게 되었다. 이들 세 가지 감각들이 모여서 신피질을 구성했다. 자연환경을 열대 만들기 사고에 맞도록 바꾸면 인간의 생존을 증진시킬 수 있다는 것을 알게 되었다. 자연의 방식을 무시하는 신피질의 이성적사고와 언어는 이렇게 자연을 무시하는 생존 스토리들을 만들게 된 것이다. 아마도 우주에서 자연과의 조화로부터 벗어난 유일한 것은 이런 스토리일 것이다. 이런 스토리대로 행하는 것은 고대인들의 구피질의 감각적 끌림 중 일부를 만족시켰다. 이런 일부 자연감각들은 자연에서 분리되어, 생존스토리들을 지어내는 신피질의 재능에 새로 연결되었다. 자연스럽지 않은 이런 재능이 생존과 동의어가 되었다. 스토리를 만들어내는 신피질의 능력은 신피질로 하여금 자연이 아니라 스스로에게 신의 지혜와 힘이 있는 것으로 보게 했다. 그것은 지구생명 공동체의 설득자가 되었다.

무지와 오만으로부터, 우리의 선대 문명인들은 자연 속에서 순간을 살고 배우는 삶으로부터 멀어지게 한 스토리들을 만들고 지켰다. 새롭게 만들어진 스토리들은 자연의 변화와 지혜에 독립적으로 생존을 유지할 수 있는 스토리를 만드는 자신의 '지성과 창조성'에 찬사를 보냈다. 그들은 더 이상 자연을 창조한 지성에 접속할 필요가 없다고 착각하게 되었다. 그들은 머릿속에서 영화처럼 상연되는 신피질적 스토리의 지혜 때문에 살아남았다. 그들은 자연과 단절된 스토리 속에 살며 그것을 공경했고, 자연에 낯선 스토리들을 말했다. 그들은 물리적으로 자연을 침해하고 땅을 학대했다. 사람 이외에 이런 스토리들을 이해하거나 동의하는 종은 없다. 스토리가 그들을 자연이라는 낙원으로부터 벗어나게 했다. 자연이 그들의 근원이 되는 대신에 자원이 되었다. 성서에 있는 한 스토리에는 이런 자연 분리과정이 에덴동산에서 지식의 열매를 따먹은 죄로 묘사되어 있다. 일부 지리학자들은 이것을 중동과 사하라의 사막화라고 부른다.

오래지 않아서, 선대 문명인들 최대의 스토리는 "생존을 위해 우리는 반드시 자연을 정복하고 인공의 열대지역을 건설해야 한다."가 되었다. 구피질과 더불어 자기조절을 하며 균형있는 자연의 지성에 귀를 기울이지 않는, 그들의 새로운 스토리에는 자연이 주는 한계가 없었다. 그것은 다중감각적이 아니었다. 16세기경 이런 분리된 사고방식은 역학(力學)과 수학을 순수한 진리로 숭배했다. 그들은 코페르니쿠스가 신학자들의 세계관이 틀렸다는 것을 수학적으로 입증했을 때처럼 그것들에 가치를 부여했다. 코페르니쿠스는 지구가 아닌 태양이 태양계의 중심이라는 것을 밝혔다. 데카르트 학파와 뉴턴학파가 만든 스토리들은 우주가 기계적으로 작동하는 것이며, 감정 없는 기계로서 물리학의 계산을 통해 파악할 수 있는 것이라고 선언하였다.

오늘날도 우리는 열대 만들기 스토리를 통해 자신과 세계를 이해하도록 계속해서 배우고 있다. 그것들은 더 나아가 우리의 생각과 관계 그리고 운명을 설득하고 만들어간다. 그들과 그들의 경제가 자연을 공격하고 짓밟으며 우리를 실내의 열대로 가도록 몰아간다. 우리는 우리 역시 개개의 자연이라는 것을 배우지 못한다. 자연을 침해하는 것은 우리를 침해하는 것이기도 하다. 자연과 분리된 환경에서는, 방해 받고 상처 입은 구피질적 자연감각들이 즐거움을 주는 대신에 스트레스와 우울증 그리고 존재를 갉아먹는 의존성을 만들어 낸다는 것을 우리는 배우지 못한다. 우리는 내부자연, 우리 삶의 색채와 단절되도록 설득당하고 있다. 자연에서 멀어지고 녹/녹이 없는 의식과 환경은 너무 많은 오/녹 스트레스를 만들어낸다. 셀리스 글렌다이닝(Chellis Glendinning)은 단절로 인한 상처를 이렇게 말한다. 즉, 그녀는 침해당한 것으로부터 회복하고 있는 것이 아니라 서구문명으로부터 회복되고 있는 중이라고. 우리는 지금의 생활방식에 너무 강하게 얽매여 있어서 스토리가 변하더라도 감정적인 끈들과 변화에 수반하는 위험성 때문에 무책임한 길을 비정상적으로 고수한다.

인공 열대를 만드는 의식은, 생존을 위해서 사람들이 반드시 이성과 언어를 존중하고 강화하며 따라야만 한다고 강조한다. 열대 만들기 스토리에서 이 두 가지 감각이 가장 매력적인 이유를, '자연이 아니라 그 두 감각만이 우리의 생존 수단이기 때문이다' 라고 말한다. 지도자들은 우리에게 그들이 만들어낸 편리한 이름표나 스토리, 인공물들을 신뢰하라고 가르친다. 우리는 자연이 우리를 버렸다고 배운다. 자연은 변동이 심하고 불안정한 것으로 묘사된다. 열대 창조자들은 자연을 어머니의 태내와 같이 안락한 실내세계를 만들기 위한 자원으로 사용하는 것이 최선이라고 생각한다.

열대 만들기 스토리는 이성적으로 보인다. 역사적으로 보아 이것은 효력이 있었다. 우리의 이성과 언어 감각들이 이런 스토리를 의식 속에 기록하여 내면화시키고, 우리 안에 있는 무명지인애에 연결시켜왔다. 우리는 이성과 언어감각이 생존을 위해 가장 매력적인 것이라고 믿도록 훈련받아왔기 때문에, 자연으로부터 단절되어 있는 동안 이들 두 감각은 숙련되고 강화되며 힘을 가지게 되었다.

놀이터의 악동들처럼 이성과 언어가 우리의 의식을 지배한다. 이성과 언어는 프로그램화된 습관의 하나로 다중감각적인 의식을 설득하고 침해하여 노예로 만든다. 전체를 감각하며 생존하던 것이 열대환경을 찬양하는 스토리를 추상적으로 기억함으로써 이성과 언어에 의한 생존으로 바뀐다. 그것들은 우리의 의식과 대부분의 자연감각들을 포함한 우리 삶 전체를 비교하고 비판적으로 분류하며 평가하고 세분하고 조종한다. 자연적인 끌림을 통해 삶 전체를 감각하던 생존이 실내에서 지배력을 발휘하는 이성적 사고와 스토리에 의한 생존으로 바뀌어 왔다. 신피질은 너무 자주 수십억 년 동안의 자연적인 끌림에 의해 만들어진 관계를 무시한다.

열대 만들기의 영향

자연으로부터 분리되어 열대를 만들어야한다는 생존명령으로 우리의 이성과 언어의식은 내부에 있는 대부분의 무명지인애를 노예화시켰다. 이것이 정상적으로 존재해야 할 다중감각적인 의식을 정복했으며, 자연감각들을 손상시킨다. 그리고 자연감각들을 열대 만들기라는 추상적이고 분리된 방식에 의존하도록 얽어맨다. 우리 내면의 아이는 자연에서 분리될 때 고통스럽게 자포자기를 하게 된다. 자연정복 활동이나 이성을 장려할 때 이것은 열대 만들기 스토리와 사람들로부터 힘을 얻는다. 우리는 자연이 제공해 주는 모든 것은 소유하고 이용해야 하는 것이라고 세뇌되어 온 것이다.

우리가 고통 속에 살고 있음에도 불구하고, 내면의 설득자는 신피질의 열대 만들기 스토리가 생존을 위한 최선이라고 얘기한다. 그래도 우리에게는 이 말이 여전히 이성적인 것으로 보인다. 내면의 설득자는 삶을 전일적인 관점에서 보는 우리의 능력을 오염시킨다. 그리하여 자연감각들은 모든 열대 만들기에 부속되어 버렸다. 우리는 실내생활 방식으로부터 찢겨져 나온 감각적인 연결 흔적의 고통을 두려워한다. 어떤 사람이 우리의 물질적인 소유물이나 생활방식을 비난하면 마음의 상처를 입는다. 그러한 것이 틀렸다고 배워왔기 때문에 상처받게 될 가능성이 두려움이라는 장벽을 만든다. 아주 용감하거나 무모한 사고와 행동만이 그 장애를 넘는다. 자연에 말걸기 연습들은 이런 현상을 사려 깊게 고려한다. 오/녹 스트레스와 두려움은 녹/녹으로 가기 위한 연료로서 생산적으로 사용된다.

실내교육은 자연에서의 다중감각적인 교육과 균형을 이루지 못한다. 잘 균형 잡힌 사회와는 달리, 우리는 어린시절부터 자연을 부인하도록 배운다. 그래서 자연을 거칠고 미개한 것으로 파악하게 된다. 돈에 대한 태도와는 달리 자연과 자연스런 느낌에 대해 우리는 결코 탐구하고 즐기거나 감사하고 가치를 부여하며 신뢰하지 않는 것이다. 예를 들면, 북미의 자연경관은 극히 일부분만 파괴하지 못하도록 법적으로 보호받지만, 달러 지폐를 훼손하는 사람에 대해서는 오래 전부터 연방법으로 처벌해 온 것이다.

우리 사회의 대부분과 같이, 심리학 분야도 열대 만들기의 담보물이다. 프로이드, 에릭슨, 피아제와 매슬로우와 같은 연구자들에 의해 기술된 인간의 성장과 발달 단계들도 사람들이 문제투성이의 열대 만들기 문화 속에서 살아가도록 일조한다. 자연의 관점에서, 이런 분야는 상대적으로 영양가가 없다. 자연을 잘못 관리한데서 기인한 우리의 상처를 진정시키는데는 도움을 주지만 자연에 말걸기를 하는데 도움을 주지는 않는 것이다. 자연의 지혜와 접촉하는 것이 행복을 위한 필수요소로 포함될 때 심리학은 효과를 발휘할 것이다.

우리는 흔히 자연의 신호나 느껴지는 자연감각들에 주의를 기울이지 않는다. 무감각해진 것이다. 편중된 실내생활로 인해 자연세계는 '환경' 이나 '외부' 일 뿐이다. 자연은 우리자신이 아니다. 보다 정확하게 말하면 우리가 이용하는 자원이 되는 것이다. 예를 들면, 연습4의 자연신뢰 산책에서 안내자가 된 사람들은 상대 참가자를 자연으로 인도하는 중에 안내자 자신의 얼굴을 만지거나 보게 하는 일은 거의 없다. 안내자 자신 역시 자연인데도 말이다. 예상대로, 문제의 원인은 우리의 근원인 자연과 지혜로부터 사고방식이 과도하게 분리된 데에 있다.

신피질의 단절된 스토리가 우리를 둘러싸고 있다. 그렇기에 그것이 해로운 작용을 한다는 사실을 다 알면서도 우리는 땅과 사람들을 계속해서 착취하도록 몰아간다. 그런 스토리가 우리의 자연감각을 손상시킨다. 그래서 보통은 감각적인 고통 때문에 주위로부터 동의를 구하게 됨에도 그것을 느끼지 못해 행동을 바꾸지 못하는 것이다. 이런 현상이 다른 종들에서는 없다. 사람과 소유물에 대하여 파괴적으로 행동하면 우리사회는 이것을 전쟁이라고 부른다. 그런데 모순되게도 자연과 자연 중심적인 사람들에 대해 파괴적인 행동을 하면, 우리는 이것을 진보라고 부르는 것이다. 자연에 말걸기 연습을 사용하여 감각적으로 우리의 문제들을 없앨 수 있다고 인식하면, 열대 만들기 스토리는 그것을 비이성적이거나 과격하다고 말한다. 그러나 사실은 스토리를 무시하고 자연과 말걸기를 하여 경험이 스스로 말하도록 하는 것이 이성적인 것이다. 자연에 말걸기 과정의 통합성이 사람들의 감각을 되찾아 준다는 것이 입증되어 왔다.

자연에 말걸기를 연습하면 비판적인 사고가 녹색으로 변화되어 자연을 소중히 여기게 된다. 자기 자신과 타인들 그리고 땅과 함께 하는 자연접속은 우리에게 생태교육을 시켜 준다. 우리는 통합되고, 보다 책임감 있으며 더 좋은 기분을 느끼게 된다. 삶의 매순간 진실 속에서, 자기 자신과 다른 이들을 자연에 말걸기 연습에 참여시키면 우리는 스스로를 열어 자연과 만물로부터 배운다. 53가지 감각지성의 통찰 속에서 무질서와 의존, 남용은 위축되어 사라진다. 교육적으로 또 치유적으로 연습을 통해 우리는 자연의 사랑과 영성의 내밀한 조화를 얻는다. 확신, 자부심 그리고 신뢰할만한 관계들이 거기에서 자라난다. 오늘날 우리에게는 자연접속의 배움을 사회의 모든 부문에 활용할 훈련 받은 사람과 그들의 지혜가 필요하다. 거기에서 균형 잡힌 생활과 행복 그리고 스트레스 관리가 가능하다. 로라(Laura)가 그것을 예증한다. 그녀가 쓴 것을 보자.

> "자연에 말걸기가 우리를 새롭게 하고 원기를 회복시켜 스트레스와 우울증, 화를 감소시킨다. 이를 위해 연습에는 많은 재미있는 경험과 깊은 우정이 포함된다. 나는 다양한 수준의 방법과 재료들을 이용해 사람들이 이 코스를 하도록 과정을 편리하게 하기 시작했다. 나는 제 1형 당뇨병을 37년 동안 앓아 왔다. 나 스스로 당뇨를 조절하고 있는데 대해 자부심을 가지고 있지만, 때로 Alc 테스트를 7.0이하로 유

지하기 위해 힘들게 노력해 왔다. 지난여름 나는 유달리 스트레스를 받고 있었고 평소의 치료 처방을 중단했다. 그럼에도 이 코스에 3달 동안 참가하고 연습들을 매일 행하고 있었다. 분기별 정기 신체검사일이 다가 왔을 때 나는 웨스트 박사의 처방을 따르지 않아 건강이 악화된 것에 대해 비난을 받을까 걱정되었다. 그런데 놀랍게도, 내 테스트 점수는 6.1이하로 떨어져있었다. 자연에 말걸기 연습을 함으로써 스트레스와 분노의 레벨이 현저하게 감소되었다는 것을 나는 확신한다. 더 행복해졌고 더 많은 즐거움과 평화를 느꼈으며, 모든 당뇨검사 결과들에 이런 태도의 변화가 반영되었던 것이다."

세계 6억의 인구가 자연에서 그들의 공동체와 더불어 매일 로라가 했던 것과 비슷한 자연에 말걸기 체험을 한다면 우리의 세계가 어떤 모습이 될까? 그런 생각이 자연에 말걸기 요소의 핵심이다. 그리고 그것은 문화적 차이나 인종에 상관없이 지구 생명공동체의 모든 구성원들에 의해 공유되고 있다. 이때 나오는 감각이 생명에 대한 사랑이고 로라와 우리자신의 에센스이다.

연습12 | 자연스런 끌림들

과거나 현재의 어떤 문제를 떠올려 느끼도록 해본다. 이제, 끌리는 자연으로 나간다. 함께 해도 좋은지 자연에게 허락을 구하고 이 연습을 통해 당신을 도와달라고 동의를 얻으라.

이러한 요청 후에도 그 장소가 여전히 끌리면, 이 장소를 비언어적으로, 그 다음에는 '접속' 이란 말을 통해서 마음에 기록하는 연습을 반복한다. 어느 순간 몇몇 자연이 다른 것들 보다 자신에게 더 끌린다는 것을 알게 될 것이다. 이것은 의미 깊고 중요하다. 각각의 감각적인 끌림에 이름표를 붙임으로써 신피질이 이것을 알아채도록 하라. 이렇게 하여 생각과 느낌들이 만들어진다는 것에 주목하라. 종종 무의식 차원에서 선택되어 온 즉각적인 끌림의 감각을 통해 당신은 이렇게 허락을 얻게 된다. 우리는 흔히 필요로 하는 것에 끌린다. 예를 들면 갈증을 느낄 때 물에 끌린다.

앞 장에서 기술한 것처럼, 참가자들이 자연감각적 끌림들을 묘사하는데 사용해온 용어에는 다음과 같은 것들이 있다 : '사랑' '느낌' '영혼' '흥분' '직감' '연결' '부름' '반응' '공명' '친밀감' '고차의 힘' '축복' '애정' '자연의 지혜' '즐거움' '분위기' '신(神)' '감각적 사실' '이름없음' '도(道)' '무명지인애' 등등. 우리의 과거 교육과 경험들에 따라, 이런 감각적 접속 용어들 한두 가지가 우리의 초록의 녹색 경험들을 확인하는데 도움을 줄 수 있다. 자연은 이름을 붙이지 않고도 경험을 알고 있기 때문에, 이름없음은 또 하나의 적절한 이름인 것처럼 여겨지기도 한다. 이름없음, 지성, 끌림, 사랑의 머리글자인 무명지인애는 연습을 통해서 한번 이해하고 경험하면 그 효력을 잘 발휘한다. 이것은 당장에 경험할 수 있는 구성요소로 이루어져 있다. 우리 사회에서는 끌림, 친밀감 또는 애착이란 단어 또한 효과를 발휘해 왔다.

이런 단어들은 육체적 정신적으로 둘 다에서 밀착되고 결합되는 경험을 묘사한다. 대부분의 공동체와 학문분야 그리고 문화에서 이들은 받아들여지며, 논쟁을 불러일으키지 않고 안전하게 경계들을 넘나든다. 다음은 일부 참가자들의 반응이다 :

"내가 어떤 사물을 '끌림'이라 불렀을 때 , 그건 마치 구름위에 탄 것 같았습니다."

"색깔 챠트에서 받았던 것과 똑같은 초록의 녹색 느낌(편안한 느낌; 역주)을 무명지인애로부터 받았어요."

“보이지 않는 연결이 나와 속이 빈 통나무 사이에 있었습니다. 마치 두개의 자석을 서로 가까이 가져갔을 때 그 사이에 존재하는 힘을 감지할 수 있는 것과 마찬가지로, 나는 그것을 감지할 수 있었습니다.”

“자연적인 끌림을 자각하기 시작한 것이 나 자신과 자연 사이의 연결을 느낄 수 있는 하나의 강력한 수단이었습니다.”

“잎사귀의 색에 끌리는 것을 느꼈지만 냄새가 좋지 않았어요. 그래서 그 순간 또 다른 끌림을 찾았지요. 나는 잎을 어루만지는데 끌렸고 기분이 좋았어요. 그건 이루 형용할 수 없는 경계를 무화시키는, 아주 미세한 느낌이었죠.”

이 장과 연습에서 배운 것 중 세 가지 가장 중요한 것들을 써 보라.
이 연습을 행함으로써 생긴 초록의 녹색 상태를 써 보라.
녹/녹을 느끼는 능력이 사라진다면 어떤 느낌이 들겠는가?
이 연습이 당신의 자기가치 감각에 어떤 영향을 끼쳤는가?

13장

자연의 부정 심리학

자연은 우리가 감각할 수 있는 긍정과 끌림을 통해 번영 한다 ; 우리가 그것을 감각하지 못할 때 부정성이 나타난다.

자연의 다중감각적인 끌림에 의한 회복력이 지구와 그 안의 생명체들을 지속시킨다. 무명지인애가 그에 대한 도전에 대처해온 방법은 그것들을 끌리는 관계로 변형시키는 것이다. 아무것도 반발하거나 거부당하지 않는다. 따라서 자연은 어떤 쓰레기도 만들지 않는다. 자연적인 끌림과 그것의 통합적인 지성이 균형 속에서 성장하는 것을 가능하게 한다. 자연적 끌림의 근원은 분명 매우 강할 것이다.

자연이 '응집된 끌림의 관계 시스템' 인 무명지인애로 이루어져 있다는 것은 우리 내외부의 설득자들을 화나게 할 것이다. 그들은 자연계를 부정적인 스토리들로 세분한다. 자연에 공포스럽고 불편하며 부정적인 것들이 많이 존재한다고 말하는 것이다. 굶주림이나 분노, 추위, 모기들, 해로운 담쟁이 덩굴, 공격적임, 더러운 것, 악천후, 중력(추락), 뱀, 고통, 배설물, 죽음 등등에 대해 경고하면서 말이다. 이것이 우리가 흔히 자연을 피하는 이유이다. 설득자들은 우리 내면의 자연에 대해서도 똑같은 스토리로 말한다. 그래서 우리는 흔히 스스로를 싫어하게 된다. 때로는, 우리의 스토리가 이런 자연 단절적 사고를 극한까지 몰고 가기도 한다. 그래서 자연을 악마처럼 그린다. 예를 들면, 우리가 소중히 여기는 많은 스토리들이 사탄을 자연의 상징으로 나타낸다 : 꼬리, 뿔, 비늘, 털, 발톱, 갈라진 발굽, 엉

덩이, 송곳니들.

우리가 자연에서 느끼는 반감으로부터 혼란스러운 모순(역설)이 생겨난다. 만약 자연이 무명지인애의 끌림 관계로 이루어져 있다면, 자연속의 반감을 주는 것과 부정적인 것, 불편한 것들에도 끌림이 있어야만 한다. 자연과 단절된 정신에게 있어서 자연 부정적인 감각과 느낌들은 사실 설득자에게는 오염된 스토리이기 때문에 모순이 존재하는 것이다. 쓰레기가 없으려면 자연은 어떤 것도 거부하지 않고 만물이 서로에게 끌리는 경험이어야만 한다. '사악한' 약탈자를 제거해도 생태계가 개선되지 않고 더 악화되는 것은 어떻게 설명해야 될까?

자연에 대한 부정적인 스토리들은 우리를 설득해서 자연과 단절되도록 한다. 자연과 단절되면, 우리는 우리가 지어낸 스토리와 소수의 불완전한 감각들만으로 사고하게 된다. 우리의 생각이 창조한 스토리들은 자연과 접속되어 있을 때와는 근본적으로 다르다. 자연과 접속되어 있을 때, 우리는 다중적인 끌림의 집합 지성을 통하여 매순간 사고한다. 그러나 자연과 단절되어 있을 때, 스토리들은 대개 이치에 맞지 않는다.

매순간의 느낌으로 보면, 우리의 타고난 자연적 끌림들은 안정감과 기분좋음, 신뢰성있는 충족감을 일으킨다. 그런데 설득자의 자연 부정은 불편한 느낌과 불안정한 욕구들을 만든다. 이런 불행한 느낌들이 우리를 자극해 자연적 끌림의 관계 방식에 다시 연결되도록 한다. 이러한 이치를 인식하는 것이 중요한 이유는 자연이 어떻게 작용하는가에 대한 우리의 스토리가 우리의 운명을 결정하기 때문이다. 그것이 우리의 사고와 관계들을 조직하고 가치있게 한다. 그것이 우리가 느끼는 방식을 창조한다. 단절된 설득자가 아니라, 자연적 지성이 우리의 스토리를 이끌고 가야만 한다. 그래야 우리가 지속가능하고 즐거운 관계를 형성할 수 있는 것이다.

자연에 말걸기 연습을 통해 우리는 자연에서 느끼는 불편함도 역시 자연감각의 하나이고, 실제적인 자연적 끌림의 하나라는 것을 배우게 해준다. 불편한 느낌은 자연이 우리를 지원하고 있다는 신호이다. 예를 들어 호흡을 멈추거나 공기와 차단되면, 불편한 질식감을 느끼게 되는데, 이것은 사실 공기와 재접촉하라는 신호를 줌으로써 우리의 생명유지를 도우려는 자연의 시도이다. 질식은 "지금 이 순간의 감각적 끌림과 접속하여, 그대로 행하라!"고 말하는 것이다. 우리가 공기에 대한 자연적 끌림을 따라서 호흡을 다시 시작하면, 기분좋은 느낌을 되찾게 된다.

자연이 우리를 불편하게 만드는 이유는 전체 생명의 일부인 우리 삶을 위협하는 것에 주의를 기울이게 하기 위해서이다. 불편함이란, 우리가 현재 균형에서 벗어나있고 약간의 다른 자연적 끌림이 필요하며, 그것이 우리를 자연에 재연결시켜 만족감을 주게 될 것이라는 신호이다. 육체적, 정신적인 고통의 감각들은 이렇게 생명에 필수적인 동기를 유발시키는 역할을 한다.

자연을 부정적으로 인식하게 만듦으로써, 설득자들은 우리가 자연적인 불쾌감들의 긍정적인 영향을 보지 못하도록 막아왔다. 예를 들면,

> 코스에 참석한 사람들 중 하나인 짐은 화요일에 공원에서 자연에 말걸기 연습을 할 계획이었다. 그는 내게 "밖에 나가거나 공원을 방문하기에는 날씨가 너무 춥거나 비가 오면 어떻게 하죠? 아프면 어떻게 하죠?"라고 물었고 나는 "그러한 상황이 당신에게 끌릴까요?"라고 대답했다.
>
> "아니요. 특히 오랜 기간은 아닐 거예요." "자연에서는, 뜨거운 화로의 경우처럼, 부정적인 것들에 당신이 끌리도록 내버려두면 다치게 될 위험이 있습니다."라고 내가 답했다. "그런 위험을 줄일 수 있는 방법은 기분좋게 끌리는 장소나 상황을 선택하는 것입니다. 그것에 지속적인 끌림을 느끼는 한 말이죠."
>
> "그렇다면 매사에 근심하는 겁쟁이가 되는 것이 가치가 있을까요?"라고 짐이 말했다. "겁쟁이가 된다는 것은 또 다른 내면의 설득자의 스토리에 불과합니다." 내가 답했다. "당신의 스케줄이나 다른

압력이 당신을 공원으로 가도록 설득하더라도, 날씨가 불쾌하다면 그것이 적신호로 작용해서 당신을 멈추게 할 것입니다. 그다음 당신은 온도, 이성, 장소, 양육, 자부심과 같은 다른 자연감각들로부터 청신호를 느낍니다. 이런 감각들이 당신으로 하여금 이성적이 되게 하고 실내공간과 보다 가까운 곳에서 연습을 하도록 이끌어갈 것입니다. 거기에서는 날씨 때문에 불편함이 느껴지면 근처에 있는 안전한 곳으로 피할 수 있으니까요. 이것은 당신이 이성적으로 살아왔다는 것을 의미하며, 이런 사실이 당신의 이성감각을 만족시켜서 좋은 느낌을 선사할 겁니다. 만약 비 오는 날씨에 여전히 다소 끌린다면, 당신은 바깥에 머물 안전한 방법들을 발견할 수도 있습니다. 따뜻하게 입고 레인코트를 입으세요. 그렇게 비 오는 날에 대한 끌림을 충족시키면, 안 좋은 날씨에 대한 당신의 스토리가 변화될 것입니다. 비가 자연의 재난이라기보다는 즐거움, 신나는 도전, 매력적인 대상이 될 것입니다. 그때부터는 비 내리는 공원으로 가는 것이 기분좋게 느껴질 수도 있겠지요."

자연에 말걸기를 통해 우리 경험의 가치를 발견함에 따라, 새로운 스토리와 이미지들이 의식의 스크린 위에 나타난다. 우리의 의식감각은 마치 자연이 스스로를 인지하는 것과 마찬가지로, 자연을 수많은 끌림들로서 인지하기 시작한다. 이것이 신피질로 하여금 자연을 기계적인 인과 관계 또는 유해하거나 혐오감을 주고 위험스러운 것이 아닌 사랑스러운 감각적 끌림의 용어들로 묘사하게 한다. 이것은 사고에 있어서 주요한 도약의 하나이다. 자연을 정복하려고 하기보다는 즐겁게 공존하는 것을 배우게 해준다. 이것은 열대 만들기 사회가 만든 자연단절적인 사고에 계속 빠져있기 보다는 지구와의 끌림에 의해 접속함으로써 맺어진 관계를 신뢰할 수 있게 한다.

모든 자연적인 끌림은 사랑의 한 형태이다. 사랑을 발명한 것은 사람이 아니다. 사람이 사랑을 향유하는 유일한 생물종이나 존재도 아니다. 우리의 신피질은 구피질의 자연감각적인 끌림을 가치있게 여김으로써 사람과 자연 속의 사랑을 이성적으로 찾을 수 있다. 이런 접속이 자연스런 사랑의 한 형태이다. 이때 우리는 사랑을 찾을 때 자연감각의 도움을 얻을 수 있다. 이것이 우리가 자연을 정복하거나 개선해야 할 적으로 인식하지 않도록 해준다. 대신 우리는 어머니인 자연이 지구의 삶을 가장 잘 알고 있는, 우리를 사랑해주고 양육해주는 부모라는 것을 인식하도록 배우게 된다. 왜냐하면 자연은 그런 협력적인 경험의 장이기 때문이다. 그런 경험이 최고의 스승이다.

어머니는 자식을 보호하고 이끌어주기 위해 극단까지 간다. 어머니인 자연도 그렇게 하는데 그 방법은, 우리가 그들의 신호를 알아듣지 못할 때 우리로 하여금 자연적인 끌림에서 나오는 지성을 발견하고 참여하도록 동기부여를 시켜주는 특별한 감각들을 만들어내는 것이다. 고통이라는 자연감각이 이런 중요한 역할을 한다. 감각 25-27(고통, 고민, 두려움 등)을 자연분리적 관점에서 본다면, 그것들은 자연의 부정적, 유해한 면이거나 우리가 행해온 실수들에 대한 처벌로 보여 질 것이다. 그러나 자연의 관점에서 보면 그것은 현명하고 우호적인 공헌자들이다. 그것들은 자연의 흐름을 교통신호등처럼 안전하게 조절해준다. 자연은 광대한 경험의 장으로서 우리가 미시적이 아니라 거시적으로 생각하도록 가르쳐 준다. 다중감각적인 거시세계에서 고통은 하나의 필요한 축복이다. 그러나 감각이 제한된 미시세계에서는 고통이 저항할 수 없는 것이고 부정적인 것으로 보일 수 있다.

우리가 자연과 완전하게 접속하고 있을 때 우리의 스토리는 즉각적인 많은 감각들의 지원을 받는다. 이들은 균형이 잡혀있다. 이것을 한번 알아차리게 되면, 불편을 주는 '적색등' 의 경험을 마주할 때 더 편안하게 느낄 것이다. 예를 들면, 벌침은 우리에게 벌들이 요구하는 공간과 안전에 대해 일깨워 준다. 그 다음번에 벌을 보면 벌에게 그와 함께 해도 좋은지 허락을 구하라. 동의를 얻고 벌을 위한 방을 만든다. 그러면 우리는 그것의 존재를 즐길 뿐만 아니라 우리에게 우리의 삶과 벌들의 생명을 즐겁게 유지하려는 마음이 있음을 알고 즐긴다. 한 참가자의 말을 들어보자.

"나는 벌침에 심한 알러지를 가지고 있고 그것 때문에 거의 죽을 뻔한 적이 있기 때문에 벌을 아주 무서워합니다. 그러나 꽃의 향기와 색 그리고 모양에 자연스레 끌려서 수 분 동안 동의를 얻고, 벌을 보고 듣는데 넋을 빼앗겼었습니다. 벌이 내 코에서 2피트도 안 떨어진 곳에 있는데도 어떤 두려움도 느끼지 못했습니다. 끌림과 존중, 공간과 조화가 있었고 나는 벌을 두렵게 하지 않았습니다. 그것은 나에게 굉장한 발견이었습니다."

요약 : 자연과 접속된 상태에서 고통감각은 처벌이 아니다. 이 신호는 지금 이 순간 끌림 관계에 있지 않으며, 다른 선택을 하도록 주의를 집중해야할 필요를 알려준다. 이것이 강하게 동기부여 하여 오/녹에서 녹/녹으로 옮겨갈 것을 의식적으로 결정하도록 돕는 것이다. 이는 우리가 언제나 사용 가능한 자연적인 충촉감 속에서 살도록 보다 감각적이 되게 해준다.

자연의 다른 모든 것들과 마찬가지로 고통에도 이름이 없다. 자연 중심의 심리학에서, 고통을 신피질의 의식으로 인지하기 위해 우리는 고통이 행하는 다양한 끌림의 역할들에 다음과 같은 이름들을 부여했다.

육체적인 고통

몸에 난 상처를 더 이상 악화시키지 않는 행동에 끌리도록 하기 위하여 고통의 불편함이 우리 몸에 나타날 때 우리는 그것을 육체적 고통이라고 부른다.

약해진 자연감각들을 회복시키고 재접속하기 위해 고통의 불편함이 나타날 때 우리는 그것을 피로라고 부른다.

정신적 / 정서적 고통

자연의 지원으로부터 단절될 것이라는 스토리를 상쇄시키고 자연과 재접속하며 변화시키기 위해 고통의 불편함이 나타날 때, 우리는 그것을 두려움이나 걱정이라고 부른다.

우리를 자연과 재접속시키고 원기를 회복시키기 위해 고통의 불편함이 나타날 때 :

— 스토리가 우리의 자연스런 이성적 사고에 상처를 주면, 우리는 그것을 정신적인 고뇌라고 부른다. 수치심은 정신적인 고뇌의 한 형태이다.

— 하나 또는 그 이상의 끌림이 거부되면, 우리는 그것을 노여움이라고 부른다.

— 끌림의 일부가 실재 단절되어 있으면, 우리는 그것을 슬픔이나 비탄이라고 부른다.

이런 고통들의 근원은 사람과 자연의 타고난 지성적인 끌림으로부터 단절된 데 있다. 고통에서 풀려날 수 있는 방법은 우리를 자연 및 다른 이들의 내부자연과 재접속시키는 연습을 하는 것이다. 자연과 재접속하는 순간 우리의 스토리는 사라진다. 자연은 스토리가 아니라 감각적인 끌림을 통해서 운영되고 있기 때문이다.

만족감은 서로를 지원하는 관계로 접속되어 있을 때 생긴다. 자연과 단절된 스토리나 인공물, 사람을 따를 때는 불만족을 피할 수 없다. 그 결과 우리의 감각적인 지원과 흐름에 공백이 생긴다.

우리의 인식에 영향을 끼치는 부정적인 스토리들

색깔 챠트나 '독극물' 또는 '바퀴벌레' 라고 이름 붙은 음식접시에 대해 생각해 보자. 이런 체험에 의하면 구피질의 자연스런 끌림의 감각들이 우리가 만들어낸 이야기 또는 스토리에 의해 변한다는 것을 증명한다. 우리가 스토리에 너무 중독 되어 있기 때문에 스토리가 색깔 있는 선글라스처럼 작용한다. 일단 그것을 착용하면 곧 익숙해져서 그것들이 얼마나 기괴하게 세상을 윤색하는지 모르게 된다. 자연의 다중감각적인 실재와 접촉이 없을 때 우리는 자신이 보거나 감각하는 실재가 걸러지고 변화되는 안경을 쓰고 있다는 것을 잊는다. 많은 지성적 감각들과의 접촉이 제한되면서 우리의 대처능력이 제한된다.

훌륭한 이성은 정확한 정보를 필요로 한다. 사춘기에 도달할 무렵, 신피질은 열대 만들기라는 자연분리적 스토리라는 색안경을 통해 세상을 본다. 자연 부정적인 스토리가 우리에게 타락한 정보를 줌으로서 우리의 이성을 오염시킨다. 이것이 우리의 단절로 인한 문제들과 학대의 원인이다. 자연에 말걸기 연습은 이런 파괴적인 스토리들을 역전시킨다. 연습을 통해 왜곡된 안경이 잠깐 동안 안전하게 제거되어 우리를 무명지인애와 자연의 순수 감각적 끌림에 재접속시킨다. 자연에서의 고통은 "지금 또 다른 감각적인 끌림 신호에 주의를 기울일 필요가 있다."라는 의미임을 발견한다. 자연에서 고통은 우리를 지원하려고 노력하는 자연의 사랑인 것이다.

자연에서 느끼는 불편함이 그 순간 간과하고 있던 끌림으로 우리를 이끌어주는 긍정적인 신호라는 것을 알아차리게 되면, 의식의 스크린위에 다른 이미지가 자리 잡게 된다. 이것은 우리에게 실내 생활의 조건화와는 다르게 생각하고 말하도록 요구한다. 말만이 아니라 자연스런 감각적 끌림을 통해 사고하기 위해서는 이성감각이 필요하다.

이런 새로운 이미지는 신피질이 자연을 두려움을 주는 부정적인 것이나 위험한 힘으로 매도하도록 내버려 두지 않는다. 이성적으로 되기 위해서 신피질은 자연을 매력적인 것으로 보아야만 한다. 이것은 자연이 모든 것을 하나로 묶는 끌림의 관계들로 이루어져 있다는 것을 존중하게 해준다. 나아가서, 신피질은 아름답고 지성적인 문맹으로서의 자연, 즉 스토리를 만들거나 이해하지 못하기 때문에 설득자의 스토리를 따라 행동하기가 불가능한 비언어적인 앎의 방식으로서의 자연을 존중하도록 배운다.

부정적인 것과 관련하여 내가 최근에 경험한 자연감각적인 사고방식에 대한 두 가지 사례를 당신과 나누고자 한다 :

> 맑지만 춥고 바람 많던 날, 한 워크샵에서 우리 그룹은 실내에서 만나기로 했다. 그런데 내가 주변경관을 둘러보면서 "저기 위에 있는 바위들로 올라가면 밖에 있어도 따뜻하고 편안할 겁니다."라고 말했다. 우리는 바위 위로 올라갔고 그곳은 내가 말한 대로였다. 내가 그럴 것이라고 감지했던 것은 태양을 향해 있는 바위들의 방향(감각#30; 물리적 공간 감각)과, 운동감각(감각#18) 때문이었다. 나무들이 바위 때문에 바람 속에서도 움직이지 않았던 것이다. 나의 이성이 우리를 그런 안전한 장소로 이동할 수 있게 했던 것이다.

최근에 과학 뉴스(Science News) 잡지를 보면서 표지 사진에 불편함을 느꼈다. 별이 총총한 밤하늘에 혜성이 있는 사진이었다. 무엇이 나를 불편하게 만들었는지 조사했고, 곧 사진에서 태양이 페이지의 잘못된 면에 위치하고 있다는 것을 알게 되었다(감각#30). 사진 속 선인장의 그림자가 태양 반대쪽이 아닌 태양쪽으로 기울어져 있었던 것이다. 시각적으로 보다 매력적으로 만들기 위해(감각#1, 45; 시각, 미적 감각) 태양과 일몰이 밤에 찍은 사진위에 분명히 틀리게 덧칠해져 있었고, 태양이 빛나고 있는데 별들도 있었다. 이것이 대중에게 '과학' 이라고 묘사되고 있는 것이다. 대중의 둔해진 감각은 사진의 부정확함을 아마 알아차리지 못했을 것이다.

이 두 가지 사건 모두에서 나의 이성이 자연스럽게 불편한 감각을 만들어냈다. 자연의 진실을 향유하기 위해서는 스토리들 저 너머까지 보아야만 한다. 살아있는 자연감각들이 주는 정보가 전혀 없으면, 우리의 신피질은 뿌리 없이 분리되어 고립된 자신만의 현실 속에서 살게 된다.

자연스런 다중감각을 통해 자연과 재접속되면, 부정적인 스토리를 통해 자연에 대해 듣는 것과 자연에게서 직접 듣는 것 사이의 차이점을 발견하게 된다. 우리의 삶에 대해 감각적인 동의를 얻음으로써 자연의 사랑을 즐길 수 있음을 발견하게 된다. 자연에 대한 즉각적인 끌림을 통해 관계를 맺으면 이런 것이 가능하다. 이런 녹/녹 방식의 삶은 자연과 사람에 대한 부정적인 스토리를 역전시키며, 그것은 우리의 내적자연에 대해서도 마찬가지이다. 그렇게 하지 않았으면 사람과 장소와 갈등관계에 있을 수도 있는 매순간 이것은 우리가 하나가 되도록 도와준다.

요약 : 자연은 끌림이라는 실로 짜여진 섬세한 거미줄과 비슷하다. 자연의 감각적인 지혜로 연결된 끌림의 거미줄 하나하나는 우리가 자연으로부터 단절되는 것에 매우 민감하다. 우리가 어떤 식으로든 자연과 단절되면, 각각의 자연감각이 자동으로 적절한 다른 끌림 감각들을 불러내어 우리가 자연에 재접속하도록 한다. 그런데 우리가 이런 끌림의 줄을 끊으면, 자연의 요청에 무감각해지게 되고 그것들에 반응하지 않게 된다. 그러면 이제 자연은 현명하게도 고통이라는 자연감각을 점차 강하게 함으로써 오/녹의 느낌을 강렬하게 한다. 고통과 정신적인 괴로움이 "살아남으려면, 지금 이 순간 당신을 부르는 자연스런 끌림을 찾아서 따르라. 다시 연결되어 안정성을 얻고 충족감을 얻어라."라는 신호를 강화한다. 예를 들면 목마름에 수반되는 고통은 우리의 주의를 물로 이끈다. 물에 더 끌리게 되고 에너지를 물을 찾는데 쏟게 된다. 물을 마심으로써 대지와 물의 흐름에 재접속한다. 그때 우리는 다시 즐거워진다. 또 다른 예로, 천둥소리가 유발하는 고통은 우리를 불편하게 함으로써 안전한 장소로 끌리게 하고 그를

위해 장소와 보살핌, 소리 그리고 온도에 대한 감각들이 힘을 발휘하도록 한다. 그러면 우리는 폭풍우도 안전하게 즐길 수 있게 된다.

우리는 자연과 단절된 스토리로부터 벗어나고 자연스런 끌림의 감각을 깨어나게 할 연습을 선택할 수 있다. 그렇게 할 때 자연은 초조함과 짜증의 원인이 아님을 발견할 것이다. 자연으로부터 단절된 스토리와 충족되지 못한 자연감각들에 의한 설득이 상황을 악화시키는 원인이다. 자연에게 우리의 자연감각들을 충족시켜주도록 요청하면, 자연의 동의와 후원을 얻어 자연과 맞서지 않는 삶을 즐기게 된다.

자연에 어떤 부정적인 요소도 없다는 것을 인식하면, 우리가 자연과 우리 내면의 아이에게 잘못 부여한 단점과 결핍이 있다는 오/녹 스토리들을 제거하는데 도움이 된다. 우리 내면의 아이는 다중감각적인 사랑이 자연감각들의 다양성을 충족시킬 수 있다는 것을 안다. 기억하자! 여기에는 이성과 언어감각이 포함된다. 우리 내면의 아이를 부인하는 스토리만 없다면, 우리는 그 아이를 고통스럽게 정복해야할 필요가 없다.

외부자연이나 우리의 내부자연은 어느 것도 나쁘거나 틀리지 않다. 다만 우리 내부나 외부의 설득자들이 강요하는 자연과 분리된 스토리가 '틀린 것' 이다. 그런 스토리는 우리가 실내 문명에서 살아가는 데는 부분적으로 '옳을' 수도 있지만, 지속적인 행복과 균형 잡힌 삶을 위한 지혜는 없다. 예로써, 연구보고에 의하면 미국인들 중 75% 이상이 자신의 생활방식에 만족하지 못한다고 한다. 극도로 부유하거나 가난해져도, 우리 대부분은 지금 가진 것보다 15-20% 더 많은 돈이 필요한 것처럼 느낀다. 극소수의 사람만이 현재나 미래의 경제 상황이나 안전 또는 환경의 건전성에 만족을 느낀다. 자연 중심적인 사고는 우리가 필요로 하는 만족과 지혜를 자연이 제공할 수 있다고 제안한다. 현명하고 적절한 스토리는 우리에게 자연과 재접속해서 즐기고 그것을 통해 성장하라고 말해준다. 우리가 이런 스토리들에 주의를 기울일 때, 스트레스는 사라지고 관계가 개선될 것이다.

자연에서, 우리가 어떤 한 가지 감각으로부터 불편함을 느낄 때면 많은 다른 감각들도 작용하기 시작한다. 예를 들어 성(性)이나 음식에 불편할 만큼 강한 욕구를 느끼면 공동체, 동정심, 양육, 공간, 의식, 이성, 자아, 미적 감각 등, 다른 많은 감각들에서 오는 충족감이나 스토리가 성이나 음식으로 부터 오는 에너지를 약화시켜준다. 이런 자연적인 윤리가 어떤 한 끌림이 파괴적으로 되는 것을 방지한다. 자연에 대한 부정적인 스토리는 우리에게서 이런 조화롭고 균형 잡힌 자연감각들을 경험할 기회를 차단한다. 감각적 경험이 격려받지 못하고 손상되거나 설득되면 무절제가 만연하게 되고 변화를 위한 다른 자연감각들로부터의 도움을 얻지 못하게 된다. 이것이 자연의 지혜가 "한 가지만이 아닌 끌리는 모든 자연감각을 탐구하고 신뢰하며 주의를 기울이라. 그러면 감각들이 협력하여 온전함과 조화 그리고 지원을 위한 다양한 자원들을 만들어 낼 것이다."라고 말하는 이유이다. 이런 감각들의 작용이 없으면, 우리는 실내 세계의 법칙들과 상호의존성, 설득자들을 훨씬 더 많이 필요로 하는 것처럼 느끼게 된다. 이런 느낌은 자연이 부정적인 요소들을 포함하고 있다는 습관적인 믿음으로부터 온다. 불편한 관계에 대한 비난을 자연에 퍼붓는 것이다. 자연이 아니라 자연과 단절된 우리의 설득자들이 죄인이다. 우리의 오랜 스토리를 변화시킬 수 있는 새롭고 신뢰할 만한 정보를 얻기 위해 자연에 말걸기 체험을 즐길 필요가 있다.

자연 세계는 끌림에 의한 연결로 이루어져 있으며 부정적인 요소를 다루는데 전혀 경험이 없다. 이것이 부정적인 인간의 스토리와 행동을 줄이는 것이 그렇게 어려운 이유이다. 부정적인 사물이나 사람 하나가 수백의 긍정적인 것에 나쁜 영향을 미칠 수 있는 반면 그 반대는 드문 것이 사실이다. 우리의 부정적인 측면과 악습이 없기에 자연에서는 그것들이 사라져 버린다.

사람들은 자연에 부정적인 요소가 존재한다고 종종 주장한다. 그들은 이것을 '같은' 극들이 서로를 밀어내는 자석의 예로서 입증하려 한다. 밀어내기는 부정적인 것이고, 거절이고 밀어제침이며 자연에서 발견되는 것이라고 그들은 주장한다. 그들의 스토리에서 빠져 있는 부분은 그 스토리가 자석의 자연적인 관계를 교묘히 조작했다는 측면이다. 그들의 스토리는 자석의 같은 극이 서로를 밀어낸다는 것을 보여주기 위해 함께 모인다고 말한다. 이 스토리는 자석의 특성과 자연적인 상태를 밝히기 위해 자석을 자연적인 존재 상태로부터 벗어나게 하고 있다는 맹점이 있다. 이것이 잘못된 결론을 이끌어 내는 것이다. 과학의 너무나 많은 부분이 이런 왜곡되고 자연과 단절된 게임을 벌이면서 우리를 자연의 지성으로부터 더 멀어지도록 한다.

자연 상태의 자성 물질들은 모든 자연과 마찬가지로 서로 끌림의 관계로 존재한다. 만약 우연히 같은 극이 서로 만난다면, 우리가 '부정적인 밀어내기' 라고 이름붙인 그것은 실제로는 자석들을 재배열하기 위한 힘으로서 자연적 끌림이 다시 한번 그들을 결합시키는 것이다. 이런 원리는 전세계의 생활 공동체들의 사례를 보아도 잘 알 수 있다. 자연의 지혜는 아름다운 자연적 끌림을 통해 조절되고 안정화 되고 성장한다. 이것을 인식하는 것의 중요성을 아래 사례에서 볼 수 있다 :

한 워크샵에서, 마기(Marge)는 약간의 놀람과 함께 연습을 끝내고 돌아왔다. 그녀는 검은 딸기 덤불에 끌리는 자신을 발견했었다고 말했다. 그녀는 거기에 다가갔고 그것들이 서로 얽히고 억압하고 싸우고 있는 것을 발견했다. 좋은 느낌은 아니었다. 그녀가 감각 강화 연습들 중 일부를 하자 느낌이 훨씬 더 나빠졌다. 연습은 자연적 끌림보다도 오히려 불편한 느낌을 강화시켰다. 검은 딸기가 그녀에게 상기시켜 준 것이 무엇인지를 묻자, 그건 마치 그녀와 아버지의 경쟁적인 관계와 같았다고 말했다. "그게 나를 아주 불편하게 만들었어요."

"그 덤불이 이런 불편함을 주는 것을 언제 알게 되었죠?" 그녀 친구 중의 한 명이 물었다. "내가 그것에 더 가까이 갔을 때 이런 화나게 하는 모든 것들이 상세히 보이기 시작했어요." "그것들이 더 이상 끌리지 않았다면, 왜 그것들에 계속해서 다가갔나요? 왜 다른 끌림을 찾아 떠나지 않았지요? 왜 별로 매력적이지 않은 그것에 끌렸던 건가요?" 그녀의 친구가 물었다. 마기는 그것에 대해 잠시 생각하고 나서 대답했다. "이제 알겠어요, 나는 검은 딸기 덤불이 끌린다는 스토리를 내면에 가지고 있었고, 가까이 다가가자 다르게 보였는데도 불구하고 그 스토리 속에 머물러 있었어요. 그건 아버지와의 상황과 꼭 같아요. 나의 스토리는 이래요. 나는 아버지를 방문하려고 해요. 아버지니까, 그래서 그렇게 해요. 그렇지만 아버지에게 도착할 무렵이면 느낌이 좋지 않고 그날은 망쳐버려요."

우리는 곧 다시 연습을 했고 마기는 아주 행복한 채 연습에서 돌아왔다. 그녀는 설명했다. "안 그러려고 노력했지만 다시 검은 딸기 덤불에 끌렸어요. 그건 우호적인 도전과 같은 것이었어요." 이번에는 그것들에 가까이 갈 때 그들이 여전히 매력적인지 그리고 그렇다면 그 이유는 무엇인지에 대해서 의문을 가졌어요. 갑자기 나는 끌리는 무엇을 보았어요. 검은 딸기들은 실제로는 서로 싸우거나 억압하고 있지 않았어요. 싸우는 것은 나의 스토리였어요. 그들은 서로 지원해주어 잎사귀들이 더 많은 햇빛을 받을 수 있고 더 많은 공간을 만들게 했어요. 서로 억압하는 게 아니라 껴안고 있었지요. 하나의 공동체였어요. 그들이 행복하고 보람있게 여겨졌고 새들과 곤충들이 그 공동체에 함께 했어요. 검은 딸기 가시들이 내게 말했죠. "너무 가까이 오지 말고 다른 끌림을 찾으세요. 우리의 즐거움을 방해하지 말아요." 그것이 내가 내 친구들과 이 그룹에 대해 어떻게 느끼는지를 상기시켜 주었어요. 내가 아버지와 어떻게 관계 짓기를 원하는지를 내게 보여주었어요. 나는 지금 아주 기분이 좋아요. 아마 아버지와 나는 자연스런 끌림을 서로에게서 찾아낼 수 있고 그것과 함께 하면서 다른 끌림들을 발견하고 어떤 일이 일어날지 볼 수 있을 거예요. 나는 검은 딸기에게 그렇게 존재해준 것에 대해 그리고 그런 식으로 나를 끌리도록 해준 것에 대해 굉장히 감사했어요. 그건 우연이 아니었어요. 내가 그들을 필요로 했던 거예요."

자연의 부정적인 요소들에 대한 다른 참가자들의 자연에 말걸기 반응들로는 다음과 같은 것들이 있다.

"나의 갈증이 실제로 말하고자 하는 것은 '물에 대한 끌림을 따르세요.' 또는 '물이 당신을 불러요.' 입니다. 질식감도 공기에 대해서 같은 일을 합니다."

"추위나 습한 날씨로부터 오는 불편함은 '더 따뜻하고 더 건조한 곳에 대한 당신의 끌림을 따르세요. 즐겁게 이런 요구들을 충족시켜 주세요.' 라는 신호입니다."

"거친 표면은 내가 그것을 존중하고 그것으로부터 스스로를 방호해야 한다는 것을 알려 줍니다. 그래서 장갑과 긴바지를 입었고, 그렇게 하자 내가 나만의 편안함을 만들어내는데 일익을 담당했다는 것을 아는 만족감을 얻었습니다."

"모기가 윙윙거리는 소리는 물리고 싶지 않으면 다른 곳으로 가든지 스스로를 보호해야한다는 것을 말해줍니다. 신호에 감사해요."

"자연을 이런 긍정적인 방식으로 안다는 것이 얼마나 놀라운지! 덕분에 자연환경을 우리의 편안함과 생존을 위해 끊임없이 정복해야만 하는 춥고 가혹하며 위험한 곳으로 폄하하거나 두려워하는 것을 멈추게 되었습니다."

“이 연습 덕분에 모든 식물과 동물들이 최소의 긴장과 최대한의 지원을 받는 곳에 산다는 것을 믿게 되었습니다. 그렇지 않으면, 그들은 다른 형태의 생명과 협력함으로써 이런 평형을 얻을 것입니다. 자연에 쓸모없는 것이 없다는 것은 놀랄 일이 아닙니다. 모든 것이 살아있고, 모든 것이 있어야 할 곳에 있으며, 모든 것이 매력적입니다.”

“부정적인 사람들이 그들에 대한 나의 자연스런 끌림을 어떻게 좌절시키는지 알겠습니다. 그들은 나를 밀어내야만합니다. 왜냐하면 내가 너무 가까워지면 그들의 끌림을 내가 해칠 것이라는 스토리를 가지고 있기 때문입니다. 과거에 다른 사람들과 함께 했을 때 일어났었던 것처럼요.”

“내적자연이든 외적 자연이든, 자연과 연결되는 방법은 자연적인 끌림을 통해서입니다.”

손상되고 무뎌진 자연감각들로 인한 영향 중의 하나는 우리가 지구 생명 공동체와 다중감각적인 지원 관계들을 잃어 왔다는 사실이다. 자연이 인도하는 방식에서 나온 긴장을 대하여 우리는 거의 물러서지 않는다. 대안 없이, 우리는 불편함을, 생존을 지원해주고 방향을 알려주는 신호로서보다는 위협으로서, 자연의 부정적인 요소로서 해석한다.

다중감각적인 끌림의 관계와 그것이 만드는 서로를 지지하는 공동체에 대한 우리의 소망을 존중함으로써 불편함의 원인이 다음과 같다는 것을 발견한다 :

고독은 사실상 신뢰할 수 있는 감각적인 관계를 맺고자 하는 끌림의 하나이다.

우울증은 더 강한 다중감각적 만족을 얻고자 하는 끌림의 하나이다.

자포자기는 상호 지원해주는 감각적인 공동체에 다시 연결되고자 하는 강한 끌림이다.

수치감은 상호 지원하는 신피질 스토리 속에서 살기 위한 끌림이다.

자연에 말걸기 연습에 참가하는 것은 우리의 자연감각들을 안전하게 소생시킴으로써 고독과 우울, 자포자기, 수치심을 줄여준다. 예를 들면,

> 리타는 조용하고 내성적인 사람인데 자연에 말걸기 코스에 참가했다. 그녀는 이 연습들의 상당부분을 마을 광장 중앙에 있는 큰 나무들로 이루어진 작은 숲에서 행했다. 연습을 통해 리타는 나무들과 연결되었다. 그녀는 나무에 대한 느낌과, 나무들이 주는 기분좋은 치유효과에 대한 강렬한 느낌들을 경험하고 확인했다. 그러나 마을 위원회는 그 나무숲을 쇼핑몰과 주차장으로 만들기로 결정한다. 나무들은 제거될 것이다. 평상시 행동주의자가 아님에도 불구하고 리타는 감정이 상하고 개발계획에 분개한다. 이런 느낌들은 그녀가 적극적으로 행동하도록 동기를 부여했다. 그녀는 참여자가 된다. 자신의 느낌들을 모든 방법을 다 동원해서 표현했다. 자신의 자연적인 끌림에 대해서 애기하고 쓰면서 다른 사람들에게도, 나무와 그것이 마을의 삶에 더해주는 아름다움을 보호할 것을 열심히 권했다. 그녀의 이야기와 자연에 대한 사랑이 많은 이웃들 안에 잠자고 있던 자연에 대한 사랑을 활성화 시켰다. 그녀는 더 개방적이 되고 표현이 풍부해진다. 그녀는 이런 사랑위에 만들어진 사람들과의 상호 지원하는 관계들에서 그녀 내부의 자연이 회복되는 것을 즐긴다. 결국, 그녀는 다른 사람들의 관심을 불러일으키고 그들은 나무들을 지키기 위해 결속한다. 숲이 보존되고 보호받는다. 리타가 자연에 말걸기 연습들을 할 때 도움을

준, 그 작은 숲은 리타뿐만 아니라 숲 자신의 행복에도 공헌했다.

자연스런 끌림의 감각들이 리타의 자극에 대한 민감성과 책임감을 유발하는 계기가 되었던 것이다.

다시 한번, 세계의 6억 인구가 자연과 그들의 공동체와 더불어 매일, 리타가 했던 것과 비슷한 자연에 말걸기 체험을 한다면 우리의 세계가 어떤 모습이 될까를 생각해 보자. 이런 생각이 자연에 말걸기 요소의 핵심이며 우리만의 생각은 아니다. 어떤 형태로든 이런 생각은 지구 생명공동체의 모든 구성원들에 의해 공유되고 있으며 문화적 차이나 성별 인종에 상관이 없다. 이런 생각으로부터 나온 감각이 생명에 대한 사랑이며, 자연과 단절시키는 스토리들과 그것들을 말하는 사람들에게 지배받지 않으려고 투쟁해 온 리타를 포함한 전 세계 모든 여성들의 핵심이다.

연습13 | 자연스런 끌림은 기분좋은 느낌을 준다

열대 만들기 때문에 형성된 습관과 그것이 만든 자연 부정적인 스토리들에서 생긴 파괴적인 단절을 자연의 지혜가 어떻게 회복시키는지 배우자. 끌리는 자연으로 간다. 함께 해도 좋은지 감사한 마음으로 자연의 허락을 구하고, 이 연습을 하는 당신을 돕겠다는 자연의 동의를 얻는다. 그 요청 후에도 그곳이 여전히 끌리면, 연습 10과 11, 12를 반복한다. 그 장소를 비언어적으로 인식하고 하나의 연결로, 끌림으로 인식하는 것이다. 이제 다음과 같은 추가사항이 더해진다 : 자연스런 끌림을 느낄 때마다 그것이 편안한 느낌(즐겁고, 훌륭하고, 기분좋고, 재미있고, 아름답고, 지지해주는 등등)을 준다는 것을 알아차리자. 이런 값진 감각을 선물로 받은데 대해 감사하자. 이렇게 몸으로 느끼는 경험과 감각자체에 가치를 부여하려면, 구피질적 경험과 감각을 "나는 자연스런 끌림들을 느끼는 걸 즐기는 사람이야!" 또는 "자연스런 끌림이 나를 기분좋게 만든다."와 같은 이성적인(신피질적 언어) 말들로 옮겨보면 된다. 이런 가치부여가 녹/녹이라는 것을 인식하자. 환경에 대해 신뢰할 만한 방법으로 신피질은 즐거운 자연감각과 느낌들에 대해 이성적, 언어적인 인식을 만들어 낸다. 이런 과정은 다른 사람들과의 관계에 있어서도 좋은 느낌을 증가시킨다.

아래는 몇몇 참가자들의 반응이다 :

"지금까지, 나의 좋은 느낌들이 자연의 자연에 의한 그리고 자연이 만든 발명이라는 것에 대해서 생각조차 해본 적이 없어요."

"자연에서는, 나의 느낌이 교통신호등과 같아서 멈추거나 가라고 얘기해 줍니다."

"자연에서 느끼는 이런 종류의 느낌들이 언제나 영적인 것이었다고 생각해 왔는데, 지금도 그런 것 같습니다."

"끌림들이 나를 그곳의 일부라고 느끼게 해준 것에 대해 감사해요, 나는 그곳과 하나였어요."

"경험을 말로 옮길 때, 나는 그것을 더 강하게 느꼈습니다."

"가치부여가 나의 천성의 자아에게 어떤 자부심을 주었어요."

"그때 나는 내가 스트레스를 받고 있었다는 것을 몰랐어요. 그런데 존재하고 있음에 대한 좋은 느낌들에 대해 감사하자 어떤 것으로부터 해방되는 것을 느꼈죠."

"내안에 있는 에너지의 흐름을 느꼈습니다. 그 흐름은 바로 등을 기어올라 머리로 갔습니다."

이 장과 연습에서 배운 것 중에서 세 가지 가장 중요한 것들을 써 보자.

부록에 있는 오/녹에서 녹/녹으로 가기위한 세 가지 녹/녹 문장을 써 보자. 이런 느낌을 만들고 즐길 수 있는 능력을 빼앗긴다면 어떤 느낌이 들까?

이 연습이 당신의 자기 가치감을 증가시켰는가?

14장

개성의 자연적 역사

사회가 우리를 실내 인간으로 만든 후에도 우리의 핵심은 내면에 살아남은 자연적인 감수성에 있다.

최근 암 환자와 상담을 하는 한 상담사가 자연에 말걸기 연습이 그 환자를 크게 회복시켰다고 말했다. 그런데 문제는 병원주위에 자연스런 장소가 없다는 점이라고 그가 말했다. 연습이 화분과 애완동물에만 한정된다는 것이다. 내가 그에게 병원 운동장 일부를 환자를 위한 자연에 말걸기 장소로 쓸 야생지로 만들어달라고 병원에 요청해보라고 하자 그의 눈이 반짝였다. 나는 또 그런 장소를 만드는 것에 동조해 줄 환자들의 명단을 작성해보라고도 제안했다. 그러자 그는 운영진과 몇몇 환자들이 그런 아이디어에 흥분할 것이라고 말했다.

우리는 의견교환을 통해 자연과 사람들의 개성, 복지가 함께 이루어지는 하나의 과정의 핵심을 파악했다. 자연과 사람들은 서로를 지원한다. 그 과정에 참여할 때 우리는 자신이 누구이며, 어떻게 관계 맺는지에 대해 전통 심리학 보다 더 완벽한 스토리를 발견할 수 있다. 이 과정은 근원을 향해 있으며, 자연으로 하여금 작업을 하게 한다. 여기에는 많은 자연단절적인 사고를 변화시키기 위해 자연의 건강함을 도입했다. 이론은 대부분 우리에게 필요한 자연 접촉을 대체하기 위한 스토리일 경우가 많다. 그 스토리들은 우리를 자연에 접속된 전일적인 인간이기보다는 자연과 단절된 설득자와 신피질적인 추상에 의존하게 만든다.

내면의 자연감각적 접속을 가치있게 여기지 않는다는 점에 우리 문명의 약점이 있다. 우리 내부에 있는 53가지 감각적 끌림이 우리를 작고 가족 같은 공동체에 살도록 했다는 것을 인식해야 한다. 사람과 자연에로 손짓하는 자연적 끌림을 찾고 주목하게 하는 공동체에 살도록 말이다. 그러한 구조를 통해 신피질은 구피질이 자연계의 지성적인 방식을 사려 깊게 감각하고, 내외적인 언어로 번역하도록 격려한다. 그러한 관계를 향해 우리가 취하는 한걸음 한걸음은 우리의 만연한 문제들을 줄여줄 것이다.

자연감각과 감각적 접속은 과학적 사실이다. 심리학에는 자연적 끌림을 포함하는 새로운 과학적 역사가 절실히 필요하다. 그 과학적 역사란 다음과 같을 것이다 :

— 감각적 자연의 발달 생태학이 될 것이며,

— 육체적, 정신적으로 우리가 자연의 상호 연결된 흐름의 연속체라는 것에 가치를 부여할 것이고,

— 우리와 자연 사이의 주된 차이는, 자연감각을 자연의 지혜가 아니라 실내적 스토리에 집착하도록 프로그램하는 신피질의 실내 스토리라는 것을 인식하는 것이며,

— 우리의 자연 단절적 스토리가 어떻게 자연의 중요한 부분을 우리에게 흐르지 못하도록 막는지 알려 주는 것이고,

— 자연접속 된 구피질의 감각적 앎의 방식을 가치있게 여기는 것이며,

— 구피질과 그것의 자연과의 감각적 통일성을 가치있게 하고 즐기는데 사용될 신피질의 잠재력을 확인하는 것이고,

— 우리에게 필수인 자연접속을 부정하는 스토리와 설득자의 역효과를 측정하는 것이며,

— 자연은 쓸모없는 것을 만들지 않고, 우리같이 치닫는 문제들도 만들지 않는다는 사실을 설명하고,

— 자연은 최적의 삶과 다양성, 아름다움을 만든다는 사실을 설명하는 것이다.

이러한 역사에서 떨어져 나오는 순간, 우리는 다시 개인적인 문제와 전체적인 문제들 속으로 떠밀려가게 될 것이다.

자연과학의 많은 부분에서 오늘날 자연이 어떻게 활동하고 있는지 관찰된다. 이 관찰을 통해 자연이 과거에는 어떻게 활동했는지 설명할 수 있다. 예를 들면, 화산이 현재의 지형을 형성하는 것을 보면 과거의 화산활동도 수백만 년 전 고대의 지형을 비슷한 방식으로 만들었으리라는 것을 추론할 수 있다. 그때의 지형은 오늘날의 몇몇 산과 다른 지리적 형태들로 남아있다. 그와 유사하게, 자연적 끌림과 감각, 느낌에 과학적 가치를 부여함으로써 우리는 지구역사에서 이러한 감각적 부분이 창조된 이래 우리 내부에 현존해왔다는 것을 인식하는 것이다. 지구상의 사람들과 그 개성은 이 세계의 살아있는 역사박물관이다. 우리 감각들의 목록은 연대기적으로 정렬될 수 있을 것이며, 그것은 생명의 역사를 보여줄 것이다. 우리는 그 역사를 담고 있고, 인격화하며, 지속해나간다.

다음의 가정과 같이 우리는 지각력있는 존재로 자연의 생명 속에 직조되어 있다 :

태초에 이름 없는 끌림의 에너지가 존재하였다. 인간은 그 응집력을 이름없음, 지성, 끌림, 사랑(무명지인애)의 형태로 경험한다. 우리의 한 부분은 그 원초적인 사건이 일어날 당시에 존재했으며, 지금까지도 현존해오고 있는데, 그것은 바로 우리 의식의 스크린이다. 의식은 끌림과 그 끌림을 충족시키는데 매혹된다.

모든 자연물은 어떤 수준의 의식과 무명지인애를 포함한다. 자연에 말걸기에서 우리는 언어를 통해 무명지인애를 자아에 대한 자각 또는 의식의 감각과 동일시함으로써 신피질이 무명지인애를 의식하게 할 수 있게 된다.

모든 존재는 더 강렬하고 다양한 무명지인애(無名知引愛)적 관계를 많이 즐길수록 그것이 자신으로 존재할 능력은 더 커진다. 만일 어떤 존재에게 감각이 있다면 그는 기분좋은 느낌을 즐길 수 있는 능력이 더 커진다. 당신과 나는 강력한 네트워크를 창조하는 여러 가지 구별되는 좋은 느낌을 즐길 수 있다.

3차원으로 확장해나가는 거미줄을 상상해보라. 사방으로 확장해가는 거미줄처럼, 자기위에서 다양하게 구축되며 성장하는 우주적 끌림의 관계 네트워크를 그려보라. 끌림으로 형성된 하나의 공동체가 다른 공동체와 관계 맺는 것이 매혹적이라는 것을 발견할 때마다 그 둘은 상호 동의에 의해 또 다른 끌림의 관계망을 창조한다. 그 과정에서 네트워크의 크기와 끌림의 힘은 증가한다. 각 그물코는 전체 그물망뿐만 아니라 그 관계의 구성원에게 더 커다란 안정성을 제공하는 관계를 창조한다. 파랑과 노랑이 섞이어 녹색이라는 새로운 색깔을 만들듯이 새로운 각각의 관계는 독특한 끌림의 혼합이다. 그것은 흥미로운 생명력의 충족을 제공한다. 그때 우리의 또 다른 부분인 놀이감각이 거기에 존재하게 된다. 우리는 자연에서 종종 재-창조(re-creation)를 의미하는 레크리에이션을 통해 관계 맺는다.

사람들은 끌림이라는 그물망의 일부분이다. 우리는 그것을 의식의 스크린에서 상연되는 53가지 자연감각으로 경험한다. 이러한 감각이 무시될 때 거기에서 오는 공허감을 우리는 자연계의 완벽함을 설명하는 은유와 형이상학으로 채운다. 역사를 통해 보면, 세계는 보석으로 된 인드라망이나 홀로그램 역학, 서로에게 연결된 생명 그물 같은 은유를 통해 묘사되었다. 그러나 진실로 실재를 알기 위해서는 그것을 경험해야 한다. 우리가 자연의 장소를 찾아가 자연을 직접 경험할 때, 거기에는 홀로그램도 없고, 끈이나 그물, 보석 같은 것도 없다. 자연에 가면 이런 스토리들이 실질적인 것으로 교체된다. 실제로 감각하고 느낄 수 있으며 그래서 의식 속에 기록되는 다중적인 자연감각적 끌림이나, 관계들로 말이다. 우리는 너무나 오랜 동안 이러한 감각들을 간과해왔다. 거기에 가치를 부여할 만큼 충분한 시간을 자연에서 보내지 못했기 때문이다. 자연에 살고 있지 않기 때문에 거의 가치를 못 느끼는 것이다. 우리의 비실재성에 대한 또 다른 예를 생각해보자. 달에서 지구가 살아있다는 것을 보고 경험하기 위해 우주인은 25만 마일을 여행해야 한다. 그러나 그는 자연의 사람들이 무명지인애의 많은 감각을 통해 지구의 일부가 됨으로써 항상 경험하며 알고 있는 것을 발견한 것뿐이다.

새로운 끌림 관계가 형성될 때마다 그곳에 우리의 일부가 현존한다. 우리는 최소 53개의 끌림 모드를 알고 있다. 그것들은 다양한 자연감각들이다. 그 각각은 우리가 자신을 알기 위한 특별한 감각이기도 하다. 그 각각은 에너지를 받으면 의식의 스크린에 나타나는 특별한 감각이거나 느낌이다. 예를 들어 우리는 공기에 대한 생리적 욕구를 느끼며 숨을 들이쉬면 편안함을 느낀다. 그리고 충족되지 않으면 그 욕구를 좀 더 강렬히 느낀다. 공기와의 연결이 중단되면 그 단절이 고통 감각을 불러일으키고 질식할 것 같은 느낌을 만들어낸다. 잠시 동안 숨을 멈추어 이 사실을 살펴보라. 그리고 당신의 감각적 경험을 신뢰하고 존중하라. 그것은 아득한 고대로부터 내려온 진실이다. 그 이름 없고 오래된, 공기에 대한 무명지인애적 끌림의 힘은 명백히 지성적 감각으로서 우리 안에 살아 존재하는 것이다. 그것은 지금도 여전히 어떤 감각을 만들어낸다. 자연에 말걸기에서 신피질은 하나의 독특한 자연감각으로 그것에 이름표를 붙임으로써 언어로 의식하게 된다. 그 이름표는 우리의 호흡(respiration)감각, 즉 다시 영을 마시는(re-spiriting) 것이다.

자연감각 하나하나는 우리 자신을 알기 위한 방법의 일부이다. 자연에 말걸기는 자연에 널리 퍼져있는 최소 53가지 감각그룹을 확인해준다. 각각의 자연감각은 다양한 무명지인애의 표현이며 역사이다. 그 각각은 우리의 일부이며, 또한 자연계에도 널리 퍼져있다. 이 감각들은 지구의 지성적이고 도덕적, 윤리적이며 포괄적인 앎의 방식과 존재방식을 산출하기 위해 다른 것들과 섞이고 연결되어 있으며 또 거기에 공헌한다. 그것은 전일 시스템적 사고와 전일적 관계 맺기를 가능하게 한다.

우리 사회는 이러한 자연적 속성을 찾고는 있으나 발견해내는 경우는 드물다. 왜냐하면 과도한 실내생활에 익숙하도록 가르치기 때문이다. 자연 단절적 교육은 의식의 온전함으로부터 우리 스스로를 단절시킨다.

이에 대해 우리가 할 수 있는 생산적인 일은, 자연에 있는 동안 감각 목록을 만들고 시간을 들여 그 감각들을 발견하고 느껴보는 일이다. 이렇게 할 때 우리는 각각의 감각이 오랜 역사를 가지고 있고, 독특하게 고안된 생명의 불꽃, 우리를 지원하는 생명의 지혜를 가지고 내면에 살고 있는 불꽃이라는 것을 의식하게 된다. 감각의 목록은 자연이 끌림의 관계를 통해 어떻게 작용하는지 보여주는 감각 연결 역사책과 같다. 우리는 종종 53가지 감각적 끌림이 가능하다는 것을 의식하지 못하기 때문에 지지받지 못하고 있다는 느낌을 받는다. 설득하는 스토리가 이들을 무효화하고 있는 것이다. 그 스토리들은 그들과 우리가 지지받고 있지 못하며 거의 가치가 없다고 말한다. 우리는 무명지인애로부터 오는 지원을 의식하지 못하기 때문에 버려졌다는 느낌을 받는다. 우리의 스토리에 의하면 지원이 신피질의 추론과 언어감각, 신피질적 스토리와 인공물로부터 오며, 무명지인애에서 오는 것이 아니라고 말한다. 우리는 우리가 가치있는 생명존재인지, 아니면 문화적 산물인지를 구별하는데 어려움을 겪으며 자란다.

끌림의 흐름

지구적 끌림의 네트워크는 성장하고 다양화함에 따라 모든 존재를 상호연결 시킨다. 물과 공기가 우리 몸으로 들어와 통과해 나가는 것처럼, 그 네트워크는 다른 표현들이 흐르도록 하여 끌림의 사랑이 각각의 자연 존재를 통해 흐르도록 한다. 우리는 이 지구적 흐름이 우리에게도 있음을 알고 있다. 그 흐름은 명확한 감각으로 우리 안에 살고 있다. 자연에 말걸기를 통해 신피질은 그 흐름에 이름을 붙임으로써 그 사실을 더 커다란 존재나 유기체에 속하는 자연감각(53번 감각)으로 의식하게 된다. 그런 영적인 감각은 우리 개성의 일부이다. 그것을 통해, 실내 생활은 우리에게 의식과

담을 쌓으라고 가르친다는 것을 알게 된다. 우리는 종종 그것을 애국주의나 상품 충성도로 바꾸어 부를지도 모른다. 그러나 그렇게 부르는 것은 자연이 아니라 신피질적 스토리에 의한 것일 뿐이다.

자연중심적 공동체

끌림이 성장하고 다양화됨에 따라 감수성을 가진 개체들은 서로에게 끌리는 공동관심사나 특성을 가진 그룹에 가담하고 싶어졌다. 그 개체들은 공동체로 집단화하는 것에 대해 다중감각적인 그물망으로부터 동의를 얻는다. 크리스탈이나 미네랄, 종(種)들, 고래 떼, 가축의 무리, 인간사회 등, 그런 예는 아주 많다. 이런 공동체화가 처음 일어났을 때 우리의 일부도 거기에 있었다. 그 사건은 지금도 우리 내부에 분명한 감각으로 살아있다. 자연에 말걸기 연습에서 신피질은 거기에 자연감각이나 공동체 감각이라는 이름을 붙임으로써 그것을 의식할 수 있게 된다. 그것은 우리 개성의 일부이며, 우리 자신을 알기 위한 방법이다. 그 공동체 감각은 미생물 군체에서부터 우리의 의식에 이르기까지 모든 곳에서 발견된다.

영겁의 세월동안 우리 존재는 우리가 경험하는 53가지 이상의 끌림 형태들이 모인 공동체가 되어왔다.

지성과 이성

자연스런 감수성의 끌림이 새로운 감각적 존재방식을 만들 때, 그 새로운 감각은 전 지구적 그물망에 첨가된다. 그리고 새로운 감각이 첨가될 때 다양성은 높아진다. 이름 없는 자연의 끌림들은 더 많은 자연감각적 지성과 접촉함으로써 더욱 지성적이 된다. 그물망은 본래 자동 조절되며, 성장하는 지성이다.

그것은 성숙함에 따라, 더 많은 시간을 들여 다양한 다른 감각들로부터 오는 신호들을 균형 잡는다. 이 과정은 무명지인애로 하여금 점차 더 지성적이 될 수 있게 했다. 그리고 이 모든 일이 일어나는 동안 우리는 그 현장에 있었다. 그 사건들은 분명한 이성적 감각을 통해 우리 안에 살아있다. 그것은 우리 개성의 일부이며 우리 자신을 알기 위한 이성적인 방식의 일부이기도 하다.

그 후 수십억 년이 지나 무명지인애는 스스로를 지성적인 앎의 방식, 존재 방식으로 의식하게 되었는데, 인류의 정신성이 그것이다. 언어감각이 그것을 가능하게 해주었다. 우리 의식의 스크린이 언어적이 되고 글을 읽고 쓸 수 있게 되었기 때문이다. 이 스크린은 언어적 스토리를 통해 자기 존재를 의식할 수 있게 되었다. 이러한 스토리가 없다면 의식의 스크린은 밖만 보는 눈과 같다. 기억하라, 눈은 주변 환경을 보지만 그 자신은 볼 수 없다. 그것이 대부분의 다른 종들에게서 발견되는 의식이다. 그들은 대개 자신과 세계를, 언어적 스토리가 아니라 즉각적인 끌림으로서만 안다. 따라서 그들은 균형 속에서 서로와 관계 맺는다. 왜냐하면 모든 자연적 끌림은 스스로 표현하기 때문이다. 그런데 인간에게서는 의식이 신피질적 스토리를 통해 자신과 자신의 힘을 자각하는 존재로 진화되었다. 언어 상징은 추상화의 지름길이었다. 신피질을 통해 자연의 작용에 대한 스토리를 만들어내는데 필요한 시간을 단축시킴으로써 인간은 의식이라는 감각을 촉진시켰다. 사람들은 정확한 단어-이미지 지도, 즉 우리가 종의 공동체로 존재하도록 동의하게 해주는 스토리를 만들고 따름으로써 생존할 수 있었다. 그 지도의 스토리는 이렇게 말한다 : "주의해서 자연스런 끌림의 관계를 존중하는 감각적 스토리를 만들어내라."

무명지인애를 확인하기 위한 언어감각이 우리에게 여전히 살아남아 있다. 신피질은 우선적으로 의식과 이성, 언어감각을 통해 자각한 것으로 자신을 정의했다. 이 세 가지 감각은 우리의 특별한 자연단절적인 앎의 방법이며 자연과 분리되어 생존할 수 있는 방법에 대한 스토리를 만드는 길이 되었다. 자연에 말걸기 연습에서 우리는 이 과정을 '문명화된 지성'이라고 이름 붙였다. 그것은 무명지인애로부터의 단절이다.

자연을 향한 구피질적 끌림에 연결되어 있는 신피질 스토리는 인류의 자연중심적 공동체 및 관계의 핵심이다. 이 연결 끈은 우리가 과도한 실내적 스토리와 사고방식, 생활양식을 만들어내면서 단절시킨 우리 개성의 일부인 것이다.

열대만들기 공동체와 스토리들

열대를 만드는 이들과 산업사회의 신피질 의식은 거짓 스토리를 만들었다. 즉 인위적인 환경을 창조하는 신피질의 능력이 무명지인애보다 더 고도의 지성을 일으켰다는 스토리가 그것이다. 그 능력은 우리 생존에 핵심열쇠인 것으로 여겨졌다. 신피질의 에고는 자신과 연결할 것을 강요하고 그에 대해 보상을 주었다. 그것은 자연에 연결된 스토리가 아니라 신피질적 에고를 확장하고 자연 단절적인 스토리를 만들어내었다. 이 단절 때문에 우리는 불일치하는 두 가지 앎의 방식을 짊어지고 살아간다. 우리는 신피질의 자연 단절적인 스토리를 강요하는 설득자와 그것이 건설한 인위적 세계에 갇혀 성장한다. 또한 자연을 비난하도록 배우며 성장한다. 인간중심적 사고에 고착된 우리는 자연단절적 불편한 감각을 느낀다. 자연의 현존 속에 있을 때조차도 우리는 그렇게 느낀다. 그 불편함은 우리의 격렬한 문제거리에 기름을 붓는 스트레스와 고통을 만든다.

자연에 말걸기 프로그램에서 신피질의 이성 감각은 불편한 단절감을 의식하게 되고, 그 단절감에 '스토리 속에 존재하기' 라고 이름표를 붙임으로써 그것의 파괴적인 효과를 의식하게 된다. '스토리 속에 존재하기' 는 우리 개성의 일부가 되어 있으며, 우리 자신을 알기 위한 문명화된 방식이다. 자연에 있는 동안 우리에게는 매순간 자연에 연결된 마음으로 존재할지, 자연과 단절된 마음으로 존재할지 선택의 여지가 있다. 내면과 외부에 신피질이 지배적으로 활동하면 우리는 단절된 스토리 속에 있도록 설득될 것이다. 자연에 말걸기 과정은 그러한 설득을 기분좋게 막아낸다. 그것은 신피질이 무명지인애를 가치있게 여기고 그것에 재접속하도록 배우는 것이 합리적임을 제안하는 것이다.

애착의 굴레

정복이라는 자연단절적 스토리에 설득당하면, 우리 내면의 자연은 실내에서 만족을 얻거나, 감각박탈로 사망하거나 둘 중 하나의 선택을 하게 된다. 자연에서 분리된 우리는 감정적으로 자연에서 떨어져 나온 실내 스토리와 테크놀로지에 매여있다. 우리의 끌림은 실내 생존에 중독 되어 있는 것이다. 우리는 사랑하는 사람들과 인공물 없이는 행복하게 생존할 수 없다고 느낀다. 그것이 우리를 사회의 실내 스토리에 묶어 놓으면 교육이라 부르고, 우리가 동의하지 않는 스토리에 연결되면 세뇌라고 부르는 것이다. 자연에 대한 우리의 애착은 너무도 강하여 그것이 신피질 단어로 대체되어도 실제 자연이 아닌 그 신피질의 고안물에 속박되거나 중독 된다.

두 가지가 동시에 일어날 때만 변화가 가능하다. 하나 : 우리의 스토리가 책임감있게 될 때…. 둘 : 책임감 있는 그 끌림이 낡은 스토리의 단절된 불편함을 해결할 수 있을 때…. 실내 교육은 이 두 가지가 모두 부족하다. 왜냐하면 그 안에 자연은 현존하지 않기 때문이다. 야외에서 행하는 자연에 말걸기는 그 둘을 포함하고 있다. 야생의 자연적 끌림에서 오는 지원과 기분좋은 느낌으로 시작하면, 오/녹에서 녹/녹으로의 과정은 책임있는 변화를 촉진시킨다.

우리의 스토리 세계 : 요약

내면과 자연에서 무명지인애의 생동감있는 통합성에 가치를 부여하면 급증하는 우리의 문제들을 설명하고 해결해 줄 청사진을 갖게 된다. 그 청사진에 의하면 우리가 53가지 분명한 감각의 스펙트럼인 자연적 앎과 존재방식을 타고났다는 것을 알게 된다. 그 감각들은 접촉을 통해 서로 섞이기를 즐긴다. 그들은 끌림의 관계에 있고자 하는 자연스런 욕구로부터 나타난 감수성의 다양한 변화이다. 자연분리적인 스토리와 설득자의 행위가 이러한 감각들 몇몇에 상처를 주고 방해하면, 그들이 상처에서 회복될 때까지 제대로 활동 하지 않게 된다. 그리고 또다시 상처받거나 단절될 것임을 감지하는 순간, 그에 대해 이름 붙인 '두려움' 속에서 산다. 두려움이란, 우리의 전일성을 방해하는 설득자의 영향력 하에 있음을 의미한다. 그로 인해 우리는 덜 지성적으로 행동하게 된다.

그 청사진은 우리의 자연감각들이 매순간 존재하는 지성적 연속체임을 알게 해준다. 우리는 매순간 자연감각을 의식할 시공간을 만들 수 있는데, 그렇지 않으면 지혜를 잃는다. 우리의 스토리들도 순간 속에만 존재한다. 커다란 차이가 있다면, 설득자들은 우리를 자연이 아니라 그들의 스토리에 정서적으로 묶이게 만든다는 점이다. 우리가 전적으로 자연과 비언어적인 접촉을 하는 순간, 설득자와 그들의 과거, 미래의 스토리는 사라진다. 우리가 전적으로 순간 속에 있게 될 때는, 스토리에 설득당하지 않는다. 자연은 스토리를 담고 있지 않기 때문이다. 스토리는 매순간의 감각과 현명한 균형감각으로 대체된다. 그들은 다음과 같은 신호를 보낸다 : "이 자연 속에서 안전함을 의식하게 되는 것은 합리적인 것이야! 그러므로 전체를 느끼자. 그것은 사람과 자연환경속의 감각적 접속이다. 무명지인애가 느끼고 그 의미를 아는 감각을 신뢰하도록 배워라." 이것은 신피질로 하여금 자연과 접속하고 책임감있게 느끼는 것이 이성적이라는 점에 가치부여 해준다. 그 스토리는 삶의 방식이 될 수 있다.

전일성은 다중감각적이다. 전일성의 청사진은 우리를 문제에서 빠져나오게 하는 스토리로 봉사한다. 손가락을 자르면 감각은 우리에게 고통을 통해 그것을 알려준다. 대부분의 사람들은 아무 의식 없이 자신을 무명지인애로부터 분리시키고 무명지인애가 제거된 혼돈과 고통의 상태에 머문다. 통합성의 청사진은 이성 감각을 통해 우리에게 이것을 알려주는 것이다. 그것은 말한다 : "사람이 전일성에서 단절되고서 정상적으로 사고하고 기능하리라고는 기대할 수 없다. 떨어진 손가락을 다시 붙이는 것이 이성적이듯이 무명지인애에 다시 접촉하는 것은 이성적이다. 오/녹에서 녹/녹으로의 과정을 통해 이것을 성취하라. 자연감각들이 강력히 혼합하려는 특성으로 하여금 사물들을 함께 끌어 모이게 하라."

개성과 자아의 본성

개성의 타고난 역할은 사람들, 종들, 지구와 안전하게 연결시키기 위해 우리를 매력적이게 만드는 것이다. 그런 접속은 모든 차원에서 기쁘고 균형 잡힌 생존을 성취하게 한다. 균형 잡힌 생존은 상대적으로 갈등이 없기 때문에 항상 기분좋은 느낌이 든다. 그것은 개인뿐만 아니라 생명 전체에게도 좋다.

우리는 대개 자연과의 관계를 인식하지 않고 개성을 생각한다. 이것은 우리의 이성 감각이 모든 사람을, 느슨하게 연결되어 있지만 흐르는 끌림의 독특한 매듭임을 지각하도록 훈련받지 않는 한 계속될 것이다. 우리는 그들을 53개의 자연감각 그룹으로 경험한다. 각각은 무명지인애의 다양한 표현이다. 지구적 생명의 흐름을 한 개인의 자아감각으로 통합하면서 감각들을 한데 묶는 것이 개성이다. 사람은 그 생명 흐름이 자신의 현존에 대해 좀 더 의식하도록 만들며, 그의 존재방식을 덧붙인다. 개인이라는 그물코는 언어, 이성, 의식의 감각을 포함한다 : 그것은 그 존재의 의식적, 이성적 교육이다. 개성이 강하고 약함은 살아가는 동안 자연감각이 받아들이는 지원과 단절의 양에 의해 결과 지어진다.

개성은 개인이 이룩하는 감각적 관계의 자연 이력이라고 볼 수 있다. 자연계로부터 강제로 분리되면 많은 감각들이 약화된다. 의식이라는 감각은 오직 활기찬 감각만을 의식한다. 그 감각들은 의식의 스크린에 기록될만

한 에너지가 있으며, 과도한 고통을 수반하지 않고 무의식이 되지 않는다. 비록 우리의 자연감각들이 실내에 묶여있다 해도, 그들은 자아의 특별한 느낌을 이룬다. '당신은 누구인가' 라는 물음에 우리는 "나는 교사이다. 배관공이다. 군인이다. 나는 미국인이고 독자이며, 캐딜락 소유주다. 나는 존이다." 라고 답한다. 우리는 다음과 같이는 거의 답하지 않는다 : "나는 자연적 끌림들이 이루어내는 지성적인 균형이다. 나는 자연정복이라는 착취 스토리에 설득되고 있다."

우리의 자아감각은 매순간 대개 의식에 작용하는 감각과 애착으로 구성된다. 감각이 상처받으면 우리는 감정이 상하고, 피하고 싶은 고통을 경험한다. 그 고통을 경험하지 않기 위해 우리는 그들을 의식 밖에 두려고 하는 것이다. 자아는 환경과 상황이 변할 때마다 바뀐다. 안전한 장소에 있을 때와 공격받고 있을 때 우리는 다르다. 우리의 가장 깊은 자아란 내면의 무명지인애를 감각하고 느끼는 방식이다. 그 자아는 우리가 더 커다란 감각적 존재의 일부이고 그로부터 지원을 받고 있다는 것을 감지한다.

사회적 단절

감수성에 기능장애가 생긴 사람들을 보면 종종 우리를 짜증나게 한다. 왜냐하면 우리도 역시 그런 특성을 만들어내는 설득자의 고통스런 체험을 통해 살아가고 있기 때문이다. 짜증은 우리의 내면에 설득자 스토리가 살아있다는 것을 무의식적으로 감지한데서 오는 것이다. 그들은 상처를 주는 사건, 고통스런 버려짐, 문제를 일으키는 내적 공허감을 다시 일으킬 수 있는 것이다. 상처입고 감각을 빼앗긴 사람들과 관계 맺을 때 또다시 그런 상처를 통해 살아야할지도 모른다는 것을 감지한다. 공통의 상처와 재접속의 욕구를 발견할 때까지 그것들은 종종 위협적이고 불쾌하게 보인다. 그러나 그것을 발견하면 우리는 강력한 친구가 될 수 있다.

상처 입은 감각은 그 상처를 전달한다. 자연감각에 상처를 입으면 그것은 고통과 탈감각으로 나타난다. 고통은 종종 그 결과야 어떻든 충족되기를 요구한다. 탈감각은 타인 안에 있는 같은 감각에 대해 냉담한 무시로 이어진다. 예를 들면, 성적 감각에 기능장애가 있는 사람은 타인을 성적으로 공격함으로써 그것을 표현한다. 그는 자신의 상처 입은 성적 감각이 충족되기를 강하게 원한다. 더욱이, 희생자가 입은 성적인 상처는 공격자의 약화된 성적인 감수성에 부담 지워진다. 이 현상은 원래의 성적인 상처를 한 세대에서 다른 세대로, 한 사람에게서 다른 사람에게로 맹목적으로 전달한다. 각 세대는 자신들이 어릴 때 입은 상처를 아이들에게 주지 않겠다고 작심하지만 종종 알지도 못하는 사이에 자신의 상처입고 좌절되고, 감도가 떨어진 감각과 느낌을 아이들에게 전달하는 것이다. 우리의 상처 입은 그 부분은 수건으로 감싸여져 억압된 손과 같다. 그 손은 감각을 느끼기 위해 더욱 강하게 사물을 쳐야하는 것이다.

모든 조언자나 치료자는 책임있는 결과를 얻기 위해 궁극적으로 그렇게 해왔다. 그들은 내담자의 이성을 더 많은 자연감각에 재접속시키고 되살릴 수 있었다. 그렇게 되살려진 감각으로부터 얻어진 에너지는 내면의 설득자를 재교육 시킨다. 그들은 개인의 전일적인 건강을 지원하고 향상시키며, 다른 상처 입은 감각들이 치유될 수 있도록 공간을 만들어준다. 그러나 우리가 실내 세계의 과도하게 물질적이고 착취적인 스토리에 매달리면, 문제거리들에 자신을 고착시키게 된다. 문제들은 다른 모습을 하고 계속 나타나게 될 것이다. 낡은 상처를 치유했다 해도 새로운 스트레스가 나타나면 언제나 문제들은 다시 드러날 것이다.

감각적 상처는 우리가 환경에 베푼 것보다 더 많은 지원을 요구하게 된다. 이런 이유로 오늘날 지구는 병들고 지친 어머니와 같다. 지구는 신선한 공기가 모자라 헐떡이고 있으며, 열병을 앓고, 독에 찌들어 자신을 회생시킬 양분을 찾고 있는 것이다. 그럼에도 지구가 고통스럽게 자신의 길을 감에 따라 우리는 지구를 칭찬하고 지구의 건강과 안녕, 정신을 위해 기도해야 한다. 그런데도 우리의 착취는 그치지 않고 있다. 지속될 수 없는 형태로 자연자원을 중독적으로 사용하며 그 의존성은 계속되고 있다. 개인과 사회의 온전함을 위한 비밀은 어머니인 지구를 지원하는 법을 배우는 데 있다. 그것은 자연의 무명지인애에 우리 자신을 연결시키는 것을 통해서 가능하다. 그렇게 하면 자연은 최선을 다할 것이며, 자연이 부가적인 가치를 얻은 것과 같이 우리 내면의 설득자와 우리 자신, 지구를 회복시키게 될 것이다. 예를 들면 :

한번 샌디가 그녀의 자연적 끌림을 따름으로써 좋은 느낌을 얻게 되자, 그녀는 그 과정에 온전히 참여하기 위해 의식적인 노력을 기울였다. 수년 동안 그녀는 아름다운 이끼로 덮인 바위 표면을 걷는 것을 피했다. 그것은 위험스럽게 가파르고, 젖어있으며, 미끄러워 보여, 내면의 설득하는 스토리가 그들에게 끌리지 않게 했다. 그러나 이날엔 순간순간 좋은 느낌을 갖겠다고 결심했기에 손짓하며 부르는 바위의 아름다움에 즉각적으로 끌렸고 그 끌림에 따랐다. 그녀는 그것의 인상적인 색채, 크기, 형태, 힘, 인내, 빛나는 문양 등에 찬탄했다. 매순간 그녀는 바위에서 가장 안전하고 끌리는 발걸음을 찾아 내딛고 음미했다. 그리고 놀랍고도 행복하게 바위를 쉽게 오를 수 있었다. 후에 그녀는 그때의 경험과 그것이 얼마나 좋은 느낌이었는지를 묘사했다. 그것은 이제 그녀의 새로운 스토리가 되었다. 다른 이들도 그녀의 스토리를 듣고 기뻐했으며, 기쁨을 함께 나누었다. 바위는 그녀의 친구가 되었다. 그녀는 그것들에 애정을 느꼈다. 자연스런 끌림이 자신을 어떻게 인도했는지 앎으로써 새롭게 발견한 지원과 자긍심을 통해, 샌디는 용기를 얻어 친구들의 내적자연을 더 잘 보려는 끌림을 따라봄으로써 이와 똑같은 결과를 얻는 법을 배우고 있다. 그녀는 과거의 파괴적인 스토리를 어떻게 직시하고 그것을 즐길지 배우고 있다.

6억의 사람들이 샌디가 경험한 애정을 찾는다면 우리의 세계는 더 나은 곳이 되지 않을까? 그런 생각이 '자연에 말걸기' 프로그램의 핵심이다. 모든 문화와 좋은 샌디와 친구들, 지구가 한 경험의 핵심인 생명에 대한 사랑을 감각한다.

연습14 | 감사를 표현하기

자연에는 그 어떤 것도 일방적인 관계가 없다. 우리가 호흡할 때처럼, 지구 생명 공동체의 만물은 끊임없이 받은 만큼 주고 있다. 이 과정에 참여하기 위해, 당신에게 뭔가를 준 모든 것에게 감사를 표현하라. 끌리는 자연의 장소로 나가, 그와 함께 해도 좋은지 허락을 구하고 이 연습을 하는데 도움을 주도록 동의를 얻어라.

그곳이 여전히 끌리면 허락해준 것에 감사를 표하라. 그 감사 후에 뭔가 달라졌는가? 거기서 자연적인 끌림을 찾아보라. 이제 당신에게 끌린 자연물에 감사하라. 그것이 당신을 위해 거기에 있어준 것에 감사하라. 당신 존재의 매순간을 풍요롭게 해준 것에 대해 감사하고, 매력적으로 있어준 것에 대해 감사하라. 좀 더 온전히 접촉하도록 도와준 당신의 자연적 언어 감각에 감사하라. 이러한 감사행위를 이성적으로 알게 해준 이성감각에 감사하라. 감사를 느끼고 표현하는 것은 책임있는 일임을 감각하게 해준 것에 대해 그것에 감사하라. 당신을 위해 지원하며 그곳에 있어준 자연감각들에 감사하라. 당신을 기분좋은 방향으로 이끌어준, 편안한 느낌을 창안한 자연에 감사하라.

감사를 표현했을 때 다른 느낌이 있었는가? 진지하게 허락을 구하고 자연이 준 선물에 감사하는 것은 신피질이 평소에 간과해온 것들에 민감하게 반응하는 좋은 방법이다. 그것은 사람과 장소의 자연에 대해 신피질이 열리도록 도와준다. 만물이 스스로를 유지하기 위해 주고받는 것이 자연이 작용하는 방식이다. 아래는 참가자들의 반응이다 :

"나의 감각에 감사하고 자연에 감사하는 것이 기분좋은 끌림을 증가시키는 것을 보고 놀랐다."

"감사합니다! 라고 말하는 것이 연습을 완전히 새롭게 변형시켰다."

"이전에는 결코 감각에게 감사를 표하지 않았다. 그러나 그것은 옳게 느껴진다. 예를 들어, 사랑스런 나무그늘에서 얻은 감각에게 '고맙다' 라고 말하자, 공동체적 감각이 나를 위해 그곳에 있어준 장소를 감지한 나의 감각에게 박수를 보냈다."

"고마워! 라고 말함으로써 나는 자연이 제공한 선물에 대해 내가 실지로 감사를 느끼고 있음을 깨달았다. 보통 나는 그런 느낌을 간과했다."

"감사하다고 말하자, 나는 전에는 없던 따뜻한 느낌으로 가득 찼다."

"감사를 표현하는 것은 나에게 그 연습을 강렬하게 했다. 그것은 매우 색다른 것이었다."

이 연습에서 배운 세 가지 중요한 것을 기록하라.
이 연습을 통해 얻은 세 가지 녹/녹 문장을 기록하라.
이 연습이 당신의 자기가치 감각에 어떤 영향을 미쳤는가?

4부

자연에 말걸기의 실제

15장

성과

우리 대부분은 산업사회를 만들어내고 유지해온 자연 단절 사고과정을 사용하고 있음을 안다. 불행히도 그것은 환경과 사람을 위험에 처하게 했다. 우리의 단절된 사고는 많은 자연감각을 상실했고, 종종 우리가 받는 경고신호를 감지하지 못하고 있기 때문이다. 이러한 문제들에서 벗어나기 위해 좀 더 민감한 사고과정을 사용할줄 알아야 한다.

우리 문제들의 기저에 놓여있는 것은 산업사회의 파괴적인 스토리이다. 그것은 자연의 사랑을 적으로 간주하도록 가르친다. 우리 대부분은 심층에서까지 악마적 측면의 자연을 두려워하도록 배운다. 우리의 사고는 우리의 삶과 다른 모두의 삶을 악화시키며, 내면과 외부의 자연을 공격하고 정복한다.

자연의 결합력은 서로를 지원하는 조화로운 관계를 맺게 하기 위해 우리를 '결속시켜왔다'. 자연과 사려 깊은 접촉을 하게 되면, 사람들은 생명에 좀 더 민감하게 된다. 그들은 좀 더 즐겁고, 배려하며, 책임있는 방식으로 개인적, 사회적, 환경적 관계를 구축할 수 있게 된다. 또 자연의 아름다움과 통합성은 그들을 고무시킨다. 외부와 맺는 영적인 관계는 그들을 안내하고 권한을 준다. 자연의 장소는 그들을 양육한다. 자연의 결합력과 접촉하면 많은 문제들을 되돌려 회복시킨다는 것이 증명되었다.

이 글들을 읽어가면서 당신은 얼마나 많은 자연정복이라는 주의 주장들이 당신의 사고에 영향을 미쳤는지 발견하게 될 것이다. 그리고는 응용 생태심리학을 사용하여 얻은 성과에 대해 배울 것이며, 그것이 당신의 삶에서 믿을 수 있고, 할 수 있는 것들인지 결정할 수 있을 것이다. 아래의 사건 예는 당신의 행복과 인류의 운명, 지구 위의 삶이 자연에 말걸기에 관여하는 우리의 능력에 달려있음을 암시해준다.

1972년 4월 18일 고등학교 2학년인 카렌은 교장선생님에게 이렇게 말했다. "밀러 박사님, 선생님은 제가 원하는 대로 가르칠 수 없을 거예요. 왜냐하면 제가 원하는 것은 선생님처럼 되지 않는 것이니까요." 카렌의 이 말은, 선의의 사람들이 그들 자신에게 상처주고 서로를, 그리고 지구를 다치게 하는 것을 볼 때 더욱더 내 마음에 다가왔다. 문제를 해결하려는 그들의 최상의 사고는 요구되는 만큼 효율적이지 못함이 증명된 것이다. 자신을 학교 환경에 '맞춰' 보려고 많은 시도를 했던 카렌은 학교를 떠나기로 결심했다. 그녀는 탁월한 학생이었기에, 밀러 박사는 그녀가 남아주기를 바랬다. 그는 그녀가 알고 싶어 하는 것은 무엇이든 가르치겠다고 굳게 약속했다. 그러나 그녀는 그에게 그런 능력이 없다고 말했던 것이다. 그녀는 밀러 박사의 사고방식의 결과가 그녀를 억압한다고 설명했다. 그나 그의 교수진 어느 누구도 그녀가 알고 싶어 하는 것을 알고 있지 못하다는 것, 더욱이 그것을 어떻게 가르쳐야 할지를 모른다는 것을 말해주었다. 그러나 1973년에는 그에 대한 지식이 없었지만 오늘날에는 자연에 말걸기를 통해 가능하다.

비록 그들의 역할을 잘 해내었으나 카렌의 교수진은 오늘날 교사들이 그러한 것처럼 사회를 대표하는 전형적인 사람들이었다. 예를 들면 그들 중 30%는 담배를 피웠다. 그들은 자신들이 담배를 피울 수 있는 장소를 만들고는 다른 이들이 담배피우지 못하도록 하였다. 그들은 자신들의 법적인 권리 안에 있었다. 그들에게 흡연은 불법이 아니었고, 지금도 불법이 아니다. 도리어 장려된다. 담배 농업과 산업이 홍보되고 정부예산은 담배에 의존하며, 그들의 존재는 그 결과에 의존했다. 카렌은 만약 담배가 불법이 된다 해도 흡연과 그 역효과는 멈추지 않을 것이라고 느꼈다. 사회연구 논문에서 그녀는 다음과 같이 썼다. "그것은 사슴 사냥과 같은 것이다. 어떤 주에서는 사냥시즌에 법적으로 죽임을 당하는 것보다 더 많은 사슴들이 평소에 불법적으로 밀렵된다." 그 논문에서 카렌은 또 이렇게 말한다. "우리는 사회가 우리를 어떻게 교육하고 지배하는지 납득할 수 없다. 왜냐하면 그것은 내가 감각적으로 느끼는 것과 달랐기 때문이다." 그녀는 길러졌고, 그렇게 길러지는 것에 진절머리가 났던 것이다.

카렌은 대부분의 사람들이 이미 알고 있는 것을 발견했다. 행복하고 책임감 있는 삶을 살도록 돕는다는 관점에서 우리가 받고 있는 교육은 더 이상 효과가 없으며, 담배 갑에 붙어있는 경고 표시같은 역할외에는 아무런 힘을 발휘하지 못한다는 점이다. 카렌은 다른 학생들과는 달랐다. 상담 중에 그녀는 뭔가 또 다른 것을 배웠다. 그녀는 자신이 학교에서 제공하는 것 이상을 원하고 그럴 만한 가치가 있다는 것을 발견했던 것이다. 그녀는 세계와 그 안에 살고 있는 사람들이 위험에 처해있음을 깨닫기 시작했다. 그녀의 논문은 이렇게 말한다. "우리는 위험에 처해있다. 우리에겐 단순히 정보가 필요한 것이 아니라 변화과정이 필요하다. 우리는 개인적, 지구적 회복력을 높이기 위해 공동체 경험이 필요하다. 나는 책임있는 관계를 맺는 법을 배우고 싶다. 이 학교에서는 그것이 불가능하다. 그것을 가르치거나 배우기 위해 우리는 그런 삶을 살아야 한다. 나는 이곳에서 그런 일이 일어나도록 노력해봤지만 실패하였다."

미팅에서 교수진은 카렌이 학교에 남기를 원했지만 그녀는 이렇게 말했다. "저는 이곳에 있기가 두렵습니다. 세계에서 행해지고 있는 부패가 저를 두렵게 합니다." 그녀는 숨막혀했다. "우리는 핵전쟁의 벼랑 끝에 서있습니다. 그리고 자연환경은 너무도 빨리 악화되고 있어 제가 살아갈 곳이 없어질지도 모릅니다." 그녀의 눈에서 한없이 눈물이 흘러내렸다. "때로 우울함을 느끼는 것은 지극히 정상이게 되었습니다. 제가 느끼는 상처 입은 마음은 실제적입니다. 그것은 사람과 동물들이 죽임을 당하는 것을 보고 느끼는 것입니다. 저는 그런 상처들에 반창고를 붙이고 마는데 지쳤습니다. 그런데 상담을 하는 중에 저에게 개인적으로 아무런 잘못이 없다는 것을 알았습니다. 그 상처는 부패와 착취가 사라지고 감수성과 평화, 균형이 다시 나타날 때만 사라질 것입니다. 여기서는 그런 일이 일어날 수 없습니다. 이 학교는 오염되어 있습니다. 이곳은 그런 문제를 양산하는 곳입니다. 학생들이 이곳에서 배우는 것은 건강하지 못합니다."

쿡여사가 말하려고 하자 "말을 끝마치게 해주세요."라며 카렌이 계속했다. 학교에서는 빌딩의 왼쪽에 잔디밭을 만들기 위해 그곳을 불도저로 밀어냈어요. 그곳은 단순히 거기에 살고 있던 새들이 잠자고 밥 먹던 곳이 아니에요. 그곳은 모든 형태의 생명이 잉태되는 자궁이었어요. 제가 사랑했던 곳이죠. 저는 점심식사 후, 학교가 파한 후에도 그곳에서 평화를 얻었지요. 수업을 듣거나 상담을 하는 것에 비해 그곳은 더 큰 의미를 지닌 곳이에요. 아름다웠고, 옳다고 느껴지는 곳이었지요. 삶이 우울하다고 느껴질 때면 저는 그곳에 가곤 했어요. 저는 그곳에 넘쳐나는 모든 아름다움과 생명을 느낄 수 있었어요. 몇 분만 지나면 기분이 좋아졌어요. 그 야생의 장소를 불도저로 밀어버리는 선택을 한 사고방식에 접촉되기를 저는 거부합니다. 그때 밀러 박사가 끼어들었다. "카렌, 그때는 선택의 여지가 없었단다. 그것은 수년전부터 법적인 계약의 일부였어. 우리는 그 계약을 이행해야했고, 그렇지 않으면 고소를 당하게 되어있었단다. 그리고 몇몇 학생들이 그곳에서 마리화나를 피우곤 했지."

카렌이 대답했다. "저는 마리화나를 피우지 않지만 그렇게 할 수 밖에 없는 그들에 대해 슬프게 생각해요. 그리고 저는 법이 제 인생의 깨어있는 시간 중 반을 학교에서 보내야한다고 정해 놓은 것을 더 슬프게 생각해요. 이런 정신성이 낙원을 불도저로 밀고 또 다른 잔디밭을 만들고 있지요. 밀러 박사님! 언젠가 제게 우리는 책과 강의에서 보다도 더 많은 것을 주변의 세계에서 배워야 한다고 말씀하셨지요. 저는 단지 낙원을 쓰레기로 만들거나 그렇게 하도록 배우기를 거부하는 것뿐이에요. 저는 당신들이 더 이상 저에게 영향을 미치지 않도록 거부하는 것이에요. 그게 뭐가 잘못되었죠? 이렇게 하는 것이 제게는 의미있는 일이예요."

그녀는 어조가 더 강해진 것 같았다. "지구와 이곳에 살고 있는 사람들이 위험에 처해있어요. 이 나라에서는 매년 5천 평방마일의 자연이 불도저로 깎이고 망각으로 사라져갑니다. 그런 일에 관여하고 있으면서 어떻게 저에게 대학살의 옳지 않음을 말씀하실 수 있나요? 어떻게 생각하세요? 우리의 핵 발전 시설이 만드는 전체 에너지가 이 나라에서 사용되는 헤어드라이기가 쓰는 전기에너지 총량과 같은데, 제가 사회학 수업시간에 앉아서 핵시설이 위험하다는 것을 배우는 것이 무슨 의미가 있을까요? 그것은 의미가 없는 것 같습니다. 우리는 여기서 헤어드라이어 사용을 막기 위해 무엇을 배우나요? 여기서는 도리어, 제가 느끼기에, 헤어드라이어의 사용을 멈추는 것이 아니라 사용하라고 압력을 넣고 있다는 것이에요. 그런 곳에 무슨 의미가 있나요? 생물학에서 우리는 20년 전 레이첼 카슨이 살충제와 화학약품 사용이 위험하다는 것을 알려주었다고 배웁니다. 그리고 그 이후로 우리는 매년 수천가지 새로운 화학약품이 환경으로 쏟아 부어진다는 것을 들었습니다. 그러면서도 이러한 화학약품을 우리의 잔디밭에 사용하고 있음을 아시지요? 저는 그런 모순적인 사고방식을 배우고 싶지 않아요. 선생님은 도대체 제 마음에 어떤 세계를 세우라고 말씀하시는 건가요?" 그녀는 강인하지만 가슴의 눈물을 흘리며 물었다.

밀러 박사는 조용히 카렌에게 학교는 할 수 있는 최선을 다했다고 말했다. 그녀가 학교를 떠난다면 무단결석자가 될 것이며, 그에 따르는 결과를 감당해야할 것이라고 말했다. 카렌이 대답했다 : "상관없습니다. 저는 다른 곳에서 배우기로 선택하겠어요. 여기서 배운다는 것은 너무 어리석습니다. 이곳에서 사회는 저에게 무책임한 틀 속에서 살도록 선고했어요. 생명의 자연스런 토대를 비난하는 실내학습 환경이 그것이죠."

이 환경은 너무도 통제되고 숨이 막혀 대부분의 학생들이 나가서 마약을 하며, 또는 자기 파괴적인 무언가에 빠져들거나 사회적으로 유해한 무언가를 하게 된다. 영어교사인 쿡 여사가 거기에 이의를 달았다. "나와 다른 교수진들은 너에게 반복해서 이러한 일이 현명하지 못하다는 것을 가르쳤지 않니?" 카렌이 이에 응수했다. "그랬지요. 그러나 사실은 그렇지 않아요. 선생님은 이러한 일이 현명하지 못하다고 말만하였지 실제로 저에게 가르친 것은, 이런 변하지 않는 환경에 저를 있게 함으로써 제가 치닫는 어리석음의 일부가 되어 그에 적응하도록 하는 거였지요. 선생님은 이 어리석음을 어떻게 다루어야할지를 가르쳐주지 않았어요. 그리고 저는 더 이상 그것을 참아내고 싶지 않아요. 쿡 선생님, 깨어나세요! 선생님도 그것을 어떻게 멈추어야할지 모르세요. 그런데 어떻게 저에게 가르칠 수 있겠어요? 그저 공산주의자와 소수자들이 우리의 문제를 만들고 있다는 선생님의 믿음을 제가 받아들여야 하나요? 교회 안에는 성경의 말대로 지구를 정복하는 것이 옳은지 갈등하는 이들이 있어요. 교회와 주정부 사이에 어떤 차이가 있나요? 선생님은 지구를 정복하도록 강요받지 않아요. 그런데도 왜 스스로 그렇게 하고 있으며 그것을 가르치나요?"

쿡 여사가 말했다. "이것은 종교와 아무런 상관이 없다. 너와도 상관이 없어." 카렌이 대답했다. "저 숲은 하나의 대성당과 같아요. 우리의 위대한 영적 지도자들의 삶은 자연에서의 심오한 경험에 의해 형성된 것이 아닌가요?"

사회학 교사인 랭글리 선생이 미소 지으며 말했다. "카렌, 잘하고 있구나. 너는 미국 최초의 여성 대통령이 되겠구나." 카렌은 눈물을 닦으며 더듬더듬 말했다. "그래요. 전과가 있는 최초의 대통령이기도 하겠지요. 주정부 법은 제가 무단결석을 하면 감옥에 갈거라고 말하니까요. 그러라고 하세요. 저는 상관없어요. 저는 기회를 잡겠어요. 그들에게 저를 잡아넣으라고 하세요. 현재 법은 어쨌든 지금 이 학교에서도 저를 감옥 속에 있게 하고 있으니까요. 이 감옥에서 가장 큰 이점이 있다면 밖으로 걸어 나가 학습을 위해 더 나은 방법을 찾아볼 수 있다는 것이지요. 그리고 이제 저는 그렇게 하려고 합니다." 카렌은 자신감있게 말했다.

다음 학기에 카렌은 내가 설립한 야외학교에 등록했고, 랭글리 선생도 신청했다. 내가 고안한 커리큘럼은 자연과 접촉하게 해주며, 자연 중심의 사람들이 모든 연령의 학생들에게 좀 더 개성적이고, 환경적이며 사회적으로 책임있게 될 수 있도록 가르친다. 그 과정에서 그들은 그런 목표를 성취하기 위해 필요한 연구 활동을 배운다.

카렌의 말은 메인주의 한 사회학자가 행한 연구를 떠올리게 한다. 그 연구에 의하면 고등학교 학생들의 도덕적 수준은 연방 교도소 내 재소자들의 도덕적 수준과 같다는 것이다. 내 연구에 의하면 사람들의 사고를 자연의 지혜에 접촉하게 하면 그런 일이 일어나지 않는다.

카렌이 학교를 떠난 것은 어리석었을까? 그녀는 이 책에서 가르쳐주는 정보와 연습대로 자연에 말걸기를 배우는 코스를 통해 학업을 마쳤다. 오늘날에는 이와 같은 코스와 학점이수 프로그램이 가정학습과 워크샵, 인턴쉽을 통해서 가능하다. 랭글리 선생은 그들 중 몇몇 프로그램의 촉진자가 되었다. 당신도 이 책의 연습을 통해 그런 과정을 배울 수 있다. 카렌은 이렇게 계속하여 성공적인 환경변호사, 교수가 되었고, 책임있는 관계 유지에 대한 옹호자가 되었다.

우리 대부분은 모든 야생의 자연에서 카렌의 학교 옆 야생지에서와 같이, 자연적 생명은 생명을 죽이지 않는다는 것을 인식하지 못한 채 자란다. 그것은 무명지인애(無名知引愛)이며, 이것이 그들을 양육하고 있다. 자연계는 쓰레기나 오염원, 무감각한 폭력을 만들지 않고 생명과 다양성을 양육하고 유지시킨다. 자연은 우리가 타고난 놀라운 지성, 그러나 억압받고 있는 지성이다.

현재까지 빠르게 진보하면서 우리는 세계와 우리 자신에게 폭력을 행사해왔다. 인구가 급상승하면서 세계의 조류 70%가 감소하고, 종(種)들과 유전적 온전함, 표토와 물, 숲, 대인관계의 결속력이 위험할 만큼 사라져가고 있다. 그리고 카렌과 같이 불굴의 정신을 가진 젊은이들도 사라져가고 있다. 치달리는 스트레스와 욕망, 폭력, 범죄, 질병과 중독성 물질남용이 우리에게 계속하여 고통을 주고 있다. 이러한 문제들로 인한 비용도 커가는 것은 마찬가지다. 사람들에겐 경제적, 환경적으로 건전하고 안전한 사회에서 살아갈 희망이 거의 없다. 이러한 사악함에는 한 가지 공통점이 있다. 자연에는 그런 것들이 없다는 점이다. 그들의 뿌리는 자연에서 나지 않았다. 그 문제의 뿌리는 우리의 사고가 자연에서 멀어진 데 있다. 그러나 삶의 매순간 우리의 생각 하나하나, 느낌, 행동들은 하나 이상의 자연감각으로부터 오는 동기 부여된 지성에서 온 것들이다. 자연정복에 열중하고 있는 사회에서는, 우리 각자가 외부자연과 내면의 자연을 널리 지배하는 지성적인 자연의 감수성을 다중으로 가지고 태어난다는 것을 배우고 가르치는 것이 금기이다.

개인은 우리 사회 어디에서 그런 것을 배울 수 있을까? 우리 사회의 교육은 매우 구조화되어 있다. 이런 학교에서 우리가 자연의 다중감각적 지성을 배울 수 있을까? 우리의 감각을 인식적으로 배운다 하여도 그것이 우리가 그들을 실제로 느낀다는 것을 의미하지는 않는다. 그러한 내용을 암송하는 것이 그것들을 느끼는 것은 아닌 것이다. 우리는 이러한 감각을 다시 살려 의식의 스크린으로 가져올 필요가 있다. 그때 우리는 그러한 감각을 사용해 생각할 수 있을 것이다. 그런 감각들 없이는 우리의 기쁨, 놀라움의 감각, 책임있는 관계를 계속 잃고 말 것이다.

우리의 단절된 사고는 자연의 실제로부터 우리를 분리시킨다. 예를 들면, 우리는 숲에 들어가 지구와 직접적인 접촉을 하게 하는 구피질의 다중적 감수성과 함께 하기보다는 25만 마일 떨어져있는 달에서 지구를 찍은 사진을 더 사랑한다.

그와 반대되는 증거에도 불구하고, 우리는 현재의 책임감 없는 사고방식이 우리 삶과 지구를 지속적으로 이끌어갈 수 있으리라고 믿는다. 만일 우리에게서 자연감각 신호와 지혜를 빼앗는다면 객관적으로 우리 상황을 감지할 수 있을까?

우리는 여전히 카렌이 20년 전에 배운 사고방식대로 생각하도록 배운다. 예를 들면 여전히 집과 학교 주변의 자연을 잔디밭으로 만들어버린다. 우리는 많은 잔디밭에 유독한 화학물질이 필요하고 그들이 야생 생물들을 사라지게 하는 것을 알면서도 이렇게 하는 것이다. 더욱이 우리의 뿌리 깊은 자연단절적인 스토리가 의식적 사고를 지배하며 이렇게 말하는 것이다 :

"잔디는 아름답다." "우리는 주변을 깨끗하게 했어." "이것은 미국의 꿈의 일부이다." "잔디밭이 없다면 시 법률에 어긋난다." "잔디밭은 우리 집의 자산가치를 높여준다." "우리 집이 이웃들과 다르면 나는 부적절하게 느낀다." "그것은 나에게 자긍심을 준다." "우리집엔 늘 잔디밭이 있었다." "야생지는 위험한 것들을 번식시킨다." "그것은 내게 뭔가 할 일을 준다." "잔디밭은 내게 안전한 장소를 제공한다." "잔디밭은 우리의 문화이며 역사이다."

이런 자연단절적인 스토리의 엄호사격 아래서 자연에 대한 사랑은 잔디에 대한 사랑으로 변질된다. 내적자연의 지혜가 아니라 자연단절적인 스토리가 우리의 사고를 형성하기에 잔디와 기타 수많은 의심스런 선택들이 넘쳐나 활개치는 것이다.

나는 잔디에 대해 위와 같은 말들을 하는 사람들을 알고 있으며 그 사람들과 같이 즐긴다. 그들은 사회적으로는 멋진 친구들이다. 그러나 그들의 의식은 85%이상 자연과의 접속이 차단되어 있다. 그들은 상징과 언어를 통해 자연을 즐기지만, 실제적인 접촉을 통해서는 아닌 것이다. 그들의 삶과 감수성의 자연적 통합성이 잔디로 대체된 자연의 장소만큼이나 해체되었기 때문에 그들도 여러 문제로 고통 받고 있다. 그들의 의식은 우리 사회의 실내적 세계관이라는 상자에 갇혀있다.

심층에서 우리 각자는 진정으로 건전하고 안전한 사회, 자연환경 속에서 책임있는 삶을 살고 싶어 한다. 그러나 그들은 우리가 주변의 자연을 비난하는 것과 똑같은 환경 하에 있기에, 우리 내면의 자연도 비난하며, 그 반대도 마찬가지이다. 이것과 저것은 서로 연결되어 있다. 자연에 말걸기 테크닉을 통한 나의 연구에 의하면, 이러한 테크닉을 사용하지 않고는 스스로에게 균형 있는 삶을 배우고 가르칠 능력이 우리에게 없음을 알게 된다. 다른 많은 산물들과 같이 잔디도 단순한 선택이 아니다. 그것은 종종 정상적이고 강력한 자연으로부터 오는 충만을 대체하는 것에의 의존이며 중독인 것이다. 자연이 사라진 곳에서 우리는 그 역효과가 아무리 커도 인공적인 것, 중독성 물질, 스토리, 신념들에 매달린다. 자연적 감수성을 재생시키는 자연에 말걸기 과정 없이는 사람과 자연속의 생명에 대해 무감각하게 남겨질 뿐이다. 그것이 우리가 세계를 위험에 빠지게 한 방식이며 이유이다. 우리의 단절은 단순히 기술적, 영적인 것이 아니다. 그것은 자연이 우리 내면에서 작동하는 방식에 있어서 지구적, 우주적으로 심원한 생물학적, 정신적 단절이다. 좋은 소식이 있다면 우리의 단절이 감각적 자연활동을 통해 다시 연결될 수 있다는 점이다.

25년 전과 마찬가지로 오늘날 우리의 사고는 너무도 분명한 것을 부인하고 있다. 우리는 현재의 사고방식에 중독 되어 있으며, 따라서 그것의 제한된 능력과 재앙을 일으키는 결과에 빠져있는 것이다. 자연감각들이 우리 의식에서 사라졌기에 우리에겐 중독에서 벗어날 능력이 없다. 우리는 의식적으로 감각적 사고를 할 수 없으며, 따라서 개인적, 지구적 문제에서 회복될 수도 없다. 이성적인 신피질이 자연감각의 가치를 낮추었기에 우리는 그것을 부정한다. 자연단절적인 이성의 힘이 말만큼 능력이 없다는 것을 승인하는 것은 우리의 개인적 집합적 에고에게 상처가 된다. 그래서 자연의 지성이 우리보다 세계를 더 잘 운영한다는 것을 거의 인정하려 않는 것이다. 곰팡이가 우리보다 더 나은 생각을 한다. 예를 들면, 우리는 못하지만 곰팡이는 미생물들과의 책임있는 균형을 유지하기 위해 페니실린의 기적을 발명했다. 이런 우리의 무능력에 대한 고통스런 진실을 마주하기보단 억압하기가 더 쉽다. 게다가, 생명을 책임있게 유지한다는 점에 있어서 우리가 하는 일보다 흙 한수저가 담고 있는 지성이 훨씬 더 많다. 그것은 자연의 균형 잡힌 지성과 우리의 자연단절적인 사고를 재접속시키는 완벽한 현명함을 보여주는 것이다. 자연과 연결된 지성일 때만 가능한 고차의 힘이 없이는 우리가 어떻게 무책임한 우리의 방식으로부터 회복될 수 있겠는가?

무감각한 무질서와 대항하기 위해, 대다수의 우리는 어떤 종류의 상담이나 회복 프로그램에 속해있다. 상담은 우리의 감각을 되살리고 자신과 관계에 대해 더 깊은 사고와 느낌을 의식화 시켜준다. 카렌은 이러한 감수성에 대한 작업을 오랫동안 상담해왔다. 우리 대부분은 그렇게 하도록 배웠을까? 자신에게 물어보라 : 당신은 자신의 삶과 그 잠재력에 만족하는가? 경제적인 미래에 대해 어떻게 생각하는가? 미래에 당신의 삶은 안전할까? 환경은 미래에 어떻게 될까? 건전하고 지원하며 개인적, 공동체적 관계를 발견할 기회는 어떠할까? 우리가 현재 뒤따르고 있는 파괴적인 경로를 바꿀 수 있다면 당신은 어떤 자부심을 갖게 될까? 나 자신과 다른 이들에게 이런 질문을 하면, 긍정적인 답변을 거의 듣지 못한다. 대부분의 사람들이 희망이 거의 없다고 말한다. 우리 인구의 75% 이상이 현재 삶에 만족하지 못하고 있다고 대답한다. 많은 사람들이 스트레스와 절망 속에 있는 것이다. 이것이 개인적으로 그들에게 뭔가 잘못이 있다고 믿게 하였었다. 아무리 부유하거나 가난하여도, 상품이나 서비스, 안전을 구하기 위해 20% 더 많은 수입이 필요하다고 말할 때 뭔가가 크게 잘못된 것이다. 그러한 불만족은 우리 경제의 연료가 되지만 그것의 역효과는 정신성과 관계성에 있어서 훨씬 더 큰 불균형에 이르게 한다. 우리의 공통적인 삶의 방식이 부조화되고, 이 세계를 위험에 빠뜨린 것은 우연이 아니다. 우리 내면과 외부의 기득권이 문제들을 계속 만들어낸다. 타고난 자연감각이 너무도 많은 상처를 입어 지금 그대로 남아있기 위해 뭔가 필요하다. 이 감각들에는 겸손을 위한 인정어린 사랑(자연감각 #40)과 양육(#28), 공동체(#34), 장소(#30), 신뢰(#34)를 위한 사랑이 필요하다. 너무도 자주 우리는 이러한 자연감각들을 매도하고 상처 준다. 뜨거운 난로를 피하는 것처럼 이러한 감각들은 더 이상의 학대와 착취를 참아내지 않을 것이다. 카렌에게서처럼, 실재상황 또는 상상의 상황이 우리와 마주할 때, 자연감각은 움츠러들고, 상처 입으며, 학대받게 된다. 많은 이들은 이것이 인간의 본성이라고 말한다. 그런 스토리가 우리의 사고를 더욱 오도한다. 자연은 양육적이지, 결코 학대하지 않는다. 자연스런 사물은 학대받지 않는다. 그들은 자연적 공동체에 훨씬 더 공헌을 하는 참여 속에서 사랑받는다. 자연이 많은 문제나 쓰레기를 만들지 않는 이유가 그것이다.

거시적 관점에서 자연의 어떤 것도 학대받지 않으며, 버려지지 않는다. 자연은 학대가 아니라 무조건적인 사랑이라는 형태로 움직인다. 우리가 그러한 메시지를 느낌으로 깊이 받아들일 때, 생각할 때마다 우리가 속해 있는 패턴을 더 깊게 할 것이다. 우리 내면과 외부의 모든 것에 공격을 가하도록 허용하는 것은 자연이 아니다. 치닫는 개인적 지구적 학대와 착취의 근원은 우리의 사고이다. 불도저로 밀리기 전에 카렌 학교의 작은 장소는 스스로를 유지하는 자연 공동체였다. 그곳은 자연의 아름다움과 통일성을 보여주는 전시장이었고, 자연적 지성과 평화, 지구적 온전성의 오아시스였다. 그곳의 누가, 무엇이 자연에 의해 학대받았겠는가? 사람들이 공원에 가한 범죄에 대해 자연을 비난하는 것은 이해할 수 없는 일이다. 사람들의 내면의 학대가 그 죄를 일으킨 요소라는 것은 의심할 바가 없다. 그들은 희생된 생명과 그에 따른 자신들의 안녕에도 무감각해진 것이다. 궁지에 몰린 우리의 진짜 문제는 이러한 진실이 많은 시대를 지나서도 알려지지 않았다는 점이다.

자연과 함께 사고하기

자연에 말걸기 연습은 증명된 의학적 과정을 과학적으로 따름으로써 자연으로부터의 분리를 역전시킨다. 탁월한 의학적 사고와 연구는 절단된 팔을 신체에 다시 붙이는 외과적 기술을 창안하였다. 만일 적절하게 다시 접합된다면 팔은 정상적으로 기능하게 될 것이다. 우리의 연습도 분리된 사고를 자연이라는 신체와 다시 적절히 접촉하도록 하기 위해 지성적으로 고안된 기술이다. 이제 남은 절차는 이 재접속이 한번 이루어지면 자연 스스로 지혜를 통해 균열을 치유하고 팔과 몸을 하나의 통합된 유기체로 다시 접합시킬것이라고 신뢰하는 것이다. 최종적인 결합과 치유가 어떻게 이루어지는지 우리는 모르지만 어쨌든 자연은 그렇게 한다. 예를 들면 자연의 재생력이 시간을 들여, 부서진 무릎을 치유하고 불도저에 밀린 자연의 장소를 원래대로 회복시킬 수 있는 것이다. 훌륭한 의료는 자연의 재생력을 존중한다. 핵심은 자연만이 할 수 있음을 알기에 우리는 자연이 치유하도록 적절한 환경과 시간을 제공하는 것뿐이다. 자연에 말걸기 과정도 극도로 분리된 정신과 사고에 그와 똑같은 일을 한다. 그 과정의 테크닉은 강력한 자연접속을 위한 시간과 자연의 공간을 마련해준다. 이를 통해 자연은 우리의 상처 입은 자연감각을 재생시키고 균형을 창조할 수 있게 된다.

이런 식으로 생각하고 느끼는 것은 현명하고 흥미로우며 기분이 좋기에 우리는 그렇게 한다. 그것은 놀이와 이성이라는 우리의 자연감각을 충족시키며 우리의 일부가 된다. 포효하는 계곡물 가까이에 앉아서 신선함을 느껴보았는가? 지빠귀의 진동하는 노래 소리에 유쾌해지거나 바닷바람에 기분이 새로워져본 적이 있는가? 야생화의 향기가 당신에게 기쁨을 전해주고, 고래나 눈 쌓인 산정상이 당신의 감각을 충전시키는가? 당신은 애완동물이나 분재화초, 진실한 대화를 좋아하는가? 가슴으로 껴안고, 타인에게 존경받으며, 서로를 지원하는 공동체에서 사는 것을 좋아하는가? 우리는 이러한 내적인 기쁨을 느끼도록 어디서 배운 것이 아니다. 그러한 기쁨은 타고난 것이다. 자연스런 존재로서 우리는 그러한 삶을 알고 살도록 디자인된 것이다. 이 책의 감각적 자연활동은 그러한 지성적이고 느낌이 충만한 자연적인 관계를 문화적으로 지원하고 강화시킨다. 뒤뜰에서 시골에 이르는 자연스런 장소에서 행하는 이 연습들은 사려 깊은 자연에 말걸기의 시공간을 창조한다. 연습들을 행하는 독자들은 이 즐겁고 비언어적인 재접속의 순간에 우리의 자연적 끌림의 감각들이 깨어나고, 노래하며, 강화됨을 인식한다. 첨부된 연습들은 의식화되면 즉각 그 가치를 발휘하여 각각의 자연감각을 강화시킬 것이다. 또 다른 연습들은 이러한 느낌으로 말하도록 안내하여, 자연에 말걸기 스토리를 새롭게 창조한다. 이 스토리들은 우리의 의식적 사고의 일부가 된다. 그들은 2+2=4 만큼이나 실제적이다.

이 자연에 말걸기 과정은 우리의 사고를 서로 연결시키고, 충족시키며, 신선하게 한다. 또 자연계의 아름다움과 지혜, 평화를 의식하게 한다. 그 과정은 사람 및 장소와의 자연감각적 관계를 가치있게 여기는 사고를 촉발시킨다. 그것은 자연과 일치하는 스토리를 창조하도록 우리에게 권한을 부여한다. 그것은 우리 내면의 공동체와 자연적으로 다시 접속시키며, 다른 사람 및 땅과의 접속도 되살아나게 한다. 조만간 우리는 습관적으로 좀 더 만족스럽고 민감하며 책임있는 느낌을 갖기 시작할 것이다. 우리는 이 회복력에서 균형 잡힌 관계를 맺는데 긍정적이고 안전하게 참여한다. 우리는 복된 느낌을 책임있게 구하고 유지하게 될 것이다. 이 모든 것을 자연의 장소에서 자연과의 말걸기를 통해 얻게 된다.

자연적 삶은 자연단절적인 사고 때문에 파열되었다. 우리가 파열된 배구공의 구멍을 꿰맬 수는 있지만, 자연을 수리하는 법을 알지는 못한다. 그러나 자연은 자신을 어떻게 재생시킬지 안다. 우리가 할 수 있는 것은 자연에 말걸기를 하는 것이다. 말걸기를 통해 생성된 에너지는 배구공이 터져서 새어나간 공기를 다시 채워넣는 것과 같다. 그것이 자연에서는 스스로를 치유할 재생의 시간을 주는 것이다.

너무도 자주 우리는 외부자연이나 내면의 자연과 의식적인 접촉에 참여하지 않고 신피질적 스토리의 환상 속에서 살기를 선택한다. 자연에 말걸기 과정은 스토리를 넘어 한발 더 나아간다. 놀랄 것도 없이 연구에 의하면 자연에 말걸기 방법이나 자료에 참여하는 것은 사람들과 자연에게 무시 못할 이점을 준다. 이 과정에 참여한 청년과 성인들은 많은 문제들에서 회복되며 창조성과 비판적 사고, 행복을 증진시킨다. 환경을 읽어내는 능력과 시민정신, 학습능력이 증가한다. 참가자들에게서 냉담과 학대, 중독성 물질남용, 우울, 불면증, 외로움이 줄어들었다. 우리는 이로부터 교육, 환경, 심미적, 경제적 이득을 얻는다. 우리의 영성과 에너지, 자기평가 지수가 높이 오른다. 우리는 적극적으로 자연의 장소를 보호하고, 회복을 돕는다. 왜냐하면 연습을 통해 그들에게 가치가 더 부여되었기 때문이다. 자연이 학대받을 때 우리는 고통을 느끼고 건설적으로 상호작용 한다.

이러한 결과를 지지하는 자료들이 그것을 보여준다. 예를 들면, 이 책 부록의 기사에는 냉담하고 스스로를 과소평가하며, 우울한 학생들, 육체적 성적으로 학대당하고, 약물에 중독 되어 위험에 처한, 최저생계 이하로 살아가는 학생들의 스터디 그룹에 대해 묘사한다. 그들은 자연에 말걸기 테크닉을 포함한 10주간의 회복 프로그램에 참여하였다. 이 젊은이들은 쉽게 상처받는 부류였으며, 그래서 책임있는 변화에 매우 저항하였다. 연구에 의하면 자연에 말걸기 프로그램을 사용한 그룹은 사용하지 않은 통제그룹에 비해 놀라운 결과를 나타냈다. 우울과 불면증, 자기평가, 스트레스 관리 측면에서 평균점수가 극적으로 향상되었던 것이다. 모든 학생들의 참여도와 학습 진전도가 향상되었고, 그들의 환경의식, 열정, 읽고 쓰는 능력이 증가되었다. 프로그램이 끝난 후 8개월 동안 그것이 일시적인 약물 소강상태였다는 어떤 표시도 보이지 않았다. 그리고 6개월 안에 몇몇 학생들은 상담교사에게 자신들이 다른 학생들에게 자연에 말걸기 과정을 가르치는 것을 돕겠다고 제의했다.

자연에 말걸기 경험의 대체물은 우리를 파괴시킨다. 대체물은 무의식적으로 우리가 그 대체물을 창조할 만큼 지성적이며, 우리에겐 자연이 필요없다는 환상을 조장한다. 그 환상은 해결책이라기보다는 오히려 문제이다. 그런 사고방식이 우리의 치닫는 문제를 막은 것이 아니라 일으킨 것이다. 지구적 통합성과 균형을 이루기 위해, 나는 우리가 이성적이고 의식적으로 비언어적이고 감각적인 내적자연을, 직접적이고 안전하게 자연의 양육하는 근원과 접촉하도록 해야 한다고 주장한다. 그리고 그러한 경험의 진실대로 살고 말하게 해야 한다고 주장한다. 온전한 정신은 자연의 지성이며, 자연물과 장소가 지닌 비언어적, 재생적, 양육하는 힘이다. 그러한 지성으로 생각하고 말하고 행동하는 법을 배울 때, 우리는 온전한 정신을 갖게 된다. 오늘날은 그러한 온전한 정신이 절실하게 필요할 때이다. 그런데 그것은 이제 가능하며, 미래의 희망이기도 하다. 그 심오하고 즉각적이며 직접 접촉하는 관계는 자연중심적인 사람들을 균형 잡아주고, 유지했으며, 전 역사를 통해 자연계를 유지해왔다. 그것은 이제 우리의 문제들에 효과적으로 작용하며, 우리 시대와 장소, 문화의 다른 도전적인 문제들에 대해서도 효력을 발휘함을 보여준다.

우리의 이상적인 예언이나 개념, 비전에는 풍부한 지식을 갖춘 자연접속 과정이 빠져있다. 그것을 가능하게 하는 응집력있는 과정에 참여하기보다 너무도 자주 우리는 이러한 스토리나 정부의 인가에 의존한다. 우리는 대개 자연의 응집력을 당연한 것으로 여긴다. 그러나 많은 헌신적인 환경활동가나 사회활동가들은 그들의 행동이 생명과 자연, 지구에 대한 깊은 사랑에 의해 동기부여 된다고 말한다. 우리 각자와 모든 다른 생명형태들은 그런 사랑을 타고난다. 대부분의 사람들에게서는 그들의 내적자연과 외부자연을 정복하고, 개발하며, 자연으로부터 과도히 단절되도록 우리를 가르치는 '문명화' 과정에 의해 생명사랑이 억압된다. 우리의 억압된 내면의 상처는 대부분의 치닫는 무질서에 기름을 붓고 있다. 고통은 결코 만족되지 않기 때문이다. 대부분의 성인들이 부끄러워하지 않고 자신들이 지구를 사랑한다고 말할 수는 없으리라는 점은 매우 중요하다. 그런 부끄러움이 우리를 괴롭히는 냉담함을 만들고 있는 것이다.

연구에 의하면 우리는 사람들에게 지구를 사랑하라고 단순하게 말하지 못한다. 그 사랑으로 생명과 균형 잡힌 관계를 대표해서 행동하라고 말할 수 없다는 것이다. 변명은 행동을 일으키지 못한다. 대부분의 사람들은 그런 사랑과 윤리에 더 이상 의식적이지 않다. 그저 냉담함이 널리 퍼져있는 것이다. 이러한 상황에 도전하기 위해 응용 생태심리학 훈련은 우리의 생명에 대한 사랑이 다시 젊어지고, 느껴질 수 있도록 허용하는 안전한 환경적 접촉을 창조해낼 수 있다. 그 사랑에는 생태학이 통합된다. 그것은 개인과 환경, 사회적 관계에 균형을 잡아주는데 필요한 참여를 유도해낸다. 우리가 그러한 관계를 성취하고자 한다면 그에 대한 우리의 사랑을 회복시키는 것이 현명할 것이다.

다행히도 오늘날 우리에겐 1972년 카렌과 그녀의 교수진들이 가지지 못했던 방법들이 있다. 상담가 래리 데이비스는 그것을 연구(부록 B)에서 이렇게 묘사한다. "코헨 박사의 자연에 말걸기 워크샵 동안 학생들을 데리고 새 학교로 정해진 곳 옆의 손상된 자연을 방문했다. 그곳은 포장되어 주차장으로 변할 위기에 처해있었다. 우리는 자연에 말걸기 연습을 거기서 했다. 결과적으로 학생들은 그곳을 자신처럼 느꼈고, 그곳이 사회의 학대로부터 회복되길 원했다. 그들은 그곳을 자신처럼 느꼈고, 그들의 말을 빌리자면, 그곳은 "상처입고, 괴롭힘을 당하며, 침범되고 불법 침해 되었다." "그것은 건강해질 수 없다면 죽고 싶어했다." "그것은 버려지거나 압도당한 느낌을 가졌고," "그것에겐 힘이 없었고, 회복을 위한 도움이 필요했다."

그때부터 그 장소와 학생들의 내적자연은 학생들에게 힘을 주어 그곳이 주차장이 되지 않도록 보호하기 위해 사회, 환경요원에게서 받을 수 있는 지원리스트를 작성하도록 해주었다. 이제 쓰레기는 치워질 것이고, 그곳은 타고난 자연적 장소로서 회복될 것이었다. 그곳은 아이들을 돌보고 그들로부터 돌봄을 받을 것이며, 학교 활동을 위해 야생생활의 터가 되고, 교육적, 치료적 자연의 사원이 될 것이었다. 또 멋진 감각적 자연에 말걸기 활동을 하는 장소가 될 것이었다. 그 학생들은 최근 그들의 이러한 비전을 현실화시킬 약속을 받아냈다. 그들이 약속에서 말한 비전은 다음과 같다. "우리는 자연에 말걸기에 기반을 둔 회복그룹이다. 우리의 회복 노력에는 자연이 그 주된 역할을 담당한다. 우리는 우리를 하나의 공동체로서 반영하는 작은 야생지를 선택했다. 이 야생의 공동체는 낯선 공장과 환경오염의 스트레스, 버려짐과 커다란 상실로 질식되고 있다. 우리도 역시 마약과 우리의 자연스런 자아를 오염시킨 스토리들에 의해 질식되고 있다. 우리는 사회에 의해 버려진 것처럼 느끼며, 자연에서 단절된 것처럼 느낀다. 이곳에서 쓰레기를 제거할 때, 우리도 삶에서 유독물질을 제거하게 될 것이다. 건강한 나무를 심을 때 우리는 생존을 위한 건전한 새 방법을 배우게 될 것이다. 이 생태계를 보호함으로써 우리는 어머니 지구와 우리 자신의 생존을 위해 마음과 가슴, 영혼을 열 수 있는 강함을 발견하게 될 것이다."

이 프로그램의 학생들은 마약 사용을 멈추었고, 정신건강 지수는 크게 향상되었다. 출석율과 학습 진도도 향상되었다. 자연에 말걸기는 예방과 회복을 위한 멋진 도구라는 것이 증명되었다.

연습15 | 언어를 통합하기

끌리는 자연의 장소로 간다. 그와 함께 해도 좋은지 허락을 구하고 이 연습을 하도록 도와줄 것에 동의를 얻는다.

그 장소가 마음에 끌리는 채로 남아있으면, 연습 14 '감사' 연습을 반복한다. 초록의 녹색(녹/녹) 문장을 써서 이번에는 그것을 다른 사람에게 큰 소리로 읽어주고 반응을 들어본다. 자신과 다른 사람들이 녹/녹의 가치를 편안하게 읽고, 쓰고 듣는 것에 주목하라. 우리는 감각적 내적자연(구피질의 자연감각)에 대하여 가치있고 진실인 것, 그것이 자연계에 접속하는 것을 언어로(신피질) 보고 들을 때 즐기는 것이다. 그것이 녹/녹이다. 그들의 녹/녹 문장을 당신과 공유해 준 것에 대해 사람들에게 감사를 표하라. 구피질이 이룬 접속을 언어적 의식으로 바꾸어 좋은 느낌을 준 신피질에 감사를 표하라. 이제 당신의 즐거움에 가치를 부여하라. 그것이 편안하게 느껴지고 의미있게 여겨질 때 다음과 같이 쓰거나 말한다. "나의 신피질이 구피질의 감각적 자연과 그에 연결된 감수성을 가치있게 여기는 것은 기분이 좋다." 그리고 "나의 이성-언어 능력이 내적자연과 외부자연계와의 접속에 가치를 부여하는 것에서 느끼는 즐거움을 의식한다."라고 말하라. 이런 가치부여는 그대로가 녹/녹이기 때문에 기분이 좋다. 그들은 감각을 회복시키고, 내면의 설득자를 사라지게 한다. 그들은 우리의 전일적 존재와 언어적, 비언어적 앎의 방식, 존재 방식을 통합해준다. 그들은 또한 자연의 장소에 가치를 더한다.

몇몇 참가자들은 이렇게 말했다 :

"나는 끌림이 어떻게 느껴지는지 자신의 느낌을 나누어준 캐롤에게 감사하고 싶다."

"나는 지금 이 그룹에 대해 따뜻하며 긴밀하게 연결되어 있음을 느낀다."

"이 연습은 다른 사람들 속의 자연을 내 속의 자연과 강렬하게 연결시킨다."

"내가 짐(Jim)에게 감사를 표하자, 그 느낌은 내가 나의 끌림에 대해 나무에게 감사했던 것과 똑같은 느낌임을 알았다. 느낌의 유사함이 우리의 하나 됨을 감지할 수 있게 해주었다."

"처음에는 한 사람의 정신성의 일부에게 감사하는 것이 이상하게 느껴졌지만 나는 신피질이 말하는 것을 즐겼고, 감사로 충만함을 느꼈다."

이 연습에서 배운 세 가지 중요한 것을 기록한다.

이 연습에서 얻은 세 가지 녹/녹 문장을 기록하라.

이 연습은 당신의 자기 가치 감각에 어떤 영향을 미쳤는가?

16장

자연에 말걸기 활동가가 평화를 말하다

우리의 자연감각 하나하나는 자연계와 우리 자신의 공통역사 속으로 들어가는 뿌리이다.

마이클 코헨과의 다음 인터뷰는 심리학자인 마크 브로디와 자연에 말걸기 초기 원고를 본 사람들에 의해 행해졌다 : 린다 코프, 스티브 스미스, 잰 골드필드, 거트 브락만, 로레나 타마요, 조안 모리슨 등. 관련 활동을 포함하는 글이나, 말걸기 연습들을 언급한 수많은 삽입구들이 그들의 글에 언급되었다.

마크 : 코헨 박사, 당신은 자연계가 어떤 구어나 문어도 사용하지 않는, 감각적 끌림의 생명시스템이라고 주장합니다. 자연으로부터 부여받은 우리 정신의 87%가 '구피질' 즉, 오래되고 이름 없는 감각적 사고방식을 사용하며, 자연이 생명을 조화롭게 유지시키기 위해 그것을 사용한다는 것이지요. 당신은 우리 정신의 오직 13%만이 신피질 기능인 이성과 언어를 통해 알고 소통한다고 말합니다. 그러나 우리가 현재 언어와 이성적 스토리로 삶을 살고 배우며 의사소통한다는 것은 엄연한 사실입니다. 우리에게 구피질, 즉 이름 없는 앎의 방식이 가지는 문화적 가치는 무엇이라고 보십니까?

코헨 : 35년간 자연에 살면서 나는 그런 자연이 길러준 자연감각으로부

터, 이성적 추론과 말하는 것에 민감하게 되었습니다. 그것은 마치 자신의 지식이 현대사회에 아무런 문화적 가치도 지니지 못하는 다른 혹성의 사람인 것처럼, 언어와 이성은 자연에서 이상하게 느껴졌던 것입니다. 그러나 나는 또 누구라도 자연의 기술을 배울 수 있도록 교육적 방법과 자료들을 개발해왔습니다. 감각적 자연활동에 참여하는 사람들은 이로움을 얻습니다. 구피질적 접속의 가치는 자연의 다중감각적인 균형과 기쁨, 지혜가 우리의 삶에서 빠져있다는 것을 알게 해준다는 점입니다. 그것이 빠졌기에 우리의 치닫는 많은 문제들이 일어날 뿐만 아니라, 그 문제들을 해결하지도 못하게 하고 있지요.

마크 : 당신은 마치 문을 두드리며 사람들에게 삶의 다른 관계방식으로 전환하라고 요구하는 사도와 같군요. 그것은 너무 급진적이지 않나요?

코헨 : 어떤 선택이 있겠습니까? 많은 사람들이 이 연습을 해보기 전까지는 자연에 말걸기 프로그램이 급진적이라고 생각한다는 것을 알고 있습니다. 그런데 참여해본 다음에는, 그들이 항상 느껴왔지만 결코 말로 표현해낼 수 없었던, 그들 내부의 무명지인애(이름없음, 지성, 끌림, 사랑)로부터 얻는 이로움을 발견하곤 합니다. 사실 급진적(radical)이라는 용어는 '뿌리 또는 기초의 일부, 혹은 그로부터 진행되어온 어떤 것' 이라는 의미를 가지고 있습니다. 그것은 자연에 말걸기를 많은 차원에서 설명해주고 있습니다. 자연에 말걸기 과정은 산업사회가 뿌리를 두고 있는 기초에 의문을 던집니다. 사회가 그 근저에서부터 우리에게 자연을 정복하라고 촉구하는 동안 말걸기 과정은 '자연을 껴안으라' 고 말합니다. 우리는 북아메리카의 생태시스템과 자연친화적인 사람들을 정복했습니다. 그리고 자신을 생명의 흐름에서 단절시켰습니다. 우리는 생명의 고리에서 벗어나있는 것입니다. 원래 말걸기 과정은 사람과 자연 사이에 필요한 건강한 평형을 회복시키자는 것입니다. 야외생활에서 경험하고 관찰한 개인적 체험을

부정한다면 나는 개인적인 자기 가치 감각과 통합성을 잃을 것입니다. 사람들은 내가 숲에 너무 오래 나가있었다고 말합니다. 그러나 나는 여러분들 대부분이 숲에서 너무 오래 떠나있었다고 말하고 싶군요.

린다 : 자연과 접속해있는 당신의 일상은 어떻습니까?

코헨 : 나는 밤에 밖에서 잘 수 있고, 낮에는 작은 오두막에서 일할 수 있으며, 시간이 허락하는 대로 자연에서 하이킹이나 카약을 할 수 있는, 해변에 근접한 장소를 애써 찾았고 발견했습니다. 일과로는 보통 오전 5시에 일어납니다. 오전 10시 정도까지는 글을 쓰거나 이메일 코스에 참여하고, 대중강연을 합니다. 그런 후 야외에서 잠깐 낮잠을 자고, 가까운 산에 올랐다가 여유있게 걸어 내려옵니다. 다양한 자연에 말걸기 활동을 실험하면서 좀 더 글을 쓰고, 그 후에 또 한번 짧은 낮잠을 잡니다. 이후에는 전통적인 음악을 하는 가수로, 마주보고 춤추는 대무곡 음악가로서의 취미를 즐기는 시간을 갖습니다. 이러한 모든 활동의 순서는 일정하지 않습니다. 나는 지역에서 한때 가수겸 음악가로 활동했는데, 이제는 일이 아니라 지역의 국립공원 봉사로 쓰여지는 역사적인 음악이 되었습니다. 나는 그들을 위해 자원봉사자로 일합니다. 때로 워크샵이나 컨퍼런스를 위해 1주일간 떠나있기도 합니다. 저녁에는 TV를 보고, 포크댄스, 대무(對舞)를 하거나 미팅에 참석합니다.

거트 : TV를 보는 것이 약간 당신의 이미지와 맞지 않군요.

코헨 : 나는 TV가, 도시에서 떠나 살아왔기에 피할 수 있었던 여러 가지 문제들에 대해 경고를 해준다는 것을 알았습니다. TV는 내가 개발하는 활동들에 초점을 맞추도록 도와줍니다. 특히 광고를 좋아하는데, 그것이 나의 자연감각 중 어떤 것을 악화시키고, 그 후 해결책으로 어떤 상품을 내

게 판매하려하는지 알아내는 것은 하나의 커다란 도전입니다. 나는 그에 대한 면역성이 있다고 믿습니다. 그들은 재미있는 정보를 제공하기도 합니다.

스티브 : 항상 밖에서 잠을 잡니까?

코헨 : 가능한 한 많이 밖에서 잡니다. 보통은 사방에 벽이 없는 방수포(防水布) 아래 열린 공간에서 잡니다. 밖에는 끊임없이 연주되는 순수한 자연의 교향곡, 야생의 콘서트, 날씨의 변주곡이 연주되고 있지요. 나의 언어/이성인 신피질이 잠자는 동안 구피질은 자연에 맞춰 춤을 춥니다. 나는 보통 내면과 외부의 자연을 향상시키는 신선한 아이디어와 함께 깨어납니다. 그래서 아침이 되면 밤에 들었던 그 음악들을 말로 옮기죠.

얀 : 이 모든 야외 생활이 당신에게 서구문명의 스토리에 면역이 생기도록 해주나요?

코헨 : 전부는 아닙니다. 내가 그 스토리에 조종당하지 않도록 해주지요. 나는 가능하면 자발적인 단순함으로 살기를 선택합니다. 왜냐하면 그것이 다중감각적인 방식에 의미있다는 것을 발견했기 때문입니다. 그런 삶은 만족을 주며 그래서 대단히 기분이 좋습니다.

로레나 : 자연에 말걸기 연습들은 어떻게 진화해왔습니까?

코헨 : 원래는 우리가 찾아가게 될 놀라운 야외의 장관을 나의 학생들에게 소개하기 위해서 그 연습들 몇 가지를 고안했었습니다. 우리가 그것들을 학술적으로 분리하여 토론하고 훈련하며 토픽으로 삼고, 코스 작업을 하기 전에 그 자연으로 하여금 말없는 감각을 통해 학생들에게 말하도록

하자고 생각했지요. 그런데 후에 나는 이런 감각적인 자연 활동이 학생들의 내면에 변형을 일으키는 경험들로 재구성될 수 있음을 깨닫게 되었습니다. 그들이 자연의 장소에서 하는 이 경험들을 나와 같이 즐긴다는 것도 알았지요. 그래서 사람들이 이런 경험을 주변 공원이나 뒤뜰, 가까운 자연에 나가 할 수 있도록 새로운 연습들을 많이 수집하고 고안했습니다.

거트 : 당신은 개인적으로 어떤 말걸기 연습을 정기적으로 합니까?

코헨 : 공식적으로는 없습니다. 나는 매우 오랫동안 자연에서 살았기 때문에 거의 자동적으로 연습들이 보여주는 대로 사고(思考)합니다. 그런 의미에서 나는 대부분의 시간을 연습하며 살아간다고 볼 수 있겠지요. 나는 종종 '자연이 안내하도록 하기' 연습을 하며 산을 내려오곤 합니다.

마크 : 당신이 생태심리학 분야에 독특한 공헌을 한 것을 어떻게 보십니까?

코헨 : 내가 공헌을 했다구요? 그랬다면 아마도 그것은 앞으로 무슨 일이 일어날 것인지 보고, 그것을 다룰 수 있을 만큼 오랫동안 자연에 있었다는 사실 때문일 것입니다. 우리 대부분은 이성적인 뇌가 얼마나 죽어 있으며, 자연과 단절된 우리의 삶에 대해 지독한 통제를 포기하지 않으려 한다는 것을 인식하지 못하고 있습니다. 그것은 에고입니다. 그것은 우리에게 자연에 대한 통제력을 잃고 자연과 너무 가까워지면 죽는다고 생각하도록 훈련시켰습니다. 나는 우리의 치닫는 문제들이 자연으로부터 단절되었기에 커진 것이며 그래서 자연에 말걸기는 그런 문제들을 해결하리라는 점을 단순히 관찰해보라고 제안합니다. 그러나 연습17에서와 같이 직접적인 자연과의 접촉이 자신을 이끌어가게 두는 것은 통제를 통해 생존해온 사회 지도자들을 불편하게 합니다. 그들은 이성/언어뇌가 경제적으로

이득이 있는 기술, 시각화, 교리, 심리학파 등을 창안해내기를 원합니다. 이러한 기술들은 어느 것 하나 자연과의 직접적 접촉을 필요로 하지 않습니다. 그러므로 그들이 무슨 설교를 하고 가르침을 전하든 은밀히 우리에게 자연은 필요하지 않다는 스토리를 강화시킬 뿐입니다. 그들은 대부분 우리가 자연환경과의 지속가능한 균형 속에 살기보다는 자연을 정복하라고 계속 가르칩니다. 이익을 만들어내는 것이 최우선이죠. 자연에 말걸기가 제공하는 자연스런 만족과 지혜 대신에 그들은 인공 대체물을 제공함으로써 얻어지는 경제적 번성 때문에 죽어가고 있습니다.

린다 : 사람들이 자연에 말걸기 활동을 하지 못하도록 막는 것에는 어떤 것이 있을까요?

코헨 : 이 활동은 심오하지 않고, 유치하거나 어리석어 보입니다. 그들은 특히 그렇게 생각합니다. 일반적으로 사람들이 자연에 말걸기에서 어떤 합리적 이성을 발견할 수 있겠습니까? 대부분의 사람들은 자연을 야만적이라 여기도록 배웠습니다. 왜냐하면 그들에게 자연은 지성적이거나 접촉할 수 있고 신뢰할 수 있는 감각적 실체가 아니라 하나의 스토리이기 때문이지요. 우리는 시골에 가서 1주일간 멋진 시간을 보내고 올 수 있습니다. 그러나 그러고도 여전히 자연은 야만적이라거나 악의적이라는 스토리를 바꾸지 않지요. 문제는 우리 대부분이 자연과 접촉해있는 사람들을, 아메리카 토착민이나 어린아이 또는 민감한 사람들처럼, 우리 사회에 영향력이 없다고 하여 경멸하도록 문화적으로 가르치는 사람들로 여긴다는 점입니다. 우리는 그들을 경멸하는 마음을 가지고 태어나지 않았습니다. 우리는 자연의 사람들을 본받아야할 사람이라고 배우지 않는 것입니다. 우리는 승리자가 되라고 배웁니다 : 자연을 정복하고, 자연적 감정을 정복하며, 타인을 정복하라고 말이죠. 우리가 자신도 모르게 진정으로 정복하길 바라는 것은 기분좋은 감정이라는 것을 아십니까? 그러나 그 감정들은 자

연적인 것입니다. 외적으로는 금기이지만 말이죠.

거트 : 왜 우리는 자연을 두려워하는 걸까요?

코헨 : 자연이 죽게 하는 것은 신피질이 지배하는 사고방식인데 그때 우리는 자신이 죽는다고 여기는 스토리를 배우기 때문입니다. 영아들에겐 그런 스토리가 없으며 따라서 그들은 자연을 두려워하지 않습니다. 우리의 두려움 대부분은 경험으로부터 옵니다. 우리의 느낌과 다중감각적 구피질을 공격하는 신피질의 스토리에서 오지요. 우리는 너무 감정적으로 되거나 자유로워지는 것을 두려워합니다. 왜냐하면 그런 것들은 나쁘거나 좋고, 옳거나 그르다는 어릴 때부터 지고 다니는 스토리에 의해 상처받을 위험을 감수해야하기 때문입니다. 예를 들면, 우리는 다 커서도 빨간 모자(Little red riding hood) 이야기를 듣고 주입된 두려움을 안고 살아갑니다. 그러나 우리 대부분은 늑대를 본 적도 없고, 늑대가 사람을 해쳤다는 사례도 들어보지 못했지요. 우리가 놀라서 늑대들을 몰살시키는 것은 신피질의 영역인 '스토리' 때문인 것입니다. 이러한 스토리에 의문을 제기하도록 배우거나, 자연으로부터 힌트를 얻는다면 신피질은 자신이 통제력을 잃어버릴 것이라 생각합니다. 우리는 그 수레바퀴로부터 빠져나올 수 없습니다. 왜냐하면 항상 신피질이 가장 잘 알고 있다고 말하는 다른 신피질들과 의사소통을 하며 살고 있기 때문입니다. 우리는 끊임없이 단절을 일으키는 근원을 먹여 살리고 있는 것입니다.

조안 : 현재 일어나고 있는 환경의 반격을 어떻게 처리해야 할까요?

코헨 : 신피질의 파워와 통제가 서로 갈등하고 있기에 나는 우리가 그것을 다루는 것이 가능하리라고 생각하지 않습니다. 자연만이 자연에 말걸기적 요소를 통해 그 반격을 어떻게 처리할지 압니다. 사람들의 내적자연

이 경고를 받게 되면, 그것은 자신의 불만족스러움을 표현할 것입니다. 우리에게 필요한 것은 이름없음과의 의식적인 접촉입니다.

조안 : 자연에 말걸기 요소가 인간의식을 일깨울 자연의 주도적 역할이라는 말씀입니까? 이것이 어떻게 작용하는지 몇 가지 예를 더 주시겠어요?

코헨 : 자연에 말걸기는 자연에 의한 주도적 역할이 아닙니다. 자연의 지혜가 우리의 관계에 들어와 균형 잡게 하는 것이 합리적이라는 생각은 나의 신피질의 표현입니다. 자연에 말걸기 요소는 단순히 신피질에게 합리적이 되라고, 자연감각과 느낌의 지혜가 우리 삶에 공헌할 수 있도록 들어갈 공간을 만들어 주라고 요청하는 것입니다. 그러한 일이 일어나면 전 세계를 한 가족으로 만드는 자연적 사랑이 드러나게 될 것입니다. 예를 들면, 두 마리 고래가 우연히 북극 빙하에 갇혔던 1988년을 상기해보십시오. 그들은 도와주지 않으면 죽게 될 상황이었습니다. 그들은 10억 달러의 구조 프로젝트와 사상 최초의 협조와 합일을 이끌어낸 매스컴의 대공세를 촉발시켰습니다. 이 고래들의 슬픈 상황은 종교와 과학만큼이나 극적으로 분열되어 있던 환경론자와 기업들 간의 철의 장막과 장벽을 무너뜨렸습니다. 너나 할 것 없이 협조하여 고래들을 구하는데 힘을 썼던 것이지요. 자연에 말걸기 요소는 그러한 반응을 촉발시킵니다. 왜냐하면 우리가 자연을 개인적으로, 지역적으로 또 전 지구적으로 지원하는 것은 구피질과 신피질, 둘 다에게 민감한 것이기 때문입니다.

스티브 : 만일 당신이 정부에 자리를 갖게 된다면 어떤 변화를 일으킬 수 있고, 사람들에게 그 변화가 경제적으로 실행가능하다는 것을 어떻게 확신시키겠습니까?

코헨 : 자연에 말걸기 프로그램은 자유롭고 강력하며 생태적으로 건전한 스트레스 관리 프로그램입니다. 우리 세금의 많은 부분이 국가와 개인의 자연정복적인 스토리 사이의 갈등에서 오는 스트레스로 인한 손해를 보상하는데 지불되고 있습니다. 정부가 사람들에게 자연중심적 활동을 사용해 스트레스를 풀도록 격려한다면 그것은 그에 맞는 건전한 재정과 관계를 통해 건강한 정신 및 환경을 만들 것입니다. 보험산업은 그것을 홍보하여 수십억 달러를 절약하게 될 것이고, 대중들도 이익을 얻게 될 것입니다.

얀 : 현재의 정치적 풍토에서 당신을 가장 실망시키는 것은 무엇입니까?

코헨 : 나는 우리의 자연단절적인 정치풍토에 실망하지 않습니다. 현재의 상태 그대로라 예상합니다. 우리는 우리에게 표를 찍어달라며 확신을 주고, 자연단절적인 언어와 이성을 사용하는 사람들을 대표로 뽑았기 때문입니다. 우리는 사무실에서 자연정복적인 신피질을 사용하는 그들로부터 보상을 얻습니다. 그것은 완벽한 질서지요. 왜 내가 그것에 실망하겠어요? 그것은 백인우월주의자들인 KKK단을 이끌 극도로 경쟁적인 사람을 뽑는 것과 다를 것이 없습니다. 당신은 잘 조직되고, 사회적으로 지원받으며, 치닫는 악몽으로 마감하게 될 것입니다. 거리의 갱들도 또 다른 좋은 예가 될 것입니다. 이런 일은 우리가 구피질의 자연접속 지혜가 우리를 이끌어주도록 하지 않는 한 계속될 것입니다. 이름없음의 세계는 협조적인 다중감각적 생존이 작용하는 방법을 가장 잘 알고 있습니다. 우리의 정치가들이 자연을 운영하는 것은 얼간이가 오하레 국제공항의 관제탑을 작동시키는 것과 같습니다.

마크 : 모든 종교가 환경위기에 적절히 대처하지 못하는 것은 왜일까

요?

코헨 : 대부분의 소규모 종교를 포함해서 그들 모두는 실외의 무명지인 애와 직접적인 감각적 접속으로부터 안내를 받지 않고, 신피질적 스토리의 교리를 중시하는 실내 조직이기 때문입니다.

스티브 : 당신은 실내에서도 실외의 고차적 힘을 똑같이 발견할 수 있나요? 예를 들면, 자연의 힘과 연결되어 있음을 느끼는 심오한 신비적 경험을 했다는 사람들이 그런 일이 실내에서 일어났다고 하는데, 그것에 대해 어떻게 생각하십니까?

코헨 : 신비적 경험은 참으로 신비적입니다. 왜냐하면 우리에게는 그들에 대해 설명하는 스토리가 없기 때문입니다. 다만 나는 신비적 경험으로서의 자연에 대해 알지 못합니다. 나는 아름답고 다중감각적인 느낌을 고무하는 자연을 압니다. 나의 감각과 느낌들이 합리적인 설명을 얻지 못한다면 실내이든 실외이든 자연은 나에게 신비적일 수 있겠지요. 우리의 이메일 코스에서 조차 나는 사람들이, 수십 년 동안 살아있었지만 그들 내부에 묻어두었던 자연감각들이 살아있음을 처음으로 경험할 때 이상하게 느낀다는 것을 발견합니다. 그들에게 그것은 신비적입니다만, 나에게는 기쁨입니다. 왜냐하면 나는 그러한 일이 일어날 것을 알고, 그에 의문을 표하지 않기 때문입니다. 나는 우리 내면의 존재와 접촉할 때만 오는 고차의 힘에 대해 모릅니다. 자연과의 구체적, 감각적이며 비언어적인 접촉에 비하면 그것은 한정되어 있는 것 같습니다. 우리 내면의 감각적 존재는 신피질적 스토리 뒤에 가려져 왔으며, 감정적으로 우리의 실내세계에 묶여있었습니다. 자연과의 전쟁에서 희생당하고, 학대받으며, 정복되어온 우리의 일부, 상처입고 묻혀있는 우리 내면의 일부로부터 지원을 얻기를 기대하는 것이 합리적일까요?

마크 : 자연은 실내에서 우리와 접촉하지 못한다고 말씀하시는 건가요?

코헨 : 아무도 고립되어 있지 않습니다. 자연에는, 사람들과 접촉하는 자연의 사랑이 있습니다. 만일 '실내'라는 것 외에 아무런 이유가 없는데 자연의 균형 잡힌 지성이 아니라 스토리의 결과물이 있다면 그것은 실내에 그 자연의 사랑이 빠져있다는 것입니다. 나는 자연의 그 어디에서도 지구적 생명공동체에서 떨어져 존재하는 자연물을 찾아내지 못했습니다. 그리고 실내에서는 나의 자연감각이 자연에 직접 접속하지 못한다는 것을 알았습니다. 대신 그들은 벽과 이미지, 환영, 스토리의 세계에 접촉합니다. 그러한 스토리는 자연과 관계할 수 없습니다. 사실 그들은 종종 정복을 성취하는 신피질의 능력을 축하하기 위해 존재합니다. 그들은 자연에 장벽을 두릅니다. 그들을 우리의 내적자연의 경험에 적용하면 신비를 만들어냅니다. 그렇게 생각하지 않나요? 예를 들면, 마약을 하고 실내에서 아름다운 숲을 경험하는 환각을 가진다해도 그것이 자연에 접속한 것이 아닙니다. 물론 그가 그런 경험을 했다고 말한다 해도 말이죠. 이것은 단순히 사람의 자연감각을 인공적으로 자유롭게 함으로써 얻게 되는 좋은 느낌일 뿐입니다. 그리고는 왜 그런 느낌이 있는지 신비해하지요. 그것은 1주일간 자연에 말걸기을 통해, 자연 자체로 하여금 당신의 자연감각을 사랑하여 의식으로 가져오고 그들을 지원하게 하는 것과는 다른 것입니다. 이때는 황홀경을 경험합니다. 신비가 아니지요.

로레나 : 당신이라면 우리의 교육 시스템을 어떻게 개선하시겠습니까?

코헨 : 나라면 자연에 말걸기 교육의 가능성을 널리 알리고, 지원하며 모든 주제 및 학습과 연계시켜 지원하겠습니다. 그것은 인터넷을 통해 쉽게 가능할 수 있습니다. 또 모든 훈련에도 적절하지요. 나는 언제 어디서

든 개인과 단체가 원한다면 사용하도록 격려할 것을 주장할 것입니다. 또 그 효과가 스스로도 말할 것입니다. 그래서 다른 이들도 자연에 말걸기 경험에 참여하도록 이끌 것입니다. 대중의 85% 이상이 환경에 관심을 두고 있고, 스트레스로 지쳐있습니다. 그들은 자격을 갖추고 지원을 받는다면, 자연의 지혜가 스트레스 가득한 경제문제와 스토리들로 인한 고통으로부터 자신들을 해방시킬 기회를 얻고자 뛰어들 것입니다. 우리가 정서적으로 거짓된 스토리에 묶여있고 중독되어 있다는 사실을 인식시키고 다루는 것은 교육에 있어서 커다란 도전입니다. 우리는 재교육이 필요하며, 안전하게 현재의 스토리에서 해방시키고 책임감있게 살도록 하는 것에 다시 묶어주는 과정이 필요합니다. 나는 자연과의 감각적 접촉이 그것을 가능하게 하는 힘이 있다는 것을 발견했습니다.

린다 : 우리 행성에 어떤 희망의 신호가 있다고 보십니까?

코헨 : 사람들이 내면과 외부에서 자연의 사랑과 평화, 지혜를 즐기고 공유하며 관계 맺는 것을 배울 때면 언제 어디서든 희망은 있습니다.

마크 : 테라피스트들이 상담에서 자연에 말걸기 접근법을 개인에게 적용할 때 기억해야할 중요한 점은 무엇입니까?

코헨 : 두 가지가 떠오르는군요. 테라피스트는 먼저 오/녹에서 녹/녹 과정을 경험하고 이해하며 신뢰해야 합니다. 그들은 자신의 스토리나 심리학적 이론이 아니라 자연으로 하여금 이끌어가게 해야 합니다. 이름 없는 끌림의 관계에 이름표를 붙일 때는 언제나 그 단어를 포함하는 자연단절적인 도그마에 지배받기 쉬운 위험이 있습니다. 만일 화분과 같이 최소한의 자연물이 그들의 작업에서 중요 요소가 되지 않는다면 테라피스트들은 아마도 지혜가 없는 신(神)을 연출하게 될 수도 있습니다..

얀 : 심리학적 이론이라는 관점에서, 당신의 접근법을 다른 이들과 어떻게 비교하겠습니까?

코헨 : 나의 관점은 서구의 신피질이 구피질 및 자연의 생물학적 생명지원 시스템으로부터 과도하게 분리되어 있고 심각하게 오염되어있음을 공개적으로 말하고 있습니다. 심리학적으로 나와 또는 그 어느 누구라도 할 수 있는 가장 현명한 일은 자연과 직접적, 의식적으로 말걸기할 수 있는 공간을 만드는 것이라는 것이 나의 접근법입니다. 그렇게 하여 무명지인 애로 하여금 치유하게 하자는 것이지요. 자연은 그 자신을 치유하는 방법을 알기 때문입니다. 이렇게 하면 자연계에 새로운 가치를 추가하게 됩니다. 자연이 회복되며, 따라서 우리도 그들과 함께 회복된다고 하는 새로운 가치를 말입니다.

얀 : 왜 그것을 심리학이라 부릅니까?

코헨 : 자연에 말걸기 활동은 심리학의 몇몇 주요한 아이디어를 우리 의식에 가져옵니다. 그들은 무조건적인 긍정적 관심이라는 로저리안(Rogerian) 모델을 포함합니다. 그 모델은 자아와 특히 자연을 포함하며, 끌림을 사용하여 고무하고 있지요. 인지행동 심리학의 원리들은 자연에 대한 태도에 있어 긍정적인 변화로 이끄는 말걸기 활동의 행동요소입니다. 이것은 말걸기 활동 중 경험한 것을 나눔으로써, 인지된 것을 표현하게 하여 다시 강화됩니다. 이것이 중요한 요소이지요. 사회적 학습이론은 우리가 많은 행동을 모델로부터 배운다고 주장합니다. 이 작업에서는 자연 자체가 하나의 역할모델입니다.

나는 자연활동을 하면서도 심리학의 다양한 이론들이 가치있는 통찰을 제공한다고 믿었지만, 대부분은 자연을 무시했습니다. 그 이론들은 우리의 자연분리를 치유할 응급처치로서 존재한다는 것을 거의 인식하지 못합니다. 자연에 말걸기를 포함하지 않는다면 그들은 계속된 분리를 조장할 것이라는 점도 모릅니다. 내가 어떤 접근법들을 신뢰하지 못한다면 나는 사람과 지구에 대한 그 방법의 장기적인 효과를 살펴봐야할 것입니다. 그런데 당신의 생명지원시스템을 파괴하는 것에 대해 편안함을 느끼도록 한다면 그것이 무슨 소용이 있겠습니까? 환경이 파멸의 국면에 와있다는 오늘날, 알면서도 우리가 환경에서 분리를 계속 하게 하는 이론과 활동을 행하는 것은 광기입니다. 그것은 우리를 정서적으로 해체시킵니다. 그러한 행동을 하는 매순간마다 우리는 더 깊이 당황하며 고통스러워합니다. 경제적 문제는 문제도 아닙니다. 우리 자신과 이 행성의 치유자가 된다는 것에는 막대한 경제성이 있습니다. 그 부분의 이점과 보상은 은혜롭게도 우리가 현재 중독되어 있는 기술적인 고착물로 인한 비용을 충당할 수 있을 것입니다.

거트 : 수천 년 동안 존재해왔던 자연지향의 치유법들이 많이 있었습니다. 당신에게 가장 영향을 크게 미친 것은 어떤 것입니까?

코헨 : 거슬리는 것도 없지만 영향을 받은 것도 없습니다. 나는 그에 대해 아는 것이 없으니까요. 나는 어릴 때 그런 방법을 사용하는 사람들 사이에서 자라지도 않았고, 커서는 자연에서 생활하여 그들과 접촉할 기회가 거의 없었습니다. 내가 본 소수의 치유법들은 인간 치유효과를 담기는 했으나 구체적이거나 자연을 포함하지 않은 스토리들인 것 같습니다. 나는 일리노어 루즈벨트의 양육과 친절에 대해, 존 듀이의 교육과정으로부터 적은 부분을 배웠습니다. 왜냐하면 그들은 자연과 의식적 접촉을 직접적으로 적용하였기 때문입니다. 사람들이 허용만 한다면 우리는 지구로부터 배울 수 있고 또 그러할 것이라는 점을 나는 압니다. 우리는 아름다운

관계와 기회를 매일 쓰레기 취급합니다. 광기의 극치이죠. 나의 방법과 재료들은 모든 연령층의 사람들에게 매순간 지구로부터 균형과 통합성을 배울 수 있도록 능력을 부여합니다. 결국, 이 과정을 실행하기 위해 필요한 것은 그들 내면의 자연과 외부자연으로부터 함께해도 좋은지 동의를 얻는 것뿐입니다.

마크 : 왜 우리는 환경과 우리 자신에게 상처를 주는 악순환의 고리에 머물고 있는 것일까요?

코헨 : 시대는 변하였는데 우리의 스토리와 행위는 변하지 않았습니다. 우리는 그것들에 집착하게 되었습니다. 예를 들면, 쓰레기가 모두 자연물일 때 그것들을 땅에 묻는 행동은 괜찮습니다. 그런 행위는 문명의 정체성을 비옥하게 할 뿐만 아니라 땅도 비옥하게 하지요. 그러나 오늘날 그와 똑같은 스토리와 의식에 집착한다면 그것이 편안하게 느껴지고 문화적으로 중요할지는 모르나 그러한 행위는 물을 오염시키고 그 저변에 놓인 생태 시스템을 망가뜨리는 유독물질을 생산하게 됩니다. 지구의 자연시스템이 파멸위기에 있으므로 우리는 새로운 스토리와 의식을 창조할 필요가 있습니다. 자연에 말걸기 활동은 사람들을 위해 그런 목적으로 사용될 수 있을 것입니다.

로레나 : 당신이 신뢰하는 실내의 스토리는 없습니까?

코헨 : 실내 스토리에 관해서라면 나는 로락스(Lorax)를 신뢰합니다. 자연에 말걸기 활동이 다음 세대를 위해 남겨질 로락스의 씨앗이라고 생각합니다. 씨앗은 스토리를 담고 있지 않습니다. 그것은 자연의 아름다움과 균형의 지혜를 생산하는, 영겁을 유지해온 자연감각의 끌림을 담고 있습니다. 그것은 그들을 기르고 유지시킬 능력을 담고 있습니다. 오늘날 대부

분의 젊은이들이 로락스에 대해 들어본 적도 없다는 것을 당신은 아십니까? 우리 문화의 중심 스토리에서 로락스의 진실은 제거되어 버렸습니다. 우리의 스토리 세계는 자연으로부터 너무 멀어져 있어 오늘날의 지성인들까지도 자연에 대한 우리의 애착을 가치있게 여겨야 한다고 말하고 있습니다. 그것은 하버드 대학의 교수인 E.O. 윌슨의 연구와 이론을 통해서인데 그는 인간이 자연의 살아있는 세계와 합병해야할 필요가 있다고 말하는 것입니다. 나는 그것이 30년 전 세우스(Seuss)와 로락스(Lorax) 박사의 스토리가 주장해온 단절의 슬픔이라는 것에 의해 잘 구축되었다고 믿습니다. 직접적인 감각적 접촉을 깨버림으로써 생겨난 슬픔이죠.

스티브 : 오/녹에서 녹/녹으로의 변화가 걱정이나 슬픔, 우울 등의 감정을 어떻게 도울 수 있습니까?

코헨 : 그에 대해서는 린다가 저보다 더 잘 대답할 수 있을 것 같군요. 린다?

린다 : 과거에 나는 심각한 근심으로 고통을 받았습니다. 때로는 극도의 스트레스 감정에 빠지기 쉬웠지요. 나의 경험에 의하면 이 깊은 근심과 스트레스성 감정이 우리를 우리의 고유한 자연감각인 지원, 안전함, 사랑, 평화로부터 분리시켰습니다. 자연에 말걸기 활동을 통하여 이러한 감각과 느낌에 긍정적으로 재접속할 수 있습니다. 그들은 또한 무리를 돌보는 고요함, 감정적 안정성, 행복, 신뢰, 권한, 긍정적 자기평가의 감각을 길러줍니다. 근심으로 고통 받는 사람들에게서 사라지고 없는 이러한 감각과 느낌은 사람들과 이 말걸기 활동을 함으로써 다시 일깨워지고, 강화됩니다. 자연이 우리에게 무엇이 '실재' 인지 안전하게 가르쳐주면 우리는 점차 우리의 '비실재' 하는 두려움과 근심을 매순간의 기쁨과 방사되는 건강함, 재미, 웃음, 자기균형, 생명과의 조화 등의 감정으로 대체할 수 있게 됩니

다.

얀 : 당신에게는 그 활동들이 어땠습니까, 린다?

린다 : 나는 자연이 오직 지금 이 순간 속에만 존재한다는 것을 배웠어요. 자연에 말걸기 연습을 통해 지구가 자신의 지혜를 내게 가르치도록 허용하고, 심오한 지성을 얻게 했지요. 나는 슬픔과 우울이 내가 과거로부터 되살려내고 있는 '스토리'의 결과라는 것을 깨달았습니다. 걱정과 두려움은 미래에 내게 일어날지도 모를 것에 대한 '스토리' 때문이란 것도 말이죠. 나는 자연에게서, 삶이 순간에서 순간으로 이어지는 '존재하고자 하는 욕구'를 따르는 끌림의 힘이며, 그러한 자연처럼 존재하도록 나의 내적인 자연을 허용하면 나 또한 순간순간 지성적으로 살 수 있다는 것을 배웠습니다. 그리고 그것은 과거와 미래의 '스토리'로부터 나를 해방시켰지요. 그러므로 나는 더 이상 슬픔과 근심, 우울로부터 고통 받을 필요가 없습니다. 말걸기 활동을 통해 우리는 '스토리'를 인식하는 법을, 또 즉각적인 자연적 끌림을 발견하고 따르는 법을 배울 수 있습니다.

마크 : 코헨 박사, 이 나라의 많은 사람들이 아메리카 토착민들로부터 배워 자연과 접촉하는 것에 대해 발견해가고 있습니다. 그런데 왜 당신은 우리의 시대와 상황을 위해 다른 의식(儀式)이 필요하다고 말하는 것입니까?

코헨 : 나는 아메리카 토착민 스승을 만난 적이 없어서 그에 대해 답변할 수는 없겠군요. 나는 내가 참석했던 의식에서 그것이 나와 같은 서구인들과는 달리 그들에게 완전히 다른 의미라는 것을 자연의 사람들과의 토론에서 알게 되었습니다. 일반적으로 나는 자연중심적인 삶을 살고 가르치는 사람을 신뢰합니다. 그러나 그것에 대한 스토리를 말하는 사람이 아

니라 자연환경을 실제로 되돌려 놓고 있는 사람들을 말이죠.

마크 : 인터뷰에 감사드리며, 나에게 자연에 말걸기가 일어나도록 도와준 것에 대해서도 감사를 드립니다. 이곳의 우리 각자는 자연에 말걸기가 비실재적이 아니라는 것을 압니다. 그 과정과 이점을 경험했기 때문이죠. 자연에 말걸기에 대해 사람들에게 어떻게 설명하고 이해시킬 것인가가 앞으로 제게 남겨진 커다란 도전입니다.

코헨 : 비언어적 감각적 끌림을 말로 완전히 묘사하기는 불가능합니다. 나는 최근 캐롤이 말해준 일화를 사용했는데요. 이 인터뷰에 소개해도 좋겠군요.

"캐롤은 자연에 말걸기 코스에 참여하여 그 요소들을 적용해보았다. 이 코스의 참가자들은 여러 나라에 살고 있는 사람들이었다. 그녀는 오/녹에서 녹/녹으로의 활동이 무엇인지 알기위해 훈련 매뉴얼을 읽었다. 이메일과 전화, 지역의 파트너가 이 일을 도왔다. 캐롤이 오늘의 연습을 시작할 때, 그녀는 고사리류 위의 반짝이는 섬세한 물방울에 자발적으로 끌렸다. 이 끌림의 자연접속 감각을 강화시키는 몇 가지 연습을 더 하고 그녀는 이런 것에 대해 이전에도 느꼈던 것을 자각하게 되었다. 또 과거에 이로부터의 단절이 어떤 상실감을 가져다 주었는지에도 주목했다. 캐롤은 이 경험에서 얻은 생각과 느낌을 파트너 및 그룹의 7명과 나누었다. 그리고 그룹 구성원과 리더의 자연경험에 대한 글들을 읽고 답신을 보냈다. 그녀의 반응에 대한 그들의 답신도 받았다. 그것은 재미있었다. 그녀는 교사의 역할과 학생, 상담자의 역할을 하였다. 그녀는 파트너로부터 살아있고, 영감을 받으며 지원을 받는 느낌을 얻었고, 지구와 연결되어 있음을 느꼈다. 생활은 밝아졌으며, 집과 직장, 학교 및 지역사회에서 그녀에게 끌리는 장소와 사람들에게 더욱더 연결되기를 기대했다. 그들은 이제 그녀에게 더 많은 것을 의미했고, 더욱 귀해졌다. 그녀는 새로운 자기 가치감각을 발견했고, 삶에서 재미를 느꼈다. 그녀는 이 연습을 실행하여 그 효과를 알았기에 그것의 주인이 되고 그것이 가져다주는 기쁨을 얻었다. 그녀는 지역의 자연에 말걸기 훈련 팀을 형성하고 그룹을 지원하고자 하여 서로를 의식하는 민감한 공동체에서 더 많은 시간을 보낼 수 있게 되었다."

마크 : 우리는 캐롤의 이 글을 통해 자연에 말걸기 요소의 가치를 경험하고 보았기에 좀 더 희망적으로 느꼈으리라 생각합니다.

다시 한번 감사드립니다.

연습16 | 자연적 끌림을 존중하기

끌리는 자연의 장소로 간다. 그와 함께 해도 좋은지 허락을 구하고 이 연습을 하도록 도와줄 것에 동의를 얻는다.

그 장소가 마음에 끌리는 채로 남아있으면, 그것에 감사하고 몇몇 자연의 대상이나 자연물에 다가간다. 1분간, 각 자연물을 보고 그것을 끌어당겨 보라. 그러나 그것을 현재 관계 맺고 있는 자연으로부터 뽑아내지는 말라. 그냥 당신이 발견한 그대로 남겨두라. 이렇게 자연물들과 균형잡힌 관계 속에 있는 이 시간 동안 마음에 떠오르는 생각이나 느낌에 주목하라. 몇몇 참가차들은 다음과같은 반응을 보였다 :

"나는 시금치(해초)가 뒤로 물러서는 것을 느꼈다. 마치 그것이 우리 둘 다를 살아남게 하기 위해 내가 얼마나 힘써야 하는지 신호를 주기라도 하듯."

"민들레가 지금 있는 그곳에 있고 싶다고 내게 말했다."

“나는 풀잎이 나를 그 자신과 지구 쪽으로 끌어당기는 것을 느꼈다.”

“나는 잘못해서 잔가지를 끊어놓았다. 그리고는 슬퍼졌다.”

“이것은 물과 관계해서는 정말 힘든 도전이었다. 그것의 몇몇은 나와 함께 있기를 원해서, 나의 손은 젖은 채로 있었다.”

“나의 손은 꽃들 속으로 녹아들어가 함께 섞여 흐르는 것처럼 느껴졌다. 내 몸은 그들과 결합되기 시작했다. 나는 우리가 저절로 춤추어지고 있는 자연물이라는 상상에 빠졌다.”

이 연습에서 배운 세 가지 가장 중요한 것을 기록하라.

이 연습을 하면서 얻은 세 가지 초록의 녹색 문장을 기록하라.

이러한 느낌을 창조하고 즐기는 당신의 능력이 사라지면 어떤 느낌이 들까?

이 연습이 당신의 자기 가치 감각에 어떤 영향을 미쳤는가?

17장

자아(自我), 당신 자신과 만나라

사람의 성격과 지구의 특성은 너무도 닮아있어 우리는 지구가 살아있는 것이 아닌가! 하고 의심하게 된다.

산업사회에서 우리가 설득당한 사고방식은 우리 각자를 신으로 만든다. 우리의 신피질만이 의식의 스크린 위에 단절된 스토리를 상상해내고 그것을 행성 지구와 사람들에게 전달할 수 있는 힘을 가지고 있다. 모든 다른 종들은 자연과 단절된 지배적 스토리가 아니라 주변 환경과의 협조적인 동의를 통해서 생존하고 있다.

자연의 흐름과 단절된 채로 우리는 수많은 문제를 안고 있는 기술문명을 이루어냈다. 이제라도 이성적으로 행동할 수 있는 한 가지 방법이 있다면, 상상력을 사용해 우리의 사고방식을 지구생명 공동체의 지혜와 다시 연결시키는 것이다. 우리의 신피질이 지구도 감각적이고 이성적인 생명존재처럼 행동한다는 것을 인식하면 지구와 감각적인 접촉을 하는데 더욱 쉽게 동의할 것이다. 이러한 목적을 위해 나는 당신의 상상력을 사용해 다음의 안내대로 여행해보기를 제안한다.

50~60분 걸리는 이 연습을 가능하다면 자연의 장소에 나가서 해보라. 당신이 읽은 각각의 문장들을 음미해본 후에만 새로운 문장으로 넘어가라.

가능하다면 넓은 풍경이 있는 자연의 장소로 간다. 이제 상상으로 당신의 이름 없고, 지성적이며, 끌림이 있는 사랑(무명지인애)을 감각하고 느껴본다. 그리고 그것이 되어본다. 지구 표면에 난 균열이나 갈라진 틈을 타고 자신이 하향 침투한다고 상상해 보라. 그래서 지구 심장에 있는 원자의 핵에 도달할 때까지 더 깊이깊이 내려가자. 이제 천천히 의식을 확장하여 당신 자신을 채우고, 그 원자핵이 붙어있는 감각적 인력의 지구적 망으로 확장해 가서, 주위의 원자에로… 느껴지는 이 인력(끌림)을 따라 당신 자신을 확장해 더 크게, 크게 되라. 지구를 채우고, 전 지구가 되며, 그 대기권을 포함하면서 확장하라. 당신은 1만마일 두께의 이름 없는 지구적 존재로 무명지인애에 의해 묶여있다. 당신은 지구 전체가 된다.

당신 자신을 감각해 보라. 신피질이 당신의 인간적 삶으로부터 지구적 삶에 대해 배우도록 허용하고, 지구적 삶으로부터 인간적 삶에 대해 배우도록 허용하라. 시간이 허락한다면, 이 상상을 한 후에 자연에서 아래의 문장들 각각에 해당하는 한 가지 예를 찾아보라.

자신을 하나의 느낌, 끌림을 통해 관계 맺는 끌리는 지성적 욕망으로 감각해보라. 당신은 모든 관계의 커다란 안정성과 감사를 통해 보상 받는다…

한 손이 다른 손을 서로 만지게 하라. 다음은 얼굴을 만져보라. 말이 아니라 접촉이나 맛보기, 목마름, 듣기 등과 같은 감각을 통해 당신과 지구는 스스로를 알고 생존하는 것이다.

자신을 무한수의 상호연결된 끌림으로 구성된 지성적인 교향곡으로 느껴보라. 영겁의 시간동안 상호작용하고, 결합하며, 쌓인 끌림들…

손으로 관자놀이를 눌러 맥박이 뛰는 것을 감각하고 즐겨보라. 당신 삶의 핵심인 고동치는 그 긴장과 이완의 맥동은 수십억 년 전 지구인 당신이 탄생한 이래 계속 뛰고 있다…

태양을 환영하라. 태양빛을 들이마시고 그로부터 산소를 만드는 것에 대해 좋은 느낌을 느껴보라. 자신의 호흡 소리를 듣고 느껴보라. 행성의 존재를 위한 당신의 호흡에 감사하라. 모든 식물과 동물, 물과 미네랄 등에 순환하는 공기가 그들의 생명과 당신(지구)의 생명을 가능하게 한다…

태양이 따뜻하게 되는 것을 느껴보고, 그럼에도 폭풍이나 태풍을 통해 서늘함을 유지시키는 것을 느껴보라. 북극의 공기로 바람을 불어주고, 북극의 빙하로 시원하게 하는 것을 상상해보라…

구름우산이 솟아나고, 데이지와 눈, 빙하로 만들어진 태양 반사경에 대해 기분좋은 느낌을 느껴보라.

배고픔을 느끼고, 태양빛으로 당신(지구)의 배고픔이 채워지는 것을 느껴보라…

입술이 마르는 것을 느껴보라. 입술을 빗방울로 촉촉이 적시도록 빗물을 흩뿌려보라…

팔로 당신의 몸을 감싸 안아 우주와 자신에게 안겨있음을 음미해보라…

배설의 필요를 만족시키는 배설기관을 가졌다는 것을 통해 해방감을 느껴보라. 당신의 배설물을 안전하게 재활용되는 건강한 음식과 물로 바꾸어 순환시키는 법을 발견한 것에 대해 자신(지구)에게 찬사를 보내라. 그러한 성취에 대해 자긍심을 느껴보라…

당신의 성을 즐기라. 그것은 생명의 계속을 위한 행성적 끌림인 것이다. 다산으로 비옥하게 하고, 우주의 알을 기르는 자신에게 스스로 박수를 쳐주라…

입속에 침이 넘치도록 고이는 것을 느껴보라. 마치 생명유지에 필요한 수준으로 조절하기 위해 행성이 탄소와 소금, 메탄을 삼키듯이 당신 입속의 침을 삼켜보라…

내면의 조화를 즐기고 자신을 끊임없이 바꾸며 그것을 어떻게 유지시키는지 알라…

자신을 생명을 잉태하는 자궁으로서 존중하라 : 지구에 새로운 생명이 시작될 때, 임신 중인 부모의 흥분을 느껴보라…

내적, 외적 우정의 기쁨을 즐기라. 장소, 지원, 소속감 : 전체가 되고 생명의 존재를 위해 중요하게 된다는 감각…

뭔가 매우 가치있는 존재가 되는 것을 축하하라! 생존을 위한 끌림이 당신의 모든 자연적 과정을 가치있게 만듦을 기뻐하라 : 당신은 결코 나쁠 수도 없고, 부정적이거나 사악할 수도 없다…

양육을 받고, 양육을 하는 것을 느껴보라. 포크송이나 교향곡처럼 음악적인 조화로움을 느껴보라. 침묵과 천둥 그리고 박새의 울음소리를 포함한 자연의 소리로서 당신 자신의 음악을 즐기라. 현재 당신에게서 느껴지는 그 음을 콧노래로 흥얼거려보라.

자신의 생존을 위한 이 모든 측면을 당신(지구)이 의식적으로 즐긴다는 것에 놀라움을 느껴보라. 당신이 그것들 모두임에 행복해하라. 그 모든 측면들이 당신을 의식하고 있는 것을 기뻐하고, 그들이 당신의 선의와 리더십, 지혜에 동의하는 것을 기뻐하라…

당신이 잠들었을 때조차도 생명과정은 당신을 축복하며 스스로를 유지하고 있다는 사실에 안전감을 느껴보라…

새로운 유기체와 생명 시스템을 창조하는 기쁨에 공명하라. 그 시스템은 당신의 생명을 공유하고 지원하며 즐기고, 타인의 생명을 풍요롭게 한다…

문어(文語)를 사용하지도 않고, 숫자나 기계, 돈 없이도 수세대 동안 생명을 찬란하게 구축해온 당신 자신을 존중하라…

다치거나 문명의 스트레스와 긴장으로 차있을 때 스스로를 치유하는 당신의 능력에 공경을 표하라…

황홀함을 느껴보라. 왜냐하면 당신은 긴장을 풀어주는 끌림 조절 관계로 구성되어 있기 때문이다…

별들을 내다보고, 자신을 깊이 들여다보는 경이로움을 느끼며, 당신의 매력적인 탄생까지…, 이 모두를 즐기라…

아무것도 배우지 못한 것에 환호하라. 그는 단절의 스토리에 지배되지 않기 때문이다…

당신의 매혹적인 삶, 기쁨의 잠재력에 대해 창조성에 감사하라…

당신 존재의 핵심이 가진 기쁨을 환영하라. 숨을 내쉬고 멈추어본다. 숨을 멈추고 불편한 긴장이 쌓이는 동안, 당신은 지구적 생존의 목소리, 말이란 것을 모르는 감각적 언어를 경험하고 있음을 알라. 그것이 당신에게 편안한 끌림을 찾아 호흡과 재접속하라라고 말하는 것을 축하하라. 당신 자신을 넘어 당신을 사랑하는 끌림의 힘, 당신의 중요성을 공경하고, 당신의 '스토리'가 호흡을 멈추라고 말할 때조차 숨을 쉬라고 주장하는 그 끌림의 힘이 있음을 알고 안전함을 느끼라. 이제 숨을 들이쉬고 긴장이 풀어지는 것의 기쁨, 호흡에 의해 당신의 통합성과 다시 접속하는 기쁨을 느껴보라…

당신이 공기와 태양빛 둘 다를 호흡할 수 있다는 것에 감사하라…

긴장 쌓임과 긴장 풀림이라는 우주적 애정 언어가 이 지구적 생명공동체의 모든 존재 하나하나를 위한 생존과 성장에 관여한다는 것을 알고 강한 자부심을 느껴라…

당신이 자신과 조화를 이루어 행동할 때 얻는 기분좋은 느낌은 지구공동체의 동의를 표현하는 것이며, 당신이 다음 순간에도 존재할 것임에 감사하는 것임을 올바로 알라…

당신과 달, 태양, 우주 사이에 맥동하는 신호를 통해 원기가 불어넣어지고 있음을 느껴보라… 당신의 조류(潮流)가 간지럽히는 것을 즐기고, 당신의 바위가 구르는 것, 당신이라는 화산이 트림하는 것을 즐겨보라…

당신의 생존이 수천의 다양한 인간문명의 기본 원천이고 목적이라는 것을 소중히 여기고 영예로움을 느끼라…

생명을 사랑하라, 당신이 바로 생명이기 때문이다…

모든 물질과 힘들을 느낄 때 통일감의 풍미를 즐기라. 그것들은 당신의 끌림의 힘이 살아있다는 표현이다…

무조건적인 동료애의 큰 기쁨을 느끼라. 행성 지구로서 당신에게 일어나는 것은 무엇이나 개인으로서의 인간인 당신에게도 일어나며, 그 반대도 마찬가지이다. 언어를 아는 인간적 능력을 빼고는 당신과 지구사이에 차이는 없다…

살아있는 유기체로서 당신은 태양계 및 우주와 관계함으로써 생명을 유지하고 있다는 사실을 숭상하라. 당신의 존재가 요동과 힘으로 흐르고 구부러질 때 큰 기쁨을 느끼라…

인체의 기관들이 공동체를 이루듯이 지구적 기관들이 공동체를 이루는 것에 축복을 느끼라. 당신의 신장이나 간, 모공, 위 그리고 심장에 해당하는 것이 이 지구에도 존재한다는 사실을 깊이 존중하라. 그러한 환경이 그곳에 거주하는 피조물들의 집으로 기능할 뿐만 아니라 지구적 생명의 끌림을 유지하고 있다는 것에 기뻐하라…

태양의 고에너지를 섭취하고 저에너지를 배설함으로써 당신의 신진대사가 이루어짐을 소중히 여겨라…

대양(大洋)이라는 지구의 신장(腎臟)은 육지와 바다, 산호들의 활동이라는 것에 놀라움을 느껴라. 따뜻하고 얕은 내륙의 바다에서 물을 공기 중으로 증발시키고, 남는 소금과 침전물을 결정화시키는 그들의 서로에 대한 애정을 환영하라…

행성인 당신(지구로서의 당신; 역주)의 염도를 안정되게 돕는 빙하의 해빙과 강물에 감사하라…

호흡을 통해 이산화탄소를 산소로 변환시키며 지구의 폐로 활동하는 열대우림과 식물성 플랑크톤에게 감사하라…

육지와 바다의 침전물이 당신의 간이며, 당신에게 영양을 공급하는 미네랄을 저장한다는 사실을 가치있게 여겨라…

바다의 흐름과 공기의 흐름, 비와 강의 순환하는 흐름이라는 순환계를 음미해보라. 그들이 당신의 영양소를 분배하고 온도를 조절하도록 돕는다는 사실을 기뻐하라…

이끼와 바람, 빙하들로 바위를 서서히 침식시키는 소화시스템의 사랑을 존중하라…

사막과 화산, 구름의 아름다움과 색채에 빠져들어 보라. 그들은 당신 피부의 표피이고 모공이며 홍조이다…

태양풍 플라즈마의 순수성을 음미하라. 그들은 당신을 목욕시키는 림프액이다…

낮에는 심장의 펌프질, 밤에는 온도를 유지하는 순환을 기뻐하라. 태양에 대한 각도와 그 주위를 도는 당신의 궤도가 계절을 형성하고, 극지방의 얼음모자, 적도의 열대를 만든다는 것을 경이롭게 느껴보라. 열기의 차이가 내외의 순환을 일으킨다는 기쁨을 느껴라…

당신의 근육조직과 흐르는 내핵, 대륙의 움직임의 축복을 느껴라…

당신의 대륙과 맨틀, 산들의 골격계를 자랑스러워하라…

손톱처럼 작용하여 부서지기 쉬운 해안육지를 바람과 파도로부터 보호하는 해변에게 감사하라…

굳은 화산 충전물(充塡物)과 흐르는 용암 등, 상처와 딱정이를 치유하는 당신의 피부에 감사하라…

당신의 정신적 에너지가 망으로 구축된 전기적, 호르몬적, 중력, 자기적 끌림의 신경시스템을 즐겨라. 당신 자신의 모든 측면이 상호연결 된, 요동하며 연동되어 있는 공동체 감각적 신호를 축복하라…

당신의 신체를 보호하고 덮는 숲의 머리칼에 기뻐하라…

바위를 갈아 먼지로 만드는 어금니인 빙하를 느껴보라. 바람은 그 먼지들을 흩날려 옥토를 만들며 식물을 먹여 살린다.

건기와 습기, 냉기와 열기의 균형을 잡는 기후와 날씨 패턴이라는 당신의 내분비계를 신뢰하라…

대양의 집열(執熱) 장소와 크기를 바꾸어가며 온도와 염도를 조절하는 대양의 단층을 기뻐하라.

5천마일의 대기층과 성층권의 가스를 통해 일어나는 당신의 호흡에 기뻐하라. 당신 속에 살고 있는 식물과 동물, 미네랄 들 – 당신 위에 사는 것이 아니라 당신 자신인 그들 – 을 위해 태양풍과 우주에 대항하는 그들에게 감사하라…

당신 존재 내의 모든 실체들과 유익한 관계를 맺고자 하는 당신 영(靈)의 욕망을 공경하라…

당신의 수십억 년 동안의 지식에서 나오는 지혜에 안전을 느껴라. 그들의 끌림은 당신을 영속화하고 재생시킨다.

그들이 제안하는 감각의 안내와, 충족되었을 때 주는 좋은 느낌에 대해 53가지 자연감각에게 감사하라…

행성으로서의 당신이 구체화된 사람의 존재를 음미하라. 당신이 그들 인간의 상징과 이미지, 언어를 통해 좀 더 의식적 존재가 된 것에 기쁨을 느껴보라. 당신이 읽은 대로 지금 그렇게 해본 것에 대해 감사하라…

당신의 의식이 느낌으로 가득한 신호를 자각하게 해준 것에 황홀감을 느껴라. 그 신호는 당신의 생존을 위해 지구적 생명시스템이 행하는 방식이다. 생명공동체와 협조적으로 성장하는 것에 대해 당신의 의식감각에 감사를 보내라…

당신의 존재에게 동의를 하는 지구공동체를 존중하라. 이번에는 그것의 존재에 대한 당신의 동의로, 그에게 값으로 매길 수 없는 큰 선물로 되돌려주라…

좋은 느낌을 만들어 지구생명공동체를 지원할 때 당신은 그것을 알 만큼 충분히 지성적이었음을 기뻐하라…

마지막 이미지로서, 지구에서 날아올라, 뒤돌아보고 우리가 알고 있는 대로 생명의 자궁인 우리의 행성을 축복하라. 그 흐름과 함께 섞여 가까이서 구름과 육지, 바다와 호수를 바라보면, 당신은 거기서 당신의 더 큰 자아, 안전하고 안정된 자아를 보게 될 것이다. 당신과 다른 이들, 지구가 여전히 똑같은 무명지인애의 심박동을 공유하고 있음을 기뻐하라. 우리가 지구와 접촉하면 우리는 서로를 접촉하는 것이다. 그런 이미지에 감사하고, 그런 좋은 느낌이 당신을 위해 있음에 감사하라.

연습17 | 안내자로서의 자연

이 장에서 보이는 것과 같이 지구는 당신의 안내자가 될 수 있다. 마음에 끌리고 산책이 가능한 커다란 자연의 장소로 나가라. 그와 함께 해도 좋은지 허락을 구하고, 이 연습을 하는데 당신을 도와주도록 동의를 구하라. 그 장소가 여전히 끌리면 그에 감사하고 지구가 당신을 안내하도록 하는 법을 배운다. 그것의 끌림을 안전하게 신뢰하라. 영겁의 기간동안 지구는 조화롭게 공동체와 그 아름다움을 구축하는 법을 알고 있다는 것을 보여주었다.

이 연습은 당신이 속으로 기대하는 끌림을 찾기보다 그곳의 자연적 끌림에 따름으로써 자발적으로 끌리는 그런 부름에 신피질이 열려있으라고 요청한다. 이렇게 하겠다는 신피질의 선택은 중요하다. 거기에는 위험을 감수하는 것이 필요하다. 왜냐하면 내적, 외적 자연이 매순간 자신을 이끌도록 사려 깊고 존경하는 마음으로 허용해야하기 때문이다. 그것은 행동하는 자연의 지혜이며, 자연이 작용하는 방식이기도 하다. 이 과정은 자연스럽게 신피질을 지구의 즉각적인 부름에 연결시킨다. 자연의 일부가 되기 위해 당신의 내적자연의 감각적 끌림과 욕망에 접속시키는 것이다. 그렇게 하는 것에 대해 감사하라. 이 과정은 복종이 아니다. 자연으로부터 과도하게 분리되어 문제거리를 발산하고 있는 가운데, 합리적이고 지성적인 신피질의 행동이다. 당신은 정신적으로 자연에 들어와 신뢰 속에서, 감각적 자연의 지혜를 찾는다. 그리고는 즉각적인 자연적 끌림과 예상했던 신피질적 스토리의 끌림과 다르다는 것을 발견한다. 더욱이, 당신의 끌림은 내적인 자연의 분위기와 열망을 충족시키기 위해 순간순간 바뀐다.

자연적인 끌림을 자발적으로 따르고 즐기면 내면의 자연을 통해, 외부 자연으로부터 오는 감각적 메시지를 신뢰하는 신피질의 능력이 향상된다. 그 신뢰는 신피질이 이러한 접속을 가치있게 여기도록 격려한다. 자연감각이 당신을 녹/녹에 도달하도록 도와주는 것에 감사하라. 스트레스로 가득한 오늘날에도, 우리는 기분좋은 자연적 끌림에 접속하고 추구하기 위한 공간을 만들려 하지 않는다. 그들은 설득자로부터 보호되기 위해 신피질의 지원을 필요로 한다.

즉각적인 자연적 끌림에 따르면서 15분 이상 이 자연 속을 산책하라. 그러한 끌림의 감각적 부름이 당신을 안내하도록 허용하라. 그 각각의 부름이 존재하고, 안내하며, 기분좋은 느낌을 주는 것에 감사하라.

아래는 몇몇 참가자들의 반응이다 :

"이 자연의 장소는 바로 지금 상호연결된 감각의 그물망처럼 느껴진다. 그것은 정말 기분좋게 느껴진다."

"생명이 정직하게 느껴진다. 나무숲은 확장된 나 자신인 것처럼 느껴진다. 사실은 정말 나인 것처럼 느껴진다."

"식물과 동물을 친척으로 생각하는 것이 단순한 은유가 아니다. 나는 진정으로 그들과 관계하고 있음을 느낀다. 이들과의 느낌은 집에 있는 나의 스트레스 가득한 가족에 대한 느낌보다 훨씬 좋다."

"자연적 끌림이라는 감각의 실제성은 바위나 나무는 감수성이 없다고 믿는 것을 어렵게 한다."

"나는 이름 없는 끌림의 연결망을 향해 흔들리는 나침반의 바늘처럼 느껴졌다. 그들은 바로 전의 내 상태에 반응하였다. 나는 더웠고 물의 시원함에 끌렸던 것이다."

"나의 삶은 감각적 실로 부드럽게 직조된 니트처럼 느껴졌다."

"나는 자연과의 접속이 오직 지금 이 순간에만 일어난다는 것을 안다. 이 순간 의식적, 무의식적으로 필요한 것이 나에게 끌리고 그것을 충족시키는 것이다."

이 연습에서 배운 세 가지 가장 중요한 것을 기록하라.

이 연습을 하면서 얻은 세 가지 초록의 녹색 문장을 기록하라.
이러한 느낌을 창조하고 즐기는 능력이 사라지면 어떤 느낌이 들까?
이 연습이 당신의 자기 가치 감각에 어떤 영향을 미쳤는가?

18장

당신 삶의 장

자연에서, 우리의 53가지 자연감각은 우리가 원하는 곳으로 우리를 데려가는 방법을 안다.

다음의 연습을 통해 이 장을 시작하라 :

연습18 | 자연처럼 감각하기

끌리는 자연의 장소에 간다. 그와 함께하며 이 연습을 해도 좋은지 동의를 구하라. 그 장소가 여전히 끌리면 그에 감사하라.

손을 머리 꼭대기에 두고 부드럽게 문지르며, 이 손이 자연분리적인 신피질적 스토리를 모은다고 상상하라. 그리고는 손을 공중에서 털어내며, 이 분리된 스토리들을 주변으로 흩어버린다. 그리고 자연의 지혜로 하여금 그것들을 재활용하게 한다. 이 과정을 몇 번 반복하고, 신피질적 스토리들이 사라지는 것에 가치를 준다. 그리고 당신과 자연이 동일화하는 것에 가치를 부여하라.

이제 이러한 스토리가 사라지면, 당신에게 끌리는 이 곳을 15분간 산책하고 신피질이 스스로 새로운 자연중심적 스토리를 말하게 하라. 이 스토리는 당신이 이곳을 산책하는 것은 자신의 정신과 신체라는 자연을 산책하고 있는 것과 같다고 말할 것이다. 주변에서 감각하고 느끼는 모든 자연은 당신 내면에도 있다. 그 내면의 자연은 종종 무의식적으로 사회가 기대하는 바대로 설득 당했다. 이 자연의 장소에서 당신은 이제 자신의 무의식으로 걸어 들어가는 것이다. 이곳의 끌림이 어떻게 느껴지고 자연중심적 사고를 어떻게 창조하는지 주목하라.

산책하는 중에 당신의 주의를 끄는 인공물이나 인간이 만든 변화도 역시 끌림 중 하나이다. 연습이 시작되었을 때, 그들은 당신에게 미치는 영향과 함께 당신이 버린 신피질의 스토리들이 어떻게 느껴지는지 주목하라. 편안하게 느껴지든 불편하게 느껴지든, 그 각각에 대해 감사하라. 그들이 가르쳐준 것으로 인해 당신은 그들을 발견하게 된 것이기 때문이다. 이 순간 그들이 당신을 이끄는 방식에 감사하라.

이 연습에서 얻은 생각이나 느낌, 반응들을 당신이 제작하는 저널이나 친구들과 함께 나누라. 가능하다면 이 연습을 친구들과 함께 하라. 그리고 당신이 그렇게 할 때 떠오르는 생각이나 느낌을 나누라. 친구들의 관찰이나 느낌을 왜곡하려 하지 말라. 그들에 관여하려면 먼저 허락을 구하고, 이 연습에 대해 당신을 도와달라고 동의를 얻어라. 그들의 외적인 모습이나 말에서 오는 나쁜 느낌이 아니라, 그들의 내적자연에 대한 당신의 끌림을 통해 관계 맺어라.

이 연습에서 배운 세 가지 가장 중요한 것을 기록하라.

이 연습에서 생긴 세 가지 초록의 녹색 문장을 기록하라.

이 녹/녹 문장을 만들고 즐길 수 있는 당신의 능력이 사라진다면 어떻게 느껴질까?

이 연습은 당신의 자기가치 감각에 어떤 영향을 미쳤는가?

이제 마지막 장을 기록할 시간이다. 이곳에 당신이 이 책 전체를 통해 얻은 경험을 통합하고 재음미해 보라.

당신에게 중요했던 것이 무엇이며, 당신이 만들어낸 자연연결적 문장은 무엇인지 생각해보라.

그들을 당신의 개인적, 직업적 일상과 섞어보라.

부록

부록 A

자연중심적 사고로 옮겨가기

세상이 폭력적이라 여기는 어머니는 새로 태어난 아기를 지키기 위해 벽장에 가둔다. 19살이 되어 그 아이가 발견되었을 때 그녀는 작은 방안에 갇혀 있었다. 그녀는 벽장에 '길들여져' 있었고, 그곳을 떠나길 두려워했다. 그 아이의 자기 정체성, 스토리, 믿음들은 아마도 다음과 같으리라 :

"나는 벽장 선반 위에 앉아 있는 것을 좋아하는 사람이다."

"나는 문고리를 문지르면 좋은 느낌을 받는다."

"나는 이곳에 있는 것이 좋다… 나는 여기서 살아남을 수 있다."

"밖은 폭력적이고 안전하지 않은 곳이다."

대다수의 아이들이 사람 가운데서 만족을 얻기 위해 사용하는 정상적인 감각들이 박탈되거나 결여되어 있다. 벽장에서 나온 수년 후 그 아이는 죽었다. 적응할 수 없었던 것이다. 불행히도 이 은유는 수많은 사례에서 사실이다.

벽장에 가두어진 아이의 예에서와 같이 과도한 실내생활은 우리에게 자연세계와 냉담하고 부적절하게 관계하도록 가르친다. 그 결과 우리는 끊임없는 신호를 받는다. 그것은 바로 오/녹 긴장인 것이다. 지구와 우리의 오/녹 긴장은 녹/녹 경험이나 스토리의 관계를 통해 회복될 수 있을 것이다. 녹/녹 경험은 자연에서 자연적 끌림을 감각하는 것에 기반을 두고 있다.

중요 : 자연적인 끌림 상태에 머물도록 주의해야 한다. 민감하게 깨어있으라. 끌림이 사라지거나 더 이상 끌리지 않게 되면 즉각 새로운 끌림을 찾아 그 느낌을 따르라.

우리 내면과 주변에서 긍정적인 관계를 즐기는 능력은 자연에 말걸기나 녹/녹 기술(記述)을 통해서 개발된다. 잘 구성된 녹/녹 문장은 갇혀있는 신피질을 야외에서 가능한 자연적 가치를 교육하는데 필요한 요소를 갖추고 있다. 심리적, 육체적으로 녹/녹 문장은 우리를 실내적 사고와 생활에서 벗어나 그것이 만들어내는 해로운 관계에서 벗어나도록 돕는다. 최근 한 참가자는 이렇게 썼다 :

> "이 코스 초반에 나는, 어린 시절 내가 매순간 나 자신을 신뢰할 수 없다고 배웠고—나 자신이 너무도 신뢰가 가지 않았다—내가 뭔가 '잘못된 것'을 말하고 행할 것이며, 누군가의 감정을 상하게 하고, 차분함을 잃고, 고통을 느끼곤 했다고 썼다. 나는 이 고통을 여러 해 동안 느꼈다. 그런데 매순간 자연과의 연결을 통해 나의 감각과 끌림, 정당함을 신뢰하도록 배우는 것은 놀라운 경험이었다. 나는 이 경험을 모든 순간으로 확장해 계속하고 있다. 이것이 이 코스에서 내가 받은 가장 커다란 선물이다. 내가 녹/녹이 될 때 나는 존재할 수 있다. 내가 진정 내 자신이 될 때 나는 내가 상처를 주거나 상처를 입지 않으리라고 스스로를 신뢰할 수 있는 것이다."

강한 초록의 녹색 문장의 요소와 그 문장이 의미하는 영역들은 처음에는 다음의 기초 문장을 사용하거나 가치 부여함으로써 얻을 수 있다 : 자연에서의 나의 경험은 내가 ________ (로부터, ~때, ~에 의해 등등) 좋은 느낌을 받는 사람이라는 것을 보여준다.

그 요소들은 다음의 내밀한 영역을 알게 해 준다 :

요소	요소가 말하는 내밀한 영역
나의	자아감각, 연결되어 있다는 감각
경험	다중감각적, 직접적, 신뢰할 수 있는 매순간의 정보
자연에서	실내의 신피질적 스토리가 아닌 자연이 이 정보의 근원이다.
보여 준다	이성적인 신피질적, 구피질적 경험, 균형, 가치평가
나는~이다	자아 정체성
~을 얻는 사람	인간 정체성, 상호작용, 개방성, 연결됨, 자연적 기능
좋은 느낌	자연 내에서 감각적이고 긍정적인 피드백, 작용하고, 책임있으며 신뢰 가고, 가치있고, 전체에 연결된
~로부터	신피질과 구피질의 균형 하에 자연과 관계하는 능력

사회는 신피질의 스토리와 언어를 통해 삶을 생각하고, 관계하며 알도록 우리 의식의 스크린을 엄격하게 프로그램 해놓았다. 위의 녹/녹 문장은 자연의 지혜를 우리의 신피질적 사고와 일치시켜보려는 시도이다. 우리가 지구 시민으로서의 자기정체성을 정립시켜주는 믿을만한 녹/녹의 스토리를 창조하는 능력을 빨리 개발할수록, 우리는 자신과 사회, 자연과의 녹/녹 관계를 더 빨리 구축하고 유지할 수 있게 될 것이다. 녹/녹 경험을 구축함에 따라 우리는 그것을 나누고 가르칠 수도 있게 된다. 그것이 책임있게 살아가는 길이다. 그것이 자연의 사람들이 다른 종들과 균형을 이루며 지구생명공동체에 참여하는 방법이다. 즉 "자연에서 나의 경험은 내가 좋은 느낌(신뢰, 양육, 기쁨, 소속감)을 얻는(생산하는, 감각하는, 발

견하는) 사람이다."

"나는 이 기본적인 녹/녹 문장을 녹/녹의 습관을 개발하는 체크포인트로 사용하기를 제안한다."

색깔 차트에서 녹/녹의 느낌이 하나의 은유임을 인식하는 것은 우리에게 커다란 도전이다. 진정한 녹/녹은 차트의 단어나 색깔 같은 대체물이 아니라 자연 그 자체로부터만 온다. 대체물로부터 오는 녹/녹은 종종 우리를 묶어두거나 중독 시킨다. 그들은 자연의 지혜가 아니라 단절된 산물로서의 고정물이 된다.

녹/녹이 한번 구축되면 이제 "관계를 유지하기 위해 나는 어떤 즉각적 행동을 할 수 있을까? 어떻게 하면 이러한 행동에 지금 즉시 참여할 수 있을까?"가 도전이 된다.

기본적인 녹/녹 문장의 예

주의 : 자신을 아래의 문장으로 판단하지 말라. 자연에 말걸기 연습 각각은 당신에게 맞는 녹/녹 문장을 만들어낼 자연스런 공간을 창조한다. 예를 들면 :

자연에서의 경험은 내가 다음으로부터 좋은 느낌을 얻는 사람임을 보여준다 :

- 이 꽃으로부터, 또 자연에 있을 때 내 마음이 평화롭고 중심 잡혀 있다는 앎으로부터.
- 이 나무를 붙잡고 있음으로써, 또 나무에게 그의 존재와 우정에 대해 감사할 때, 정서적으로 감동을 받음으로써.
- 태양아래서 이끼 낀 바위 위에 누워, 자연은 내가 진정한 느낌을 얻게 해준다는 것을 앎으로써.

내가 자연 속의 작은 것을 보고 또 만물이 어떻게 움직이고 흐르는지 볼 때. 나는 나의 자연적 자아, 자연이 되어, 겉모습에 상관하지 않고, 비언어적, 판단 없는 방식으로 그것을 즐기며, 그것과 함께 흐른다.

좀 더 풍부해진 녹/녹 문장 :

녹/녹 문장의 가치와 영향력을 강화하고 견실히 하기 위해 다음의 문장에 반응하라 : "나는 이 연결성을 경험하는 능력을 얻기 위한 노력을 멈추지 않을 것이다. 왜냐하면 _____ 하니까." 만일 이 녹/녹 접속의 감각을 잃어버린다면 그것은 자신에게 무엇을 의미하며, 어떤 기분이 들지 스스로에게 물어보라.

요약 :

강력한 녹/녹 문장을 만들기 위해 :

1. 끌리는 자연에 나간다. 자연스러운 곳일수록 더 좋다.
2. 그와 관계 맺기 위해 그 장소의 허락을 받는다.
3. 연습을 한다. 끌림들과 비언어적으로만 접촉하라.
4. 연습에서 발생하는 감각적 충족감에 주목하고, 이러한 좋은 느낌에 감사를 표현하라.
5. 그 연습이 어떻게 느껴졌고 자신에게 어떤 의미가 있는지 기록하고 경험을 나눈다.
6. 이러한 경험을 할 수 있는 능력을 잃는다면 어떻게 느껴질지 묘사하라.
7. 다음 연습을 하기 전까지 최소 하룻밤을 지낸다.

다음의 문장들은 이메일 코스에 참여한 사람들이 기록한 것이다. 녹/녹 문장을 만드는 것의 가치를 요약하였다 :

"이 연습을 한 후 내가 배운 3가지 중요한 것 :

1) 자연은 우리에게 녹/녹과 오/녹의 차이를 알고 느낄 수 있는 능력을 주었다. 그래서 우리가 자연과의 조화 속에 있거나 그에서

벗어나 있을 때를 인지할 수 있다.

2) 우리의 문제들은 끌리고, 지원하며, 자연에서 연원하는 고유한 지혜에서 정신이 단절된 결과이다.

3) 우리와 사회가 균형에서 벗어나 있을 때 변화를 일으키기 위해서는 낡고 책임감 없는 스토리들을 폐기하고 자연과 감각적으로 접속된 구피질의 지혜를 존중해야만 한다."

다음의 문장은 위에서 보인 기본 문장을 사용하지는 않았지만 똑같은 기반에서 이루어졌다.

1) 나는 자연에서 감각적 경험에 가치를 부여하는 힘을 느끼는 것이 좋다. 그것은 만물의 하나 됨에 접속하는 또 다른 형태이다. 이 힘을 잃으면 슬플 것이다. 왜냐하면 나 자신의 중요한 부분과의 연결을 잃는 것이기 때문이다.

2) 자연과 접촉하여 지혜와 안내를 얻을 때 오는 균형과 조화의 감각을 나는 사랑한다. 그것을 빼앗긴다면 나는 상처받을 것이다. 왜냐하면 그것은 내가 존중하는 균형 잡힌 공동체와의 접촉을 못하게 할 것이기 때문이다.

3) 내게 통합의 삶을 제공하기 위해 함께 일하는 구피질과 신피질의 힘을 존중한다. 누군가 이 감각을 내게서 빼앗는다면 나는 인간으로서 깊은 상실감을 느낄 것이다.

이성의 섬 :

각 문장들은 당신 내면의 자연 지성과 에너지를 신피질의 의식으로 옮겨와 접근 가능하도록 돕는다. 한번 그곳에 이르면 이성과 언어, 의식이라는 감각은 환영받고 축하받는다. 녹/녹이 항상 좋은 느낌을 주는 이유가 그것이다. 좋다는 것은 '전체와 연결되어 있음' 을 의미한다. 녹/녹은 오랫

동안 분리되었던 감각들의 가족을 다시 합쳐준다. 이성과 언어, 의식도 역시 자연감각이라는 것을 기억하라. 설득자는 그들을 모아 자연을 정복한다는 신피질적 스토리로 길러낸 것이다.

녹/녹 문장은 신피질로 하여금 통합성을 이루도록 요구한다. 각각의 문장이 의식의 바다에 떠다니며 생명을 구조하는 구명조끼라고 상상하라. 생명의 구명보트가 더 잘 뜰수록, 자연적 끌림의 관계망은 더 크고, 잘 지원하며, 복원력이 더 크다.

다음의 10가지 요소를 포함시킴으로써 최적의 문장을 만들 수 있다 :

— 끌리는 자연의 장소에서 문장을 만들고 쓴다,
— 그 문장이 자신이나 다른 종을 확인하게 한다.
— 그 문장이 좋은 느낌을 일으킨다는 것에 가치를 부여한다.
— 그에 포함된 자연감각에 이름을 붙인다.
— 이 자연감각에 감사한다.
— 그 자연적 장소와 그에 포함된 사물에 감사한다.
— 이 경험을 빼앗긴다면 어떻게 느껴질지를 표현한다.
— 이 문장들을 자신에게 큰 소리로 읽어준다.
— 그것을 다른 사람들과 나누고 그 반응을 본다.
— 최소한 하룻밤을 지난 후 다른 녹/녹 문장을 만든다.

한번 문장의 포트폴리오를 개발해보면, 이 문장의 '구명보트'가 당신의 사고와 복원력, 자긍심을 향상시킨다는 것을 알게 될 것이다. 그 문장들과 자연은 당신의 절친한 친구가 된다.

당신의 사고와 감정을 위한 100원 :

당신의 녹/녹 구명보트에 구명문장을 하나 넣을 때마다 100원을 항아리에 넣어라. 100개가 되었을 때 돈을 꺼내어 다른 사람들이 오/녹에서 녹/녹 과정으로 가게 하는데 사용하라.

오/녹에서 녹/녹으로 가는 체크리스트와 다른 성장도구 :

녹/녹 경험이나 문장을 생각하며 다음의 질문들에 답해보라. 당신의 분리된 신피질적 사고에 자연을 포함하도록 고무할 수 있다 :

— 자연의 장소가 머물러도 좋다는 허락을 했는가? 그것이 허락했다는 것을 어떻게 알았는가? 그 허락에 대해 감사를 표했는가?

— 느낄 수 있는 구피질의 능력을 '창안해낸' 자연에 대해 어떻게 감사할 것인가?

— 왜 당신에게 녹/녹 경험을 하고, 그것을 즐길 수 있는 자격이 있다고 생각하는가?

— 녹/녹의 경험에 포함된 특별한 자연감각에 의식적으로 확인하고 감사하는가(5장)? 또 좋은 느낌을 만들어내는 것에 대해서도 감사하는가?

— 그 문장을 큰 소리로 읽을 때 어떤 기분이 드는가?

— 그것을 다른 이와 나눌 때 어떤 기분인가?

— 당신의 문장을 누구와 나누면 이점이 있으리라고 생각되는가?

— 당신이 이 경험에서 해방감을 맛본다면 어떤 해방감일까?

— 녹/녹의 경험이 당신 삶에서 제거된다면 당신은 무엇을 알게 될까?

— 이런 경험에 다른 사람들도 초대해보았는가?

— 그동안 무시해왔던 자신의 일부를 이것이 더 잘 알 수 있도록 해주는가? 그것은 어떤 부분인가?

— 당신의 녹/녹 문장에 다음과 같은 것이 포함되는가? : 좋아한다, 사랑한다, 감사한다, 발견한다, 고마워한다.

— 다른 사람의 내적자연과 접촉할 때도 이 경험이 일어나는가?

— 녹/녹 관계를 유지하기 위해 즉시 할 수 있는 행동이 무엇이라고 여겨지나? 당신은 그 행동을 즉시 할 것인가?

부록 B

자연에 말걸기 사례

우리의 다중감각적인 자아를 인정하고 자연이 그자아를 기르도록 허용할 때 회복은 일어난다.

오/녹(오렌지 녹색)에서 녹/녹(초록의 녹색)으로의 변화는 심신장애를 예방하고 책임있는 관계를 즐길 수 있도록 촉진시킨다. 이 부록에서 나는 심신의 회복작업에서 이 연습들과 오/녹에서 녹/녹으로의 과정을 어떻게 사용하는지 사례를 공유하고자 한다. 그것은 마약과 알코올에 관계된 질병으로 위험에 처해있는 피폐된 젊은이들의 슬프고 극도로 도전적인 스토리이다. 그러한 젊은이들의 숫자가 늘어나고 있다. 그들은 자연과 비공식 전쟁 중인 사회에서 상처 입은 전장의 희생자들이다. 우리가 거의 인정하지 않지만 그 전쟁의 효과 스스로가 존재를 말해주고 있는 전쟁. 이 젊은이들이 자연중심적 관계를 맺기는 어렵다. 왜냐하면 신피질적 스토리가 그들 내면의 설득자를 활동시켜 너무도 쉽게 상처주기 때문이다. 그들은 저항력이 매우 약하다.

한 개인이 자연중심적인 관계에 들어가기로 선택하는 순간, 그들은 자연스레 기분 좋음을 느끼기 시작한다. 그 순간 스트레스와 함께 스토리의 세계는 사라진다. 그들은 그 순간 의식이 자신을 부정하여 공격하지 않도록 자연감각의 지혜인 서로를 지원하는 끌림의 느낌들로 가득 채운다. 이러한 관계가 지속됨에 따라, 그것이 습관이 되고, 사고방식, 관계방식이 될 뿐만 아니라, 자연의 건강을 도와 현재의 전쟁지대가 좀 더 평화로워지기 시작할 것이다. 비록 이것이 자연환경에 의존성을 조장하는 것처럼 보이지만, 그 과정에서 우리는 환경과 말걸기를 할 수 있게되며, 자신과 다른 이들의 내적 자연에 말걸기하는데도 똑같이 작용한다. 우리의 삶과 건강, 행복은 자연의 삶과 건강에 의존하는 것이다.

다음의 자연에 말걸기 기사는 고등학교 상담교사인 커틀랜드 데이비스와 나 자신의 작업을 기술한 것으로, 마약, 알코올의 위험에 놓인 학생들을 위한 프로그램에 자연에 말걸기 과정을 삽입한 것이었다 :

공립학교 워크샵 : 1995년 1월 30일 월요일 오전11:15분,
미국 워싱턴 밴쿠버

자연의 지혜가 우리를 생각해주기라도한 듯, 비구름이 물러나고 태양빛에 씻긴 푸른 하늘이 공원을 본래의 아름다움으로 빛나게 해주었다. 이번 워크샵에는 위험에 빠진 고등학생 그룹과 그들의 선생님, 상담자들, 그리고 나와 초대 지도교사들이 참여했다.

담배를 피우며, 나에게 다가오기를 머뭇거리던, 학생들은 소리가 잘 들릴 수 있도록 가까이 오라는 내 요청에 모여들었다. 자연에 말걸기를 소개하고 그 과정의 가치와 놀라운 효과를 이 학생들에게 보여주고 소개하는 것이 내게는 도전이었다. 교사들을 제외한 이 그룹의 학생들은 자연분리적인 서구문화의 희생자들이라는 것, 그들은 사회의 기대에 따라 길러졌다는 것, 그것이 이번 시범의 중요성이었다. 그들은 화학적(알코올이나 마약)으로 의존적이 되어있거나, 미혼모를 어머니로 두었거나 폭력적이고, 의존적이거나 음식장애를 숨기고 있거나 냉담하며, 또는 이 모든 문제거리들을 섞어 가지고 있었다. 그리고 대부분은 자신을 과소평가했다. 모두는 전통적인 학교의 낙오자로, 자연에 말걸기 프로그램을 지원하는 대안 교육 프로그램에 다니고 있었다. 아이러니하게도 많은 공원들이 이런 학생들 때문에 밤에는 문을 닫았다.

우리는 야외 테이블 주위에 모여들었다. 나는 학생과 스텝들에게 최근에 일어난 일에 대해 생각해보라고 요청하며 말했다 :

> "지난주 빌이라는 학생이 내게 말했어요. 그에게는 자연이 불친절하고 위험하며 '언짢은' 것이라고 말입니다. 빌의 그러한 느낌은 이번 가을 캠핑여행에서 받은 인상이었다고 합니다. 그는 절벽을 등반했는데 자연의 두려움을 느꼈다고 해요. 만일 바위가 굴러 떨어지거나 발을 잘못 디디거나 하면 자연은 그에게 상처를 입히거나 죽이기까지 할 테니까 말이지요. 그가 절벽을 오를 때, 자연은 그에게 비를 뿌렸고 그래서 온몸이 젖어 감기에 걸렸지요. 또 다른 날은 셔츠를 입지 않고 하이킹을 했는데 너무 춥고 바람이 세서 거의 얼어 죽을 뻔했다고 해요. 한번은 바위 위를 균형 잡으며 걷고 있었는데 옆에는 급하게 흐르는 계곡이어서 미끄러지면 물에 빠져 쓸려 내려가게 될 곳이었지요. 그것은 지난여름 해변에서의 일을 상기시켰다고 해요. 파도가 거의 그를 휩쓸어 가버릴 뻔했지요. '자연은 친구가 될 수 없는 게 분명해요' 하고 그가 말했어요."

학생들은 관심을 보이며 점잖빼는 웃음을 웃더니, 빌이 별난 아이이거나 일부러 냉담하려고 한 것이라고 내게 말한다. 그들은 이 '도시놈' 이 마약을 했거나, "그 샌님이 뭔가 잘못되어 있네요. 왜냐하면 스스로 위험한 상황 속에 자신을 밀어 넣었으니까요. 자기가 얼마나 바보인지 보기보다는 자기 잘못을 자연에 떠넘기니까요."라고 말했다. 그들은 빌이 스스로에게 위험한 사람이며, 모든 나쁜 일이 일어난 것은 자연의 잘못이 아니라고 결론지었다.

그래서 나는 이 학생과 교사들에게 말했다. "우리가 지금 하려는 자연에 말걸기 연습에서 여러분도 빌과 같은 어이없는 일을 피하도록 해주세요. 내가 여러분에게 원하는 것은 자연에 대해 느끼고 의식적이 되라는 것입니다. 이 자연환경을 둘러보세요. 그리고 여러분에게 끌리는 곳을 찾으세요. 여러분들이 즐길 수 있고 안전하다고 느끼는 곳이어야겠지요. 홀로 그곳을 10분간 탐험하세요. 그곳을 가능한 한 많은 방법으로 알려고 해보세요. 촉감, 맛, 향, 시각 등 많은 감각을 통해서 탐사하세요. 그리고는 다시 모여 이 짧은 홀로의 시간동안 무슨 일이 일어났는지 서로의 경험을 나눌 것입니다."

10분 후에 그들이 돌아왔다. 나는 그들이 변했다는 것을 즉각적으로 알 수 있었다. 대부분 편안하게 미소 지으며, 더 잘 들을 수 있도록 가까이 모이는 것에도 어색해하지 않았다. "누구 빠진 사람 있나요?" 내가 물었다. 그들은 돌아보고는 전에 한번도 함께 모여본 적이 없었건만 찰리와 사라가 없다는 것을 알았다. 우리가 인원수를 세어갈 때 다른 방향에서 찰리가 먼저, 그리고 사라가 나타났다. "서로에게 지금 자신이 어떤 느낌인지, 무슨 생각을 하고 있는지 말할 수 있겠어요?" 나는 그룹의 학생들에게 물었다. 그들은 다음과 같이 반응하였다 :

나는 정말 평화롭다. 이 작은 공원은 평화롭다.
나는 어떤 것의 일부임을 느낀다.
좋은 시간을 가졌다.
매우 아름다웠다.
나는 그 조용한 곳과 자연을 신뢰한다.
어렸을 때 이후 잃었던 나 자신의 일부를 느꼈다.
나는 지금 행복하다.
나는 이 그룹과 지금여기에 있는 것이 좋다.

나는 지금 존재하는 것, 단순히 진정으로 존재한다는 것을 느낀다.

나는 자연에 가서는 담배를 피워서는 안 된다고 생각한다.

나는 몇몇 쓰레기를 주웠는데 그것을 보는 것은 불쾌한 경험이었다.

나는 좀 더 살아있음을 느낀다.

나는 중심 잡혀있음을 느낀다.

우리는 이런 연습을 도시에서 멀리 떨어져, 소음과 집들에서 떨어져 해야 한다.

나는 항상 이렇게 살 수 있기를 희망한다.

나는 자연에서 일하고 자연을 보호하는 직업을 갖고 싶다.

나는 지금 부드러운 느낌이다. 그러나 처음 이곳에 왔을 때는 불쾌하였다.

나는 이곳에 해를 입히지 않고, 이곳을 존중하는 일을 하고 있는 것 같다.

자연 가까이에 살면 비용이 덜 들 것이다. 나는 기꺼이 그렇게 해보고 싶다.

나는 먼지 속에 앉아있었지만 순수하고 깨끗하게 느낀다.

다른 어떤 곳에서는 느낄 수 없는 어떤 영적인 것을 나는 이곳에서 감지한다.

나는 지금 우리가 느끼고 생각하는 것이 2+2=4만큼이나 진실이고 사실적이라는 것을 감지한다.

학교에서 비통해하는 몇몇 학생들을 지도하던 한 교사는 공원에 심어진 소나무를 보고 누군가를 기념하기 위한 것임을 알았다. 그 나무는 광장 가까이 있는 잔디밭 가운데 홀로 서있었는데 이 나무가 그녀를 슬프게 했다. "나는 그 소나무가 틀림없이 외로울 거라고 생각해요." 그녀가 말했다. "나무들의 공동체인 숲에 있지 못하니까요."

나는 그룹의 학생들에게 물었다. "여러분이 만일 저 소나무라면 이 순간 어떤 경험을 할까요?” 그러자 아이들은 다음과 같이 말했다.

나는 햇볕의 기쁨과 따뜻함을 좋아할 거예요.

나는 나를 통과해 지나가는 바람을 재미있어 할 거예요.

나는 흙의 친밀함을 느낄 거예요. 지원을 받고, 뿌리를 내리며, 근거를 갖게 하니까요.

나는 경쟁심을 느끼지 않을 거예요. 왜냐하면 숲 속의 나무들로부터 아주 멀리 떨어져 있으니까요.

나는 보호받는 공원에 사는 것이 행복할거예요. 상처받거나 잘려져 나갈 걱정을 할 필요가 없기 때문이에요.

나는 공원에서 새들의 노래 소리를 즐기고 아이들이 웃는 소리를 즐길 거예요.

나는 사람들이 나를 주목하고 보살피며, 그들이 사랑한 누군가에 대한 기억으로 나를 생각해주는 것에 자랑스러울 거예요.

나는 가지에 쏟아지는 반짝이는 물방울의 아름다움 속에서 춤을 출 거예요.

나는 숲의 커다란 나무 그늘에 가려지지 않을 것이므로 행복해요. 나는 소나무이고, 대개 다른 나무의 그늘에 가리면 자랄 수 없거든요.

그룹의 학생들은 교사의 슬픈 스토리에 동조하지 않았다. 오히려 자연에서의 경험은 그들로 하여금 독립적으로 그들 자신의 스토리를 창조하고 가치를 부여할 수 있게 하였다. 이들은 공원과 길거리를 위험한 곳으로 만드는 바로 그 젊은 친구들이었다. 자연 속에서 보낸 이 시간부터 젊은 친구들은 자연에의 끌림을 느끼고, 서로에게도 매력을 느끼게 되었다. 왜냐하면 우리가 공통으로 가지고 있는 책임감 있고, 근본적인 뭔가를 발견하였기 때문이다. 우리는 환경과 서로에게서 자연에의 끌림에 연결된 순간을 신뢰한다고 확언한다.

어른이나 학생이나, 그 그룹은 이 자연에 말걸기 학습이 앞으로의 학교 생활에서도 계속되기를 바랐다. 그들은 더 많은 연습들을 배우고 싶으며, 지구로부터 매순간 생각하고 느낄 좋은 방법을 지속하고 강화하도록 할 사고방식을 배우고 싶다고 말했다.

토론

우연이 아니라 자연과의 올바른 접촉이 마술처럼 작용하여 예방책으로 사용된다. 일년 내내, 다양한 연령대의 참가자들도 이메일 코스나 오프라인 코스에서 자연에 말걸기 프로그램에 이 학생들이 보인 반응을 보였다. 안내서를 보고 스스로 하는 코스를 통해서도 각 참가자들은 109가지 자연에 말걸기 프로그램 연습 중 한 가지를 해본다. 그런 후 그들은 다른 사람들과 경험을 나눔으로써 자신의 생각과 느낌을 가치있게 여기게 된다. 이메일로 진행될 경우 몇몇은 다른 나라에 사는 사람들이기도 하다. 참가자들은 서로에게서 가졌던 접촉에 대해 자신의 생각과 느낌을 나눔으로써 연습을 끝마친다. 그들은 자연과 서로에게서 지원을 얻음으로써 코스를 마친다. 그리고 이 과정을 다른 이에게 가르치는 법을 배우게 된다.

정신건강이란 점에서 오/녹에서 녹/녹 행위로의 변화는 자기학대와 사회적 학대를 예방한다. 위험에 처해있는 학생들에게 우리는 그것을 약물로 인한 학대를 치유하기 위한 처방으로 사용했다.

상담가인 쿠트랜드 데이비스는 이 프로그램에 대해 쓴 기사에서 다음과 같이 묘사하였다.

"1995년 봄, 마약을 하는 8명의 가난한 집안 우범 고교생들이 실험적으로 10주간의 자연중심 상담 프로그램에 참여하였다. 그 목적은 두 가지였다 : 첫째, 참여자들로 하여금 마약과 알코올에 의존하지 않도록 하는 것이고, 둘째, 참가자들의 내적자연을 자연환경과 재접속시켜 그들에게서 자연적 지혜와 복원력을 재생시키기 위함이다.

어느 날 공치기 게임을 하는 중에 사라가 얼굴에 공을 맞았다. 그녀는 다치지 않았지만 즉시 공을 던진 존에게 소리쳤다. 존도 되받아 고함을 질렀고, 샐리는 존의 편을 들며 함께 소리쳤다. 짐과 알리샤는 얼어붙은 채 쳐다보며 서있었다. 상담교사인 쿠트랜드는 '그만해!' 라고 소리친 후 이들을 모두 둥글게 모이도록 했다.

스토리를 들어보니 그 순간 학생들을 사로잡아 자각 없이 과거로 이끌어간 것은 오/녹 스토리였다. 그 사건이 일어나기 바로 전만해도 그들은 재미와 공동체 감각, 힘, 움직임, 균형이라는 자연스런 감각의 상호작용하는 흐름을 즐기고 있었다. 그런데 그 단순한 사건 하나가 순식간에 그 흐름을 붕괴시킨 것이었다.

쿠트랜드는 사라에게 그 순간 어떤 느낌이 들었냐고 물었다. 그녀는 분노와 두려움, 좌절, 모욕감을 느꼈다고 했다. 그는 그녀에게 이러한 느낌이 자주 드느냐고 물었다. 그러자 사라는 자신이 가족에게 얼굴을 맞았던 어릴 때의 감정을 표출하고 있었음을 재빨리 알아챘다. 이것과 유사한 상황들이 그녀의 스토리 '내가 뭘 잘못했나봐, 내가 적절하지 못했어. 나는 벌 받을 거야(오/녹).' 라는 것을 만들어냈다. 그녀는 현재의 상황에 반응하지 않고 오래된 스토리에 반응했던 것이다. 그리고 그것은 친구들의 다른 오/녹 스토리를 촉발시켰던 것이다.

사라의 공격대상이 되자 존은 그 자신의 스토리 속으로 들어갔다. 아이였을 때 학대당하면 존은 갈등을 일으키고 논쟁하며 되받아침으로써 살아남는 법을 배웠다. "나 스스로를 방어하지 않으면 내가 다칠 거야. 아무도 나를 도와주지 않아." 그 말을 듣자 샐리도 곧 자신만의 스토리대로 행동했음을 자각하게 되었다. "내가 그의 편을 들어주면 그도 나의 편을 들어주겠지."라는 상호의존과 구원방법의 스토리였다. 짐과 알리샤는 강한 부정적 감정이 표출되면 그들의 스토리인 "가장 안전한 것은 숨는 것이다." 대로 행동했다. 짐은 그의 의붓아버지가 얼굴을 때릴 때 무력감을 느꼈고, 알리샤는 알코올 중독의 집안에서 살아남기 위해 자신을 작게 만들어 배경 속으로 숨기는 것을 일찌감치 배웠던 것이다.

그룹의 학생들은 그들의 낡은 스토리에 의해 자극받았던 감정들에 대해 나누면서 우리 모두가 어떻게 해결되지 않은 오/녹의 인생 스토리를 끌어 내는지를 보았다. 거기에는 고통이 묻어 있었다. 그것을 의식하게 될 때 느끼는 고통을 피하기 위하여 어떻게 이런 스토리들을 무의식에 숨겨놓는지를 그들은 알게 되었다. 하나의 사건이 그와 유사한 과거의 것을 회상시키면, 우리의 무의식적 마음은 스스로를 보호하려고 한다. 그것은 우리 의식의 스크린에 유사한 과거의 스토리를 불러와 위험의 가능성을 경고하고, 다른 자연적 끌림을 찾도록 우리에게 말한다. 이 반응은 우리가 레몬 냄새를 맡으면 침이 고이는 것과 같이 고정되고 자동화된 것이다. 우리가 지지받는 상황에 있다 해도 생각지 못한 스트레스가 나타나 스스로를 보호하려는 스트레스 스토리를 촉발시킨다. 고통스런 스토리는 의식의 스크린에 나타나 기억에 붙어있는 해결되지 못한 이 고통을 방출한다. 우리가 그 낡은 스토리를 변화시키거나, 현재 우리의 안전을 보장하는 새로운 스토리로 움직여갈 때까지 말이다.

프레임 워크

이 공치기 사건은 우범학생들을 위해 계획된 프로젝트를 실시하는 중에 발생했다. 목표는 이들로 하여금 마약사용을 멈추고 그들 자신의 진정한 본성, 자연스런 공동체 감각인 자연과 다시 연결되도록 하는 것이었다. 이론적인 프레임워크는 마이클 코헨 박사의 응용생태심리학 모델에서 따왔다. 이 모델은 자연과의 친밀한 구피질적 접촉이 사람들로 하여금 즉각적으로 내적인 지혜와 접촉하게 해준다. 이 내적인 지혜는 신피질에 의해 가치있다 여겨지면 자아의 깊은 치유에 영향을 미치게 된다.

생태적 생명그물은 동의에 기반을 두고 있다. 동의(consensus)란 '일반적인 약속(합의)' 을 의미하며 라틴어 '함께 느끼다' 에 어원을 두고 있다.

시스템내의 모든 존재는 서로 간 동의 하에 감각적인 차원에서 공동체의 생존과 성장 과정에 그들의 자연감각을 통해 참여하는데 동의한다. 그들을 안내하는 언어적 스토리 없이 각 개인의 생존은 매순간 그들에게 유용한, 감각적이고 신진대사적 활력을 일으키는 것에 의존한다. 주변 환경과 가장 협조적인 지원관계를 유지하는 개인들이 살아남는다. 환경의 반대 측면은 어떤 차원에서 지원하는 관계로 변형되기 위해 끌린다. 그들은 자아의 생존감각에서 벗어나와 전 존재의 생존감각으로 옮겨간다. 집합적으로, 이 끌림의 감각은 포식자와 희생자 모두의 생존을 확보하는 쪽으로 움직인다. 계속적인 다중감각적 상호작용을 통해 모두는 더 큰 유기체인 지구적 생태시스템의 한 부분이라는 것을 감지한다.

이 프로그램에서 학생들은 그들을 기르고 균형을 잡아주는 자연계와 많은 감각적 끌림으로부터 단절되어 있다는 의미에서 '실내 인간' 이다. 이 스트레스로 가득한 내적인 전쟁터에서 뒤처진 학생들은 생존을 위한 오/녹 스토리를 창조하고 그 속에서 살고 있다. 그 삶은 그들이 협조적인 다중감각적 삶을 즐기지 못하게 한다.

연습

학생들은 코헨 박사의 많은 자연에 말걸기 연습들을 경험하였다. 그들의 구피질과 신피질이 소통함에 따라 스트레스는 녹아 없어지는 것 같았다. 그들은 특히 안내대로 행해본 자연산책 연습을 즐겼다. 한 학생은 시각에 의존하던 습성을 멈추기 위해 눈을 감으면 다른 학생은 그를 안내하였다. 두 사람 다 아무런 말도 할 수 없고, 이는 신피질의 소통방법을 막았다. 안내자는 오직 촉감을 이용해서만 안내해야했다. 안내자는 파트너를 이끌어 후각과 촉각, 미각, 습기, 그 외 많은 다른 자연감각의 세계로 데려갔다. 만일 파트너들이 뭔가를 보기 원할 때는 그들의 어깨를 꽉 쥔다. 그러면 '장님인' 파트너는 몇 초 동안만 눈을 떠 보고는 곧 감는다. 10분후 학생들은 자신의 역할을 바꾼다. 이 연습이 일깨우는 수많은 자연감각으로 인해 파트너들은 서로서로와, 또 자연과 연결되기 시작했다. 그들은 자신의 숨겨진 자연감각들을 재발견하였다.

우리는 언어로 생각하기 때문에 연습 후에 경험에 대해 스토리를 만들어보는 것은 중요하다. 신피질은 구피질의 감각적 끌림을 가치있게 하고, 구피질은 각각의 경험에 풍성함을 더한다. 이 과정에서 낡은 학대의 스토리는 드러나고 새로운 스토리의 씨앗이 자연중심적 순간 속에 뿌려진다. 어떤 연습에서는 학생들이 시냇물이나 나무, 꽃, 돌과 같이 특별히 자신에게 끌리는 자연물이나 장소에 간다. 끌리는 대상을 발견하면, 다음의 문장을 완성 시킨다 : "나는 ________(끌리는 대상)을 좋아한다. 왜냐하면 __________ 때문이다." 서로 자신이 완성한 문장에 대해 경험을 나누며 자신들 역시 자연임을 다시 기억해낸다. 그리고 그 문장을 앞에서와 똑같은 단어를 사용해서 다음과 같이 바꾸어 본다 : "나는 나 자신을 좋아한다. 왜냐하면 ________ 때문이다." 처음에 그들은 저항했다. 자신의 말을 믿지 못하기 때문이다. 그러나 곧 자신의 말 속에서 진실을 보기 시작한다. 왜냐하면 그들도 자연이기 때문이다. 자신에 대해 만든 각 문장들은 곧 그들을 기분좋게 했다.

위의 연습에서, 에일린은 아주 섬세한 야생화에 끌렸다. "왜냐하면 그것은 아름답고 완벽하기 때문이다." 그녀가 "나는 나 자신을 좋아한다. 왜냐하면 나는 아름답고 완벽하기 때문이다."라고 말했을 때, 그녀는 재빨리 덧붙였다. "그리고 아무도 그 꽃에게 그가 못생겼다거나 마약중독이라고 말하지 않는다." 자연은 그녀에게 그녀가 아름답고 완벽하다고 말하고 있었지만 그녀의 낡은 스토리는 그녀가 못생기고 결점 투성이라고 말해왔던 것이다. 그녀가 이 낡은 스토리에 대해 말하고 그것이 불러일으키는 아픔을 스스로 느끼도록 허용하자, 새롭고 건강한 스토리가 내면에서 자랐다. 그녀는 자연환경을 좀 더 자각하게 되었고, 자연으로부터 더 지원을 받게 되었다.

종종, '우범학생들'의 내적스토리는 다른 사람들에 대한 신뢰와 힘, 공동체 감각, 양육, 자아, 슬픔, 고통 등에 대한 자연감각의 발현을 막고 있다. 이것은 자연스런 공감, 공동체 감각을 불러일으키며, 학생들이 책임감 있게 지역사회에 참여하도록 끌림의 느낌을 기르게 한다. 우리는 그들의 자연감각과 함께하고 그것을 회복시키도록 특별히 고안된 프로그램을 개발하였다.

자연에 말걸기 프로젝트의 설계는 세 가지 단계로 구성되어 있다. 1단계는 3주간의 놀이가 포함된다. 해야 할 아무런 압력도 없고, 오히려 즐겁고 창조적이 되도록 고무된다. 이 안전하고 지원을 받는 환경에서 내적스토리에 의해 막혀있던 많은 자연감각들이 해방되어 활기를 띄게 된다. 강한 신뢰감과 공동체감이 개발되기 시작한다. 또한, 어릴 때의 학대받은 고통과 많은 자연적 끌림에 대한 충족감 상실을 느끼면서 슬픔의 감각이 열린다. 학생들은 이제 다중감각적 끌림을 느끼고, 그 내적 요구를 충족시키겠다고 스스로 선택할 수 있는 현재의 순간으로 들어갈 수 있다. 그리고 그것이 우리의 도전이다.

2단계는 학생들이 구피질적 앎의 방식에 재접속하도록 도우며, 그 방식에 평안해지고 신피질의 실내 스토리와 통합하도록 돕는다. 이 단계에서는 코헨 박사의 연습들이 공식적으로 소개되고 프로그램 전체에서 지속적으로 사용된다.

3단계는 로프코스라 알려진 도전 코스 5일로 구성된다. 여기서 학생들은 팀워크와 문제해결력, 스트레스 해소와 두려움 넘어가기, 힘과 기쁨을 발견하는 법을 배운다. 이 단계에서 그룹에게 가장 커다란 도전 중의 하나는 '5피트 믿고 맡기기' 이다. 그렇게 많지 않은 그룹만이 이 단계에 들어서는데, 이것은 각 개인의 상처받은 신뢰감에 커다란 도전이 되며, 집중되고 효율적이며 믿을 수 있는 팀워크가 요구되기 때문이다. 그 과정은 다음과 같다. 각 사람은 5피트의 평상에 올라가 그룹에게서 돌아선다. 그리고는 신호에 맞춰 뒤로 쓰러지며 팀원들의 손에 자신의 안위를 맡기는 것이다. 이것은 특히 생산적이었다. 학생들은 그 순간 다칠지도 모른다는 두려움을 되뇌이는 신피질의 내적스토리에 의해 아무런 도움도 받지 못하는 상태가 된다. 자동적으로 과거에 배반당했던 두려움의 사건들이 넘쳐 나와 의식을 가득 채운다. 이때 그들은 자신의 두려움을 큰 소리로 말하게 된다. 그러면 팀원들은 자연스런 끌림으로 이에 반응하여 그가 두려움의 감정을 느끼도록 허용하면서도 안전함을 확신시켜 주어 그의 내적단계를 지원하고 양육하게 된다. 그들도 역시 자신이 느끼는 자연감각의 이름을 부르며 큰소리로 이에 대해 소리친다. 학생들은 결국 그들의 안전감과 신뢰감에 대해 자연스레 끌리며, 지금 이 순간 속으로 들어갈 수 있게 된다. 그리고는 자신을 지원하는 공동체의 팔 안으로 떨어지는 것이다. 모든 이들의 자연감각은 공동체에 속한 모든 이들을 통해, 모든 이들에 의해 그들 자신을 협조적으로 충족시키도록 동의한 것이다. 그 후 지도자를 포함한 각 참가자들은 상쾌한 흥분과 개인적 파워를 느낀다.

로프 코스의 마지막 날, 학생들은 자신의 개인적 도전 수준에서 '더 높은 상급 코스'를 연습하기로 동의한다. 몇몇은 25~30피트 상공의 줄 위를 걷고, 몇몇은 25피트 장대 위에서 줄에 몸을 맡기고 떨어진다. 이런 연습을 하는 동안 거리감이나, 공간, 중력, 공동체, 신뢰감 같은 많은 감각들의 충족을 막는 스토리로 인한 두려움이 생겨난다. 신피질은 그들을 안전하게 인도하기 위해 이성적으로 사고하기에 끌린다. 그것은 그들의 그룹뿐만 아니라 자신의 구피질에 저장된 자연적 공동체감각, 신뢰감, 소속감, 의식, 균형, 육체적 능력, 자아감 등에 믿음을 주며 상황을 이해하기 위한 새로운 내적스토리를 창조한다.

프로젝트의 마지막 단계는 3일간의 야외생활이다. 생각지 못하였던 날씨와 지형으로 야외생활은 커다란 도전이 된다. 학생들은 예기치 못한 상황에서, 생존을 위한 자연적 끌림과 자신에게 있는지 몰랐던 강함을 발견하기 위해, 내면을 들여다보지 않을 수 없게 된다. 그들은 건강한 생태계처럼 기능한다. 한 학생이 문제에 빠지면 다른 학생이 그를 도와 위기에서 벗어나게 해주려고 열심이었다. 그들은 서로의 짐을 들어주며 피곤할 때는 서로를 격려하고, 험준한 경사에서는 서로에게 손을 내밀었다. 나중에 학생들은 자신의 그룹이 쓰러지길 원하지 않았다고 모두가 하나같이 말했다. 자연과 공동체에 속해있고, 그룹을 돌보려는 그들의 자연스런 끌림은 그만두고 싶었을 때마저 그들을 위로 밀어 올렸다. 그들은 그룹으로서 더 친근하게 느꼈고, 개인으로서는 더 강건해졌음을 느꼈다고 말했다.

상세토론

대부분의 야외교육은 학생들에게 스트레스를 다루기 위해 강하게 밀고 나가거나 정복해서 처리하라고 가르친다. 예를 들면, 고소공포증이 있다면 높은 곳의 케이블 위를 걸음으로써 두려움을 정면으로 마주하게 한다. 버려지거나 부상당하는 것을 두려워하면 신뢰를 구축하기 위해 팀원들의 벌린 팔 속으로 보지 않고 쓰러져본다. 이런 행동들은 팀워크, 신뢰감, 공동체감, 자기존중감을 세우는데 도움이 되는 스트레스성 경험이다. 그러나 이런 경험이 적절한 준비 하에 실행되지 않거나 충분한 감정적 지원을 포함하지 않는다면 도리어 "당신의 두려움을 극복하라."는 내적스토리 만을 장려할 뿐이다.

학생들이 여행에서 지독한 날씨와 거친 지형을 경험하며 계속 가야했다면 그들에게 자연은 위험하며 밀어붙여 정복해야한다는 생각을 강화시켰을 것이다. 우리 문화의 지배적인 스토리인 "밀고 나가라, 고통이 없으면 얻는 것도 없다, 승자독식, 끝이 좋아야 다 좋다, 큰소리로 울지 말라." 등만을 더 강화시켰을 것이다. 우리는 자연적 결속의 끈을 끊어버리는 낡은 문화의 스토리나 가족의 스토리에서 고통과 두려움, 스트레스를 창조한다. 이는 우리의 진정한 자연을 존중하게 하기보다 그로부터 단절 시킨다. 이것은 우리를 자연으로부터 고통스럽게 단절시켜 영속화하며, 또 환경과 서로에 대해 학대를 계속하게 한다. 이것이 우리가 코헨 박사의 응용 생태

심리학 에너지를 부가한 이유가 여기에 있다. 자연중심 심리학의 요소가 없다면 야외교육은 문제를 덧붙일 가능성을 가지고 있다.

코헨 박사의 생태심리학적 스토리는 자연을 정복하기 보다는 자연과 함께 흐르고 춤추며 균형을 잡게 한다. 자연은 끌림들로 이루어져 있다. 고통과 두려움, 스트레스는 자연적 끌림들이며, 자연의 완벽함의 일부이다. 이 자연스런 불편함들은 이 순간 우리가 감각적 지원을 받지 못하고 있음을 말해주는 자연의 방식이다. 그들은 우리를 끌어당겨 자연의 다른 결합을 따르게 한다. 여행 중에 자연에서 느끼는 우리의 불편함은 양육감과 공동체감, 신뢰감에 대한 우리의 자연스런 끌림을 강화시킨다. 그들은 우리의 생존을 지원하였다.

발견물

이 프로그램의 결과는 굉장히 긍정적이었다. 이후에 시행된 심리테스트와 분석에서 우울과 마약사용이 줄고, 자기존중감이 높아졌다는 것에서 학생들이 성장했다는 것을 보여주었다. 이들이 한 테스트에는 벡 우울(Beck Depression) 테스트, 스트레스 테스트, 쿠퍼스미스 자기존중(Coopersmith Self-Esteem) 시험, 박스데일 자기존중(Barksdale Self-Esteem) 시험, 수면패턴 목록작성(Sleep Inventory) 등이 포함되었다. 학생들은 이제 개인적으로 자연에 말걸기를 위한 그들 자신만의 연습과 이론적 근거를 갖게 되었다. 그들의 도전, 그리고 교사로서 우리의 도전은 일상의 삶의 일부분으로서 자연환경과 서로에 대해 지속적으로 지원하는 것이다.

지구와 거기에 사는 사람들의 상태는 정신적으로 환경적으로 우리가 파폐해있다는 것을 보여준다. 이러한 결과는 자연에 말걸기 활동이 일상의 스트레스 상황에 사용되어 생태적으로 건강한 시민교육 프로그램으로 쓰여 질 수 있음을 보여주며, 화학적, 음식의 문제, 사회적, 환경적 학대를 예방하는 방책으로 사용될 수 있음을 보여준다.

프로그램 전후의 자료 분석

1번 학생은 모든 부분에서 가장 인상적인 향상을 보여주었다. 이 학생은 가장 높은 도전코스에서 분투하였고, 야외활동 중 산에 하이킹 하는 것에서 가장 커다란 어려움을 겪었던 학생이었다.

비록 가족들 뒷바라지 때문에 마지막 하이킹코스는 참여하지 못했지만 2번 학생도 역시 모든 부분에서 꾸준한 향상을 보여주었다. 특히 그녀는 우울목록에서 진전을 보였다.

3번 학생은 각 점수에서 진전을 보이거나 같은 상태에 머물거나 했다. 우울목록 점수는 그가 좀 더 힘을 얻은 것을 보여주었다. 이 학생은 놀라운 운동능력을 보여주었고, 그것은 그룹에게 매우 중요했다. 특히 도전 코스에서는 더 했다. 비록 그가 자기존중감 테스트에서는 점수가 향상되지 않았지만 한 가지 중요한 변화가 있었다. 프로그램 이전 테스트에서 그는 가능하다면 바꾸고 싶은 자신에 대한 많은 것들이 있다고 했다. 그런데 프로그램 이후 테스트에서 이것이 더 이상 사실이 아님을 보여주었다.

4번 학생은 모든 범위에서 중요한 향상을 보였다. 이 학생은 1번 학생처럼 로프 코스와 하이킹 코스에서 많은 두려움을 넘어가야했다.

5번 학생은 스트레스 때문에 프로그램 이전 테스트를 하지 못했다. 끝마친 테스트에 의하면 그는 광범위한 향상을 보였다. 이 학생은 매우 건강한 자기존중감을 가지고 프로그램에 임했다. 왜냐하면 그는 상당히 안정적인 가정생활을 하다가 온 유일한 학생이었기 때문이다.

6번 학생은 수면패턴 목록을 제외하고는 모든 부분에서 향상을 보였다. 이 학생은 한 가정의 양자였는데 어머니와 함께 살러 돌아가는 것에 대해 뭔가 복잡한 감정을 느끼고 있었다. 그녀는 우리 그룹에서 가장 어렸는데, 많은 자긍심을 얻게 되었다. 그러나 그녀의 가족 상황에 대한 걱정은 잠자는 패턴에서 계속 나타났다.

향상된 점수에 덧붙여 그들이 자연에 말걸기 프로젝트에 속해 있는 동안 모든 학생들의 참석율과 학습력 진전은 향상되었다. 프로그램이 끝난 후 60일간의 관찰에서 그들이 약물남용(알코올, 마약 등)에 빠진다는 어떤 표지도 발견되지 않았다.

학생들의 코멘트

"이 프로그램은 지지자가 되어 주는 친구들과 로프코스, 하이킹 같이 대안적 활동을 통해 깨끗하게 살아가는 법을 내게 보여주었다… 기본적으로 자연과 접촉하고, 팀워크의 감정을 느끼며, 누군가 항상 나를 위해 그곳에 있다는 것을 알게 하였다."

"나는 삶에 마약 이상의 것이 있다는 것을 배웠다. 그리고 마약 없는 삶도 여전히 더 좋을 수 있다는 것을 배웠다. 또한 나의 자기존중감을 높여주었고 나 자신이 된다는 것도 괜찮음을 보여주었다. 나는 이 프로그램이 내년에 다른 아이들을 위해 계속되기를 희망한다."

"우리는 자신에 대해 배울 수 있도록 많은 것을 했다. 그것은 내가 어떤 커다란 두려움을 극복하도록 도움을 주었다. 나는 정말 겁이 많았다. 이제는 내 마음이 하도록 정한 어떤 것도 할 수 있음을 느끼고 안다. 이 프로그램은 또 그룹과 함께 일하며 자신의 감정을 편안하게 표현하는 법을 가르쳐주었다. 내게는 자신과 접촉하게 해주는 커다란 기회가 되었다."

"프로그램은 지난 몇 달 동안 내게 큰 도움이 되었다. 내가 제정신이 아니라고 생각할 때 온전한 정신을 유지하도록 해주었고, 그룹의 아이들은 오랫동안 알지 못했던 누군가에게 나를 다시 소개해주었다. 그것은 바로 나 자신이었다. 이 프로그램의 가장 의미있는 부분은 모험 프로젝트(로프코스), 하이킹, 야생의 여행이었다. 모험 프로젝트는 내가 가능하리라고 결코 생각하지 않았던 것들을 할 수 있다는 것을 보여주었다. 그리고 하이킹에서는 야생에서 생존할 수 있는 많은 중요한 기술들을 배웠다. 나는 또한 자연의 일부로서 나 자신에게 감사하는 것을 배웠다. 마지막으로 나는 정말 이 프로그램에 많은 것을 빚졌다. 나 자신에 대해 가르쳐주었고, 나의 친구들과 자연에 대해 가르쳐주었으니까…."

에필로그

우리 그룹 중 하나와 코헨 박사의 자연에 말걸기 워크샵을 하는 동안 우리는 새 학교 옆에 있는 손상된 자연으로 찾아갔다. 그곳은 우리가 자연에 말걸기 활동을 한 곳으로 주차장으로 포장될 예정인 곳이었다(연습2). 결론적으로 학생들은 그곳을 자신들처럼 느껴, 그곳이 사회로부터 받은 학대에서 회복되기를 바랐다. 그들의 말로 하자면, "상처입고, 괴롭힘을 당하며, 침해되고 불법적으로 침범된 곳이었고", "그곳은 건강을 찾거나 아니면 죽기를 원한다." "그곳은 스스로 쓰레기처럼 느껴지거나 궤멸될 것처럼 느껴졌고", "아무런 힘도 없어 회복을 위해 도움이 필요하다." 고 말했다. 그 이후로 그들의 내적자연은 그곳이 주차장이 되는 것을 막기 위해 사회적, 환경적 요원들에게 받을 수 있는 지원목록을 찾았다. 쓰레기가 제거되는 대신 그곳은 타고난 자연의 장소로 회복될 것이다. 그곳은 돌봄을 받고 돌봄을 줄 것이다. 야생생활을 지원하고, 교육적, 치료적 자연의 성소가 될 것이다. 그리고 이러한 감각적 자연에 말걸기 활동을 하기 위한 개최지가 될 것이다.

학생들은 최근 그들의 이 꿈을 실현시킬 권리 보증을 받았다. 아래 보증서에 그들의 비전이 있다.

"우리는 자연에 말걸기에 기반을 두고 회복된 그룹이다. 우리의 회복을 위한 노력에서 자연은 커다란 역할을 했다. 우리는 야생의 작은 장소를 선택해 우리를 하나의 공동체로 반영하도록 했다. 이 야생의 공동체는 외부의 식물에 의해 질식되고, 오염으로 스트레스 받으며, 버려지고, 커다란 상실을 느끼고 있었다. 우리 역시 마약을 하고, 우리의 자연스런 자아를 오염시키는 스토리들에 의해 질식되고 있었다. 우리는 사회에 의해 버려진 것처럼 느꼈고, 자연으로부터 단절되어 비참함으로 가득했다. 그곳의 쓰레기들과 가시, 아이비 덩굴들을 치우며, 우리는 삶의 독소들도 제거할 것이다. 그곳에 건강한 나무를 심으며 우리는 생존을 위한 새롭고 건강한 방법을 배울 것이다. 이 생태 시스템을 보호함으로써 우리는 마음과 가슴을 열고, 어머니 지구와 우리 자신의 생존을 위한 영혼을 용기 있게 개방할 것이다."

독자들은 여기에 소개된 젊은 학생들만큼 상처입기 쉽거나 마음이 약하지 않을지 모른다. 그러나 여러분이 시도하는 이 프로그램에의 도전은 또 여러분만의 차원에서 그들과 똑같은 효력을 발생시키는 것이다. 당신의 신피질에게서 동의를 얻어 연습에 참여하고, 다른 이의 본성과 주변의 자연환경으로부터 동의를 얻어 삶에 참여한다는 것은 도전이다. 삶을 위해 동의를 얻는다는 것은 어떤 종(種)이든 모든 유기체가 생존을 위해 행하고 있는 것으로 보여 진다.

이 학생들이 행한 오/녹 에서 녹/녹으로의 경험과 그 효과를 생각해보라. 만일 6억의 사람들이 자연과 그들의 공동체에서 자연에 말걸기 경험을 한다고 해보자. 그리고 학생들이 경험한 기쁨을 경험한다고 해보자. 그러한 생각이 자연에 말걸기 프로그램의 핵심요소이다. 그리고 이 지구촌 모든 구성원의 공유하는 경험인 것이다. 거기에서 감각은 생명에의 사랑이며, 학생들의 핵심이고, 그들의 동급생과 교사들의 핵심이다.

승인

자연에 말걸기 프로젝트는 밴쿠버, 워싱턴의 대안고등학교 판테라와 클락 카운티 마약&알코올 센터의 협력 프로그램이었다. 참가자들은 마약이나 알코올에 영향 받은 학생들로 상기 센터에서 일주일에 6시간씩 마약과 알코올 프로그램에 참여하는 아이들이었다. 루스 쿠에롤로와 쿠키 퀸크에 의해 이끌어진 이 프로젝트는 전체 프로그램의 성공에 커다란 공헌을 하였다. 로프 코스는 모험 프로젝트 스탭들에 의해 안내되었다. 자연에 말걸기 프로젝트 이사인 마이클 코헨은 컨설턴트로 참여했고, 가이아 데이비스와 함께 원고를 편집했다. 캐터린 프리어 야생치유 탐험대는 탁월한 야외 프로그램 진행자들을 지원하여 학생과 상담교사들의 생존과 성장에 큰 공헌을 하였다. 프로젝트는 EPSDT를 통해 주정부가 제공하는 기금을 사용했고, 클락 카운티의 공동체 알콜 마약 프로그램을 통해 운영되었다. 학교 상담사인 커트랜드 데이비스와 판테라 고등학교는 놀이치료를 개발했다. 그는 또한 자연에 말걸기 활동, 로프코스, 야생 활동을 지도했다. 더 자세한 정보는 자연재접속 프로젝트 재단을 통해 커트랜드 데이비스를 접촉해보라.

부록 C

영(Spirit)의 생태학

자연에 말걸기 과정은 "자연의 균형 잡힌 지성 속으로 돌입해 들어가는 과정에 참여하는 것은 합리적이다. 지성으로 사고하기를 배우는 것은 합리적이다. 왜냐하면 그것은 편안한 느낌을 불러일으키고, 우리의 끊임없는 문제거리들을 피할 수 있는 지혜를 가지고 있기 때문이다."라고 말하는 신피질적 스토리이다.

자연에 말걸기 사고(思考)는 우리의 자연감각이 개인적 자연경험에 기반을 둔, 문화적으로 순수한 스토리들의 데이터베이스를 산출하도록 허용한다. 우리가 마주한 도전은 감각적 끌림의 스토리로 사고하기를 배우는 것이다. 그것은 우리로 하여금 자연의 무명지인애(이름없음-지성-끌림-사랑)와 지속적으로 연결시켜준다. 이렇게 하지 않으면 자연단절적인 단어, 이미지, 이성이 우리의 사고를 점령하고 계속 오염시킬 것이다. 그것들은 우리를 단절된 개념적 신념체계로 끌어들인다. 예를 들면, 숲을 '보드핏(목재를 재는 단위)' 으로 부르는 것과 '사원' 으로 부르는 것은 완전히 다른 것이다.

말은 신피질로부터 온다. 말은 신피질의 가치를 옮겨온다. 이름 없는 것에 이름을 붙여보라 그러면 당신은 그것을 의식적으로 알게 되고 이름으로서의 그것과 연결되게 될 것이다. 이름으로서의 자신 말고 진정한 자신은 누구인가? 얼마나 많은 사람들이 이름 없이도 자신을 알고 있는가?

비록 모든 사람들이 공통적으로 무명지인애를 가지고 있으나 수백만의 사람들이 전쟁과 십자군으로 죽었다. 지구촌 이웃들은 그들을 죽였다. 왜냐하면 이름 없는 어떤 것에 이름과 가치를 다르게 붙였기 때문이다. 우리 각자는 모두 이런 현상을 경험해왔다. 당신은 자신의 이름이나 자신의 신(神)에 부착되어 있지 않은가? 누군가 우리를 비방하면 우리는 얼마나 가슴이 아픈가? 육체적으로 우리를 학대하지 않았는데도 말이다. 그 상처는 내적 스토리에 묶여있는 감각적 부착이 얼마나 강한가를 보여준다. 이 묶임으로부터 풀려날 때까지 변화는 일어나지 않는다.

자연과 소원해진 산업사회의 스토리들은 우리 의식의 스크린을 점유하고 있다. 이 스토리들은 서로 갈등을 일으키며 스트레스를 만들고, 지구공동체를 단단히 결합시키는 무명지인애로부터 우리를 분리시킨다.

우리는 말에 의존한다. 그렇지만 말은 결코 자연의 에센스를 정확하게 전달하지 못한다. 자연의 통합성은 이름 붙일 수 없다. 무명지인애에 관해서, 말은 실제 경험의 대체물이 될 수 없다. 그것을 의식하지 못하고 BC 500년 쯤 노자가 그랬던 것처럼 광대한 자연 속에 살면서 나는 그와 똑같은 기본 진리를 발견하였다. 그는 "이름 붙일 수 있는 것은 영원한 이름이 아니다. 이름없음이 천지의 근원이다."라고 말했다.

많은 사람들이 자연에 말걸기 연습이 영적인 경험이라고 말한다. 그들의 영성은 높아진다. 영성을 토의할 때 영적인 스토리의 충돌들이 자주 일어난다. 우리 대다수는 자원개발을 가치있게 여기는 영적인 스토리 속에 몰두해 있다. 이러한 스토리들은 지구를 정복하고 자연을 지배하는 것이 인류의 의무라고 말한다. 그들은 이것이 신의 말씀이라고 말한다. 이러한 스토리들은 자연정복 과정을 가치있게 여기는데, 우리 각자가 신의 것이며, 신의 축복을 받았기 때문이라는 것이다.

무명지인애를 영의 형태로 경험한 우리들에게 이 장(章)은 뭔가 고려해봐야 할 스토리를 보여줄 것이다. 우리의 신피질이 오/녹에서 녹/녹 관점으로 바뀌는 영성에 대해 생각해보자. 나는 '신의 것들' 을 논의하는 것에 대하여 두려움을 가지고 이렇게 한다. 어떤 이들은 그것이 논의될 수 없다고 말한다. 그것은 이성만으로는 변화시킬 수 없는 감각적 부착이다. 만일 이 장의 스토리들이 독자들을 도와 더 깊은 즐거움으로 이끈다면 그리고 오/녹에서 녹/녹 과정으로 이끌어 준다면 그 목적은 다한 것이다.

심리학은 영(靈)과 긴밀히 관계되어 있다. 정신(Psyche)이란 단어는 공기, 영, 영혼 등을 의미한다. 심리학(Psychology)은 정서/영/영혼에 대한 스토리나 연구를 의미한다. 생태심리학은 인간영혼을 확장시켜 주위환경과의 연결 끈도 포함한다.

자연 정복의 영적 스토리들은 종종 우리의 반자연적 편견이 강조하는 바 일부의 성경 내용에서 나온다. 지도자들은 성경의 일부가 될만한 스토리들을 주의 깊게 선택하였다. 그것은 지도자들의 반자연적 편견에 도전하는 바른 관점을 배제하고 편집된 것이다. 우리는 성경에서 자연분리적인 스토리들을 찾아낸다. 그것은 우리의 분리를 부추기며 영적으로 지원을 한다. 그 스토리들은 우리가 자연과 내면의 자연에 부도덕하고 비윤리적인 위해를 가하는 것에 대해 편안히 느끼도록 돕는다.

우리의 자연에 말걸기를 확신시키는 영적인 경전이나 스토리들도 있다. 오늘날과 같은 갈등이나 무책임성으로 이끌지 않는 영적인 여행을 추구한다면, 내가 발견하고 연역해낸 다음과 같은 스토리들을 발견하게 될 것이다.

창세기 :

"…태초에 하느님이 하늘과 땅을 창조하셨다. …그리고 하나님의 영이 물의 표면 위로 움직여 다니셨다. …땅은 씨를 생산하는 풀과 약초를 길러냈다. 그리고 씨를 함유한 과일을 생산하는 나무도…

…하나님은 거대한 고래를 창조하셨고, 움직이는 모든 살아있는 생물을 창조하셨으며, 모든 날개달린 새들도 만드셨다. …하나님은 그들 모두에게 '생육하고 번성하라' 고 말씀하시며 축복을 내리셨다. …

그리고 하나님은 그것을 보시고 좋아하셨다."

이 구절에 따르면, 이 날이 창조주가 지구를 드러낸 창조의 최초 5일간이다. 그런데 경전은 6일째 되는 날, 인간이 창조되기 전에 하나님이 누군가와 말하고 있다는 것을 보여준다. 그것은 창조주가 최초 5일간 홀로 행했던 것과는 다르다. 하나님은 6일째 되는 날 창세기 1장 26절에서 '우리를', '우리의' 라는 단어를 언급하고 있는 것이다.

"…그리고 하나님이 말씀하셨다. '우리를 본떠 우리 이미지대로 인간을 만들자'"

하나님이 말하는 이 '우리' 라는 것은 누구일까? 인간은 아직 창조되지 않았기에 하나님이 말하는 것이 인간은 아니다. 경전 속에 있는 하나님의 말을 믿는다면 6일째 되는 날에 존재하는 모든 것은 하나님과 하나님의 창조물들일 것이다. 이러한 이유로 하나님은 아마도 '땅과 땅위를 기어다니는 모든 것들' 에게 말하며, 살아있는 자연계와 하나님이 막 창조한 영들에게 말하고 있는 것일 것이다. 하나님이 말할 때 그것은 자연계에 말하고 있는 것이며, 우리가 아는 바와 같이 자연의 생명에게 말하고 있는 것이다. 연구자들은 이러한 결론을 가치있게 여긴다. 몇몇은 성경의 '우리' 라는 말이 다중적인 자연신을 포함하는 고대 범신론적 성경에서 나온 것임을 발견하였다.

이 성경의 구절을 뒷받침하는, 과학적인 추론에 의하면 '우리' 라는 말이 자연계를 지칭하는 것이라는 어떤 강력한 증거를 제공한다. 그 증거는 우리에게 창세기 1장 26절의 스토리가 생명, 땅, 당신과 나 모두를 우리라고 말한다는 가능성을 고려해보라고 요구한다. 이는 우리가 '하나님' 이라고 부르는 것의 통합된 비언어적 기능과 부분들의 집합이라는 것이다. 바로 이 점으로 많은 문화와 종교뿐만 아니라 생물학, 고생물학, 지질학, 물리학, 인류학과 철학이 모여든다. 그들은 창세기에 기술된 사건들의 일반적인 순서에 동의한다. 그들은 인류가 창조된 것이 아니라 자연계가 이미 이루어진 이 후나 그 동안에 발생했다는 것을 인식한다. 이 다양한 질문들은 우리가 '우리' 의 산물이며 '우리' 를 닮아있다는 것을 암시한다. 우리, 자연계와 하나님은 하나이며, '하나의 숨' 을 가진다(전도서 3장 19절). 서구문명의 신이 인류를 흙으로부터 만들었다(창세기 2장 7절)는 것은 이것을 더욱 확신시킨다. '인간' 이란 단어는 humus에서 유래한다. 그것은 비옥한 숲의 흙이란 의미이다. 우리와 자연은 '우리' 이다. 우리는 내적으로 '우리' 를 알고 사랑한다. 왜냐하면 우리는 각자 속에서 다중의 이름없음의 사랑을 통해 '우리' 를 감각하기 때문이다. 너무도 자주 우리는 영아가 태어난 후와 그 전에도 무명지인애를 안다는 사실을 잊어버린다.

모여진 증거들은 창세기의 전후관계와 "…그리고 하나님이 말씀하셨다 '인간을 우리를 본떠서 우리의 이미지대로 만들자' "는 말이 영적, 과학적으로 우리 각자를 자연계의 이음매 없는 연속체에 포함됨을 암시한다. 인간과 자연이 모두 '우리' 이며, '우리' 에는 이름이 없고, 붙이는 말도 없다. '우리' 는 '이름 없는 존재이며' 성경은 때때로 경전에서 하나님을 그런 식으로 나타낸다. '우리' 즉 무명지인애와 이름없음은 동의어이다. 나는 이 장에서 그 둘을 번갈아 사용했다. 그러나 사랑이나 바람, 언덕, 별들을 대문자로 쓰지 않는 것과 똑같은 이유로 이름없음도 대문자로 쓰지 않았다.

자연에 말걸기는 우리 모두가 공통으로 가지고 있는 감각적인 지혜에 의해 사람과 이름 없는 자연이 창조 및 유지되고 있음을 경험하도록 해준다. 유일한 차이점이란 사람은 무명지인애에게는 낯선 과정인 신피질의 언어적 스토리를 통해 알고, 이해하고 관계 맺는다는 것뿐이다. 스토리와 삶이 무명지인애를 가치있게 여기는 개인은 자연과 분리된 삶을 사는 이들이 가진 많은 문제를 갖지도 않고 그로부터 고통 받지 않으며 만들어내지 않는다.

이름없음의 법칙

"지혜의 시작은 사물의 올바른 이름을 부르는 것부터이다."라고 공자는 말했다. 야외에서 생활하며 30여 년 동안 감각적인 자연접속 활동을 해오며 나는 이름없음의 법칙을 발견하였다. 그 법칙은 '우리'라는 개념과 소원한 우리 삶에 올바른 이름을 준다. 그 법칙을 장소와 사람들에게 적용해 보라. 그러면 사물이 더 좋게 변하게 된다. 그 법칙은 이름없음의 전체성을 통합하고 존중한다. 그리고 우리와 지구가 현상화해 온 영과, 창조적이고 진화적인 생명과정의 수십억 년의 모든 측면을 존중한다. 이름없음의 법칙만이 유일하게 식물과 동물, 미네랄의 세계 전 구성원들에게 진실이다. 그것은 말한다 :

어떤 순간에도 :

— 모든 것은 존재하기를 원한다.

— 자연적 끌림은 모든 것을 상호연결시킨다.

— 자연적 끌림의 관계는 안정성을 구축한다.

이름없음의 법칙 I

모든 것은 존재하기를 원한다.

해석 : 모든 것은 하나의 존재이며 끌림의 관계로 구성되어 있다.

현대 물리학에 의하면, 이 우주의 시초에 물질(물질적 존재)과 반물질 사이에 쌍소멸적의 투쟁(빅뱅?)이 일어났다. 앨버트 아인슈타인과 노벨상 수상자인 조지 월트는 "작은 양의 물질이 가진, 존재하고자 하는 이름 없는 욕구가 투쟁에서 승리하여 물질로 존재하게 되었다. 그 작은 양의 물질이 우리 물질 우주를 구성하는 모든 물질이 되었다."라고 말하였다. 우주의 광대한 대부분은 비물질적 끌림의 관계로 자연스런 사랑이며 조화이다. 그 끌림들은 자신을 너무도 강력히 드러내어 고체가 되고 물질화되었다. 물질과 비물질 사이의 차이는, 손을 조용히 들고 있을 때와 자동차 와이퍼처럼 손을 빠르게 좌우로 진동시키는 두 가지 경우에 연필로 손가락 사이를 찌르는 것의 차이와 같다. 우리가 알고 있는 바와 같이 사람을 포함하여 물질세계는 진동하는 인력 관계들로 이루어져 있다. 그것은 드러내어 자신이 되고자하는 이름 없는 욕구이고, 존재과정이 되는 것이다. 사람들은 존재하고자 하는 그 욕구를 하나의 느낌, 또는 생존느낌이라고 알고 있다.

우리는 집단으로 '우리'를 지성적으로 조직하며, 유지 ? 재생하고, 안정화시키는 인력의 존재를 발견하기 위해, 그저 우리 자신을 포함하는 '우리'의 어떤 측면을 변화시켜보면 된다. 우리는 그것을 느낀다. 어떤 것이 물질적이라는 것을 아는 유일한 방법은 그것을 만지거나, 온도 습도를 통해 물질적임을 감지하는 것이다. 예를 들어 물과 같이 어떤 감각을 통해 우리 의식의 스크린에 기록되는 것을 우리는 물질이라 부른다. 언어나 갈증 같이 다른 감각을 통해 기록되는 것은 비물질적이라 생각한다. 이 모든 것들이 공통적으로 가지고 있는 것은 그들 모두가 다양한 감각으로서 의식에 기록된다는 점이다. 우리의 스토리는 그것들에 꼬리표를 붙이고 어떤 가치를 매긴다.

물질세계가 '존재하고자 하는 욕구'라는 과학적 묘사는 물질 우주에 충동과 감각, 우리가 느끼는 즉각적으로 동기화된 행동이라는 것이다. 존재하고자 하는 욕구는 우리 영혼의 일부이다. 왜냐하면 우리가 그것의 일부이기 때문이다. 생존은 단순한 우연이나 무작위적, 기계적, 물리적 힘이 아니며, 모든 차원에서의 존재와 성장은 방향을 가지고 있고, 의미와 목적을 갖는다. 존재하고자 하는 목적은 더 높은 차원의 다양성을 성취하고 그럼으로써 좀 더 안정적이고 안전하게 된다. 존재하고자 하는 이 이름 없는 욕구는 우리의 우주에 근본적인 에너지이다.

그러한 깊은 문제를 이해하려 할 때면 종종 우리는 "오직 신만이 아신다. 그것은 신의 일이다."라고 말한다. 흥미롭게도 서기 1700년 전 자연과 이교신(우상)이 금기시되었을 때, 우리 문명의 원래 유일신은 야훼(YHWH)라 불렸다. 그것의 의미는 존재하는 유일자(一者)이다. 언어전문가는 YHWH의 소리가 '비언어적인 유일자', '이름 없는 유일자' 와 같다고 말한다. YHWH라는 단어는 고대 산스크리트어 동사인 '존재하다' 의 의미이다. 야훼는 존재하고자 하는 원래의 욕구 또는 표현된 욕구일 뿐 아니라 '야호' 라는 감탄사의 어근이었다. 우리는 '신' 이 생명의 정수라고 여기며, 정수란 단어는 '좀 더 온전하게 존재하기' 라는 의미일 수 있다고 생각한다.

야훼가 존재하고자 하는 욕구라는 것을 뒷받침하는 것으로, 초기 성경 3장 14절 출애굽기를 볼 수 있다. 모세가 신/야훼에게 그를 사람들에게 뭐라고 말해야 하느냐고 묻자, 신은 모세에게 "나는 스스로 있는 자이다… 이스라엘의 자손들에게 말하라 '내가 있음' 이 너를 그들에게 보냈다."라고 '내가 있음' 은 존재하다라는 동사이다. 많은 영적인 사람들이 말하길 '신은 존재 자체이며, 우리 스스로를 존재하게 하는 것은 신과의 합일에 이르는 것이다.' 라고 한다. 우리가 자신을 인간존재라고 부르는 것은 우연이 아니다. 그리고 지구 생명공동체가 거의 언어를 사용하지 않는다는 것에서도 보여 지듯이, 자연스런 존재는 거의 비언어적인 끌림의 경험이다.

이름없음의 법칙 Ⅱ

자연적 끌림은 모든 것을 함께 묶는다.

해석 : 모든 존재는 주변 환경과 자연적으로 서로를 지원하는 관계를 끊임없이 형성하는 것에 끌린다. 실제 물질을 포함한 모든 사물은 서로 끌리는 관계 속에 있다. 모든 존재는 다중적인 자연적 끌림의 관계로 구성되어 있다. 사물 각각은 현재의 순간에 존재하는 관계망(네트워크)이다. 각 존

재는 좀 더 안정적으로 존재하기 위하여, 끌림과 '상호 동의하는 결합'을 통해 좀 더 복잡하고 다양한 관계 속으로 성장해 가고 스스로를 유지한다. 이 자연적 끌림의 과정은 유기적이고 비물질적 관계뿐만 아니라 무기화합물까지도 지속하게 한다. 물질이 안정화되는 끌림의 관계를 정립하듯이, 우리는 좀 더 안전하고 다양하며, 복합적이고 끌리게 된다.

수백억년 전 탄생한 이래 원래의 우주는 끊임없이 변화해왔다. 그 끌림은 우리가 아원자적 소립자라 부르는 융합체, 원자, 원소, 분자, 대기, 대양, 나무, 산, 종족, 사람, 기상체계 속으로 녹아들어갔다. 모든 것은 대부분 끌림의 에너지(인력)로 가득 찬 원자공간으로 구성되었다. 예를 들어, 어떤 물리학자들은 산과 같이 큰 크기의 끌림 에너지를 쥐어짜면 그 전체를 뉴트론 크기로 줄일 수 있을 거라고 주장한다. 각 '사물'은 많은 부분이 끌림 에너지로 구성되어 있으며, 새로운 끌림에 민감하다. 각 사물은 매 순간 성장하고 변화하며 진동하고 우주를 이끈다.

이름없음의 법칙 Ⅲ

자연적 끌림의 관계는 안정을 구축한다.

해석 : 무기물을 포함한 모든 존재는 항상 모든 다른 존재에게 직접적으로 또는 끌림 사슬에 의해 끌린다. 하나의 존재가 더 많은 수, 더 다양한 수의 상호 지원하는 끌림의 관계를 가질수록, 그 존재는 더 안정적이고 안전하게 되며, 스트레스에 대항하는 힘이 더 커진다. 끌림의 연결형태가 없으면, 존재는 성장에 동의를 얻을 수 없고, 다른 존재와 관계 맺을 수 없다. 우리가 자연적 혐오감이라 부르는 것, 또는 자연적 부정성이라 부르는 것은 자연적 끌림과 더 안정적이고 지원하는 우리 관계로 이끈다. 우리에 대한 낯선 스토리들은 이 역엔트로피적 과정을 인식하지 못하게 막고 있다.

거시적으로는 이 자연계가 아무런 쓰레기나 전쟁, 광기 없이 번성하고 있다는 것이 이름없음의 법칙을 증명하고 있다. 이것은 우연이 아니다. 그것은 만물이 사랑으로부터 성장하고 다른 모든 것에 대한 끌림으로부터 성장하기 때문이다. 우리 각자를 포함해서 모든 것은 자연적으로 서로에의 끌림이다. 이것은 우리의 세계에 왜 어떤 것도 거부되거나 부정적이거나 바람직하지 않고, 끌리지 않거나 불필요한 것이 없는지 그 이유를 설명해준다. 여기에는 쓰레기나 오염물질, 과도한 스트레스 같은 것이 없다. 분명히 우리는 움직이는 무조건적인 사랑이다.

당신이 가치판단을 하여, '약탈자' 와 같이 해로운 부분이라고 여겨지는 것을 제거할 때, 전체 공동체가 진보하기보다 오히려 퇴보하는 것을 보면, 이름없음의 법칙이 또 한번 실증된다. 다시 이것은 만물이 끌림이고 서로에게 필요함을 암시해준다.

이름없음의 법칙에 복종하기

이제 이름없음의 법칙을 사람들에게 적용해보자. 모든 사람은 자연적 끌림을 통해 오랜 세월 진화하고 자신을 인간으로 물질화 시켜온, 존재하고자 하는 우주적 욕망의 일부이다. 우리 각자는 자연적으로 존재하고자 하는 욕망을 인간화하였다. 우리는 전적으로 끌림의 힘으로 이루어져 있기 때문에 각자는 자연히 매력적이다. 그러나 우리의 행위를 예언하고 조종하려는 분리의 허구에 의존하면 이는 기계적이고 신피질의 뉴턴적 언어, 스토리, 추론을 창조한다. 이들 때문에 우리는 무조건적 사랑의 과정을 혼돈으로 여긴다. 왜냐하면 이름없음은 예측할 수 없으며, 모든 새로이 형성된 끌림의 관계와 변화를 포함하는 전체성을 적용하기 때문이다. 대조적으로 우리의 감각적인 구피질의 내적자연은 생명을 주는 과정을 감각하고 축하한다. 그것은 무명지인애의 충족을 요구한다. 우리의 내적자연은 매력적인 감각적 '정신-스토리' 의 관계, '야훼' 를 위한 감정적인 욕망을 통해 추론한다. 우리 안의 내적 존재는 좋은 느낌과 지혜, 자연적 사랑의 힘을 즐기고자 추구한다. 그러나 대부분의 열대만들기 스토리와 추론은 느낌으로 연결하는 것을 막고 있다. 이 갈등으로 인한 스트레스는 우리의 심각한 문제 대부분을 만들어낸다.

요약하면, 존재하고자 하는 욕망은 우리가 때로 생존이라 부르는 믿을 만하고, 이름 없으며, 자연적인 사랑이다. 우리 각자는 다른 존재에 대한 자연적 끌림을 통해 독특하게 안정적이고, 지원하는 관계를 형성함으로써 그것을 충족한다. 모든 자연적 끌림은 존재를 지원하고 안정시키며, 안전하게 지킨다. 좋은 느낌을 받는다면 그것은 우리가 옳은 길을 가고 있다는 신호이다. 자연적 끌림을 만족시키는 것이 우리에게 좋은 느낌을 주는 이유가 그것이며, 좋은 느낌을 구하는 것이 가치있는 이유이다. 좋고 다양한 자연적 느낌들은 우리가 균형 있게 생존하고 있다는 개인적인 자취를 보여주는 증거이다. 이 끌리는 감각적 관계와 성장과정은 어떤 차원에서 모든 다른 종(種)들이 똑같이 사용하는 과정이다. 그것을 존중하지 않는 스토리를 창조하고, 믿고, 그대로 행위하며, 우리를 자신으로부터 분리시킬 때만 그 과정은 방해받는다.

창조를 업데이트 하기

최소한 부분적으로라도, 자연계를 영적으로 경험하는 많은 사람들에게 이름없음의 법칙은 업데이트된 창조스토리를 암시한다. 그 스토리는 영(靈)과 과학, 심리학 사이에 조화를 이룬다. 그것은 다중감각적 전체주의를 지원하기 때문에 우리에게 폭력을 가하거나 착취하고, 조작하지 않으며, 다른 어떤 것을 가하지 않는다. 그것은 다음과 같이 말한다 :

수십억 년 전에, 이름없음, 존재하고자 하는 끌림의 사랑인 야훼는 우주를 욕망하였다. 응집된 창조력인 야훼는 존재하기를 바랐기 때문에 물질화하였다. 그것이 이러한 모습으로 존재하게 된 이유이다. 끌리는 신의, 신에 의해, 신에게서 유래하는 전지전능의 고차원적 힘은 자연적 끌림을 통해 현명하고 매력적으로 우주를 창조하고 안정시켰다. 생명 대순환의 끌림과 본성은 이 우주가 존재하기를 바라는 위대한 영의 지혜이며, 그/그녀의 무조건적인 사랑이다.

저명한 조지 월트는 마음이 항상 물리적 현실의 근원으로, 그 조건으로 존재한다고 했다. 매일, 치우치지 않고 돌보는 마음은 이 창조 스토리를 확신시키는 증거를 모은다. 예를 들면, 물리학자들은 수십억 년 전의 조건을 닮은 환경에 놓여지면 여러 기본 힘들이 하나의 힘(야훼?)으로 통일된다는 것을 보여준다. 연구자들은 물질세계의 대부분이 물질을 하나로 묶어주는 진동하는 인력에너지로 이루어져 있다는 것을 발견하였다. 어떤 이들은 이 우주를 구성하는 모든 물질체들이 배구공보다 더 작은 공간 안에 넣어질 수 있다고 말한다. 우리가 물질이라 부르는 것이 실제로는 강하게 고체화된 끌림의 결합이라는 것이다. 우리가 너무도 숭배하는 물질세계-우리 자신을 포함하여-는 존재하고자 하는 고동치는 끌림들로 이루어져 있다. 우리 문명의 '자연정복' 이라는 생존스토리는 자연적 끌림, 우리의 감각적 실체인 자연적 끌림을 거의 인식하지 못하며, 그것을 가치있게 여기지도 못한다. 우리의 스토리, 이름, '자연정복' 스토리가 우리와의 강한 감정적 접촉을 막는다면 우리의 문제는 더 많아진다.

자연에 말걸기 활동은 우리의 감각을 되살림으로써 영(靈)이라 부르는 것에 우리를 안전하게 연결시켜준다. 그것은 느낄 수 있을 뿐 설명을 거부하는 자연에 대한 내적인 끌림이다. 우리는 '신의 행위' 로서 자연을 알며, 이는 마치 '장인은 그의 작품을 통해 알려 진다' 와 같다. 우리의 위대한 영적인 지도자들은 야외에서 많은 시간을 보냈다. 그들은 도시가 아니라 거기서 신을 만났다. 우리는 그들의 탄생과 일, 죽음을 축하한다. 우리는 이제 그들이 황야에서 보낸 40일간 이상의 기간에 존경을 표할 필요가 있다. 야외에서 40일간 홀로 보내기를 바라는 이는 누구나 심원한 변화를 경험하게 될 것이다.

이름없음과 연결하기

자연에 말걸기 테크닉은 어떤 사람이라도 의도적으로 그들 존재 속의 이름없음을 자연계의 이름없음에 다시 연결시켜줄 수 있다. 그 재접속 결과는 현상으로 나타나며 사려 깊고 자연중심적인 순간을 위한 공간을 창조하는데 작용한다. 이들 안전하고 비언어적인 순간들 속에서 53가지 자연적 끌림의 감각들이 활기차게 깨어나고, 놀며, 강화된다. 그들을 무례하게 대하는 어떤 스토리도 현존하지 않는다. 덧붙여진 추론과 신뢰, 그리고 축하 행위들이 즉각적으로 우리-우리 연결을 강화시켰다. 이 매력 있는 과정은 자연의 이름없음의 아름다움, 지혜, 평화로 가득 채운다. 우리는 새로워짐을 느끼고, 다채롭고 감사로 가득함을 느낀다. 서로를 지원하는 자연적 끌림의 느낌들이 스트레스를 줄이듯이 우리의 파괴적인 요구와 그에 수반하는 역기능 및 탐욕도 줄어든다. 그들은 매력있는 자연 접속적 사고와 스토리, 이해에 의해 교체된다. 우리는 자연적 나눔, 공동체, 더 위대한 자연에 대한 우리 내면과 타인, 자연적 장소의 감수성을 외경으로 대한다. 우리는 환경적, 사회적으로 더 책임감있게 된다. 우리는 기분이 더 좋다.

창의성

앨버트 아인슈타인은 우리의 내적 스토리와 이름없음 사이의 단절을 감지했다. 그는 우리가 자신을 전체로부터 엄격히 단절시키는 의식의 시각적 환상을 경험한다고 말했다. "내적 안전의 기초는… 동정의 원을 넓혀 우리를 감옥으로부터 자유롭게 하는 것이다. 또 모든 살아있는 생명체와 자연 전체, 그 아름다움을 품어 안는 것이다."라고 아인슈타인은 말했다. 눈에 띄는 점은 아인슈타인 박사가 3살이 될 때까지 말을 배우지 못했다는 점이다. 이것은 그가 이름없음의 비언어적인 시기를 좀 더 많이 가졌다는 것을 의미한다. 진행 중인 연구에 의하면 우리와의 강력한 접촉은 대부분의 천재들에게 공통적인 요소라는 것이다. 오늘날 감각적인 자연접속활동은 그러한 접촉을 늘리고 우리의 통합성을 길러준다. 그들은 우리 문화가 우리 내부에 잠자고 있는 이름없음의 천재들을 기를 수 있도록 해준다.

자연계에서 우리는 지금 이 순간에만 손상되지 않은 채로 발견할 수 있다. 장소가 더 자연적일수록 그 강렬함은 더 크다. 실내 환경은 우리의 많은 측면을 막는다. 그것은 우리 내부의 이름없음을 기르고 양육하는 햇빛과의 연결을 차단하며, 나무와 신선한 공기를 차단한다. 그러나 실내든 실외든, 감각을 제거하는 스토리들로 인해 몇몇 감각이 작동하지 않게 되면 우리는 순간 속의 우리를 온전히 알 수 없다. 그것은 문제를 만들어낸다. 온전히 기능할 수 없고, 즐기지 못하며, 우리를 의식에 기록하지 못하는 다친 감각들은 전체 칼라 스펙트럼의 자연스런 아름다움을 즐길 수 없는 색맹인 사람과 비슷하다. 그를 보상하기 위하여 우리는 다른 끌림들을 더 강력하게 즐길지도 모른다. 자연의 장소에서 우리와의 접속은 분명한 이점이 있다. 더 커다란 우리의 온전함과 강렬함이 가능하게 하는 것이다. 덧붙여, 자연의 장소에서 우리는 자연감각을 새롭게 하고 심지어 재생하는 커다란 힘을 가지고 있다. 그 자연감각은 우리의 자연 정복 스토리에 의해 손상되어왔던 것이다. 이러한 이유로, 자연에 말걸기는 의미가 있다. 그것은 고도의 힘을 자유롭게 하고 증가시킨다. 왜냐하면 우리의 감각을 더 민감하고 감각적이게 만들기 때문이다. 예를 들면 :

> 샌디는 내 워크샵의 일부로 이 책 속의 자연활동을 하였다. 워크샵 3시간 무렵 그녀는 자신의 자연적 끌림을 자리 잡고, 찾아내고, 가치 있게 하여, 워크샵이 진행되는 장소에서 다양한 곳에 끌렸다. 그녀는 연습에서 돌아와 매우 흥분하며, 더글라스 퍼어 나무의 바늘잎에서

반사되는 태양빛에 끌렸음을 설명했다. 그녀가 흥분한 이유는 그 반사된 빛을 왼쪽 눈으로 보았기 때문이다. 그런데 그녀는 왼쪽 눈이 거의 '장님' 이었던 것이다.

사람은 한번만이라도 현재에 존재할 필요가 있다. 그리고 그 힘을 느끼기 위하여 현재에 존재한다는 것을 보고 경험할 필요가 있다. 만일 6억의 사람들이 '자연에 말걸기' 을 자연 속에서, 그들의 공동체에서 경험한다면, 그리고 그것이 샌디가 워크샵에서 경험한 것과 비슷한 것이라면, 우리의 세계는 어떠할까 하고 생각해본다. 그러한 생각이 '자연에 말걸기(RWN)' 의 핵심이다. 그 속의 감각이 삶에 대한 사랑이며, 샌디의 핵심이고, 더글러스 퍼어, 태양빛의 영의 핵심이다.

보너스 연습 | 자연감각과 무명지인애의 가치있음을 확인하기

끌리는 자연의 장소에 간다. 그와 함께해도 좋은지 묻고, 이 연습을 하는데 도움을 줄 것인지 동의를 얻는다. 물음 후 여전히 끌리면 그에 감사하라.

그것이 매력적으로 느껴지는 동안, 5장에서 본 자연감각의 리스트를 모두 보라. 그리고 가능하다면 시간을 두고 그 각각을 이 자연의 장소에서 하나하나 확인하고 느껴보라. 각각의 감각을 그 장소에서, 당신 자신의 오래고 독특하게 디자인된 생명의 불꽃으로 인식하라. 각각의 자연감각이 담고 있는 생명의 지혜를 느끼려고 해보라. 당신의 신피질적 스토리로 하여금 그 감각들을 끌림의 관계를 통해 자연이 어떻게 작용하는지, 무명지인애의 역사책으로 경험하도록 해보라. 당신의 신피질이 이 53가지 끌림의 느낌을 의식하게 되면 무슨 일이 일어날까? 당신은 좀 더 지원받는다는 느낌을 갖을까?

- 이 연습을 통해 배운 가장 중요한 세 가지를 기록해보시오.
- 이 연습을 통해 얻은 녹/녹 문장을 써보시오.
- 이 녹/녹 느낌을 창조하고 즐기는 당신의 능력이 사라진다면 어떤 느낌이 들까?

이 연습이 당신의 자기가치 감각에 어떤 영향을 미쳤는가?

자연에 말걸기 연습을 함께 하고자 하시면
미내사 02-747-2261이나 cpo@herenow.co.kr로 연락주세요.

부록 D

건강한 마음, 건강한 지구

건강한 마음, 건강한 지구 : 스트레스 관리와 영성, 자기 존중을 위한 109가지 환경적 감수성 연습

소프트 커버, 260페이지 분량인 이 책은『자연과의 접속을 위한 필드 안내서 : 지구가 가르치도록 허용하는 순간을 창조하기』를 포함하며, 1990년 NAI 수상자이며, 부통령인 알버트 고어의 책『균형잡힌 지구(Earth in balance)』를 포함한다.

이 자가(自家) 훈련 메뉴얼은 오/녹에서 녹/녹으로 가는 과정을 사용하거나 가르치는 데 있어 그 기술을 향상시키고자 하는 사람 누구에게나 필독서이다. 25장으로 되어있으며, 자연에 말걸기 연습 90가지와 요지가 들어있다. 이 연습들은 자연으로 하여금 우리에게서 여러 가지 문제들을 일으키는 자연과의 틈을 메워주고, 우리 삶의 자연적 공허감을 생태심리적으로 채워준다.

독립적으로 사용되거나, 학교교육이나 상담 학부의 대학생이나 대학원생들을 위한 교재로 '건강한 마음, 건강한 지구' 는 학생들에게 또는 일반 성인들에게 폭넓은 환경적 회복의 기회에 새로운 문을 열어줄 수 있다. 상담자와 교육자, 야외 지도자들에게 귀하게 여겨지는 이책은 자연에 말걸기 프로젝트의 학위과정의 핵심이다.

전국 번역가 협회 저널인 '유산(遺産)' 에서 교육원장이자 이 연습을 직

접 관찰해온 대니얼 레빈 박사는 이렇게 말한다 :

"몇십 년 간의 야외생활에서 마이클 코헨은 즐겁고, 압축되어있으며, 잘 연구된 자연에 말걸기 연습들을 고안하고 수집하였다. 뒤뜰에서, 또는 공원과 시골에서, 온실에서도 행해질 수 있는 이 연습들은 지속적이고 서로를 지원하며, 환경적이고, 사람들 상호간에 만족을 촉진시킨다. 각각의 구체적인 감각적 경험들은 스트레스와 자포자기적인 공포를 줄여주고, 건전한 연결, 건강한 마음, 환경을 이루도록 증진시킨다.

이 연습들을 상담이나 교육에 결합시키면 자연계와 자연의 통합성을 일종의 상담사나 교육자로 활용하는 것이 될 것이다. 어떤 사회도 자연과의 강한 유대없이는 사회적, 환경적으로 건전한 관계를 확립하지 못했다. 인간을 포함해 자연의 존재들이 서로를 돕기 위해 연결시키고, 인도하며, 동기부여하는 것은 늘 모든 생명을 위하는 어머니 지구의 헌신과 사랑, 열정이다. 의심할 바 없이 '건강한 마음, 건강한 지구'는 마이클 코헨의 헌신이 깃든 중요한 책으로 우리의 주의를 끌만한 가치가 있다. 이 책은 상담사와 교육자들에게 자연으로부터 자양분을 얻게 하는 도구를 제공한다."

58$ 5쇄, World Peach University Press, 1955.

주문 : Project Nature Connect, PO Box 1605, Friday Harbor WA 98250,
Tel : (360)-378-6313,
Email : nature@pacificrim.net

부록 E

참고문헌

Cohen, M. J. (1995). Why Don't We Create Moments That Earth Teach Us? Cooperative Learning: Vol. 15 No 2 Santa Cruz, CA: International Association for the Study of Cooperation in Education.

Cohen, M. J. (1995). Counseling and Nature: The greening of psychotherapy. Interpsych Newsletter, http://www.pacificrim.net/~nature/counseling.html Also journal of Humanities and Peace 1996 and ERIC-CASS, U.s. Department of Education.

Cohen, M. J. (1995A). Are You Missing the Missing Link? Proceedings, October, 1994 Conference of the Coalition for Education in the Out Of Doors, P. O. Box 4112, Roche Harbor, Washington: World Peace University Press.

Cohen, M. J. (1994). Well Mind, Well Earth: 107 Environmentally Sensitive Activities for Stress Management, Spirit and Self-Esteem. P. O. Box 4112, Roche Harbor, Washington: World Peace University Press.

Cohen, M. J. (1994a). The Distinguished World Citizen Award: Responsible fulfillment and guidance from nature connections, Taproots. Fall 1994, Cortland NY, Coalition for Education in the Out of Doors.

Cohen, M. J. (1994b). Validations: The experience of connecting with nature, (Tech. Rep. No 21). Roche Harbor WA: World Peace University Press, Department of Integrated Ecology.

Cohen, M. J. (1993). Integrated Ecology: The Process of Counseling With Nature. The Humanistic Psycholgist, Vol. 21 No. 3 Washington, DC: American Psychological Association.

Cohen, M. J. (1993B). Counseling with Nature: Catalyzing Sensory Moments that Let Earth Nurture. Counseling Psychology Quarterly, Vol. 6, No. l, Abingdon Oxfordshire UK: Carfax Publishing.

Cohen, M. J. (1990). Connecting With Nature: Creating Moments That Let Earth Teach. Portland, Oregon: World Peace Univershity Press.

Dossey, L. (1989). Recovering the Soul. New York, New York: Bantam Books.

Farb, P. (1968). Mans Rise to Civilization. New York, New York: Dutton. and MILLENNIUM. (1992). "Mistaken Identity" and "An Ecology of Mind" Public Broadcasting Company TV, National Public Television.

Glendinning, C. (1994). My Name is Chellis and I'm in Recovery From Western Civilization: Boston, Shambhala.

Goldman, D. (1993). Psychology's New Interest In the World Beyond the Self, The New York Times New York, NY.

Knapp, C. (1988). Creating Humane Climates Outdoors. Charleston, West Virginia: Eric/Cress.

Krutch, J. W. (1954). Voice of the Desert, New York: William Sloane Assoc.

Le Poncin, M. (1990). Brain Fitness. New York: Fawcett Columbine.

Lovelock, J. (1988). The Ages of Gaia. England: Oxford University Press.

Lipkin R. (1995). Bacterial Chatter. Science News, Vol. 147, No. 9 Washington DC: Science Service Inc.

Lipkin, R. (1995). Do Proteins in Cells make Computations? Science News, Vol. 148 July 29, 1995 Washington DC: Science Service Inc.

Margulis, L. (1986). Microcosmos Four Billion Years of Microbial Evolution. New York, NY: Summit Books.

Monastersky, R. Stute and Thompson. (1995). Ice Age Sent Shivers Through the Tropics. Science News, Vol. 148 July 29, 1995 Washington DC: Science Service Inc.

Murchie, G. (1978). Seven Mysteries of Life, Boston, Massachusetts: Houghton Mifflin.

Pearce, J. (1980). Magical Child, New York, New York: Bantam.

Rivlin R., & Gravelle, K. (1984). Deciphering the Senses, New York, New York: Simon and Schuster.

Roszak, T., Gomes M., Kanner A. (1995). Ecopsychology, San Francisco, CA: Sierra Club Books.

Rovee-Collier C. (1992). Infant Memory Shows The Power of Place.

Developmental Psychology, March. Quoted in Science News, Vol. 141 No. 16 p. 244, Washington DC: Science Service Inc.

Sheppard, Paul. (1984). Nature and Madness, San Francisco, CA: Sierra Publications.

Spelke, E. (1992). Infants Signal the Birth of Knowledge. Psychological Review, October, 1992 as Quoted in Science News, November 14, 1992, Vol. 142 p. 325, Washington DC: Science Service Inc.

Stevens, W. (1993). Want a Room With a View? The New York Times, November 30, New York, NY.

Tsimring, L. (1995). Stressed Bacteria Spawn Elegant Colonies. Science News, September 9, 1995, Vol. 148 p. 167, Washington DC: Science Service Inc.

Viscott, D. (1976). The Language of Feelings. New York, Ny: Arbor House.

Watson, L. (1988). The Water Planet, New York, New York: Crown Publishers.

Wynne-Edwards. (1991). Ecology Denies Darwinism. The Ecologist, May-June, Cornwall, England.